歇后语大全

歇后语大全

歇后语大全

【美绘国学书系·泼墨山河】

从云 编

YSP 北京燕山出版社
BEIJING YANSHAN PRESS

图书在版编目（CIP）数据

歇后语大全 / 丛云编 . -- 北京 : 北京燕山出版社，2020.12

ISBN 978-7-5402-6064-4

Ⅰ . ①歇… Ⅱ . ①丛… Ⅲ . ①汉语—歇后语—汇编 Ⅳ . ① H136.31

中国版本图书馆 CIP 数据核字（2021）第 031270 号

歇后语大全

编　　者　丛　云
责任编辑　金贝伦
装帧设计　余　微
出版发行　北京燕山出版社有限公司
社　　址　北京市丰台区东铁匠营苇子坑 138 号
电　　话　010-65240430
邮　　编　100079
印　　刷　德富泰（唐山）印务有限公司
开　　本　710mm × 1000mm　1/16
字　　数　660 千字
印　　张　18
版　　次　2020 年 12 月第 1 版
印　　次　2020 年 12 月第 1 次印刷
定　　价　76.00 元

前言

歇后语是我国人民在日常生活中创造出来的一种独特的语言形式，是汉语语汇的重要组成部分。它以独特的结构、生动的表现形式和妙趣横生的表达效果，为群众所喜闻乐见，具有鲜明的民族特色和浓郁的生活气息，集中反映了人民群众的聪明才智。

它一般由两个部分组成，前半截是形象的比喻，像谜语的谜面，后半截是解释、说明，像是谜语的谜底。在特定的语言环境中说出前半截，“歇”去后半截，就可以猜想出它的本意，十分自然、贴切。

歇后语涉及面很广，包括政治、军事、天文、地理、文化、历史、风俗、民情、医学和农业等各个领域。它的比喻灵活、生动、确切、易懂好记。一个歇后语一旦产生便能很快地流传开来，成为人们茶余饭后的口头禅，如：“擀面杖吹火——一窍不通”“外甥打灯笼——照旧（舅）”“丈二和尚——摸不着头脑”等。这些诙谐幽默的语言，往往能令人会心一笑，如果说笑话让你捧腹大笑，那么歇后语会让你嘴角微翘，暗暗叫妙。

歇后语产生的历史源远流长。它的原始形式早在先秦时期的《左传》《战国策》中即已出现。如：《战国策·楚策四》：“亡羊而补牢，未为迟也。”当然，那时还没出现歇后语这个称呼。最早出现“歇后语”这一名称的是在《旧唐书·郑綮传》：“綮善为诗，多侮剧刺时，故落格调，时号郑五歇后体。”实际上就是所谓的“缩脚语”，也就是今天我们所讲的歇后语。

由于歇后语的历史悠久，涉及面广，所以歇后语颇多，加上随着时代的发展又有许多新的歇后语出现，本书只能摘取其中一部分介绍给读者。为了便于查找，本书目录按汉语拼音的顺序排列。

在编写过程中，我们查阅了大量的关于歇后语方面的资料，本着取其精华的原则，故书中所选的大多是歇后语中的精华部分，望广大读者从中能有所启迪。本书适合广大读者阅读和收藏。

由于水平有限，书中难免有不足之处，希望广大读者给予批评指正。

目录

歇后语大全

歇后语大全

歇后语大全

歇后语大全

A

a

阿Q式的人物——精神胜利者
阿炳玩计算机——盲打
阿斗当皇帝——软弱无能
阿斗的江山——不牢靠
阿斗式的人物——没本事
阿公吃黄连——苦也（爷）
阿奶抱孙子——老手
阿婆的鞋——老样子
阿婆留胡子——不正常
阿庆嫂倒茶——滴水不漏；点滴不漏
阿庆嫂的态度——不卑不亢

ai

挨鞭子不挨棍子——吃软不吃硬
挨打的狗去咬鸡——拿别人撒气
挨打的乌龟——只会缩脖子
挨打的鸭子——乱窜
挨刀的瘟鸡——难活命；性命难保
挨刀的瘟鸡——扑腾不了几下
挨了巴掌赔不是——奴颜媚骨
挨了棒打的狗——垂头丧气
挨了打的夹尾巴狗——一副可怜相
挨了打的鸭子——上下乱窜
挨了刀的肥猪——不怕开水烫
挨了刀的皮球——瘪了
挨了霜的狗尾巴草——蔫了
挨着火炉吃海椒（辣椒）——里外发烧
矮脚鸡——飞不了
爱吃香的有腊肠，爱吃甜的有蜜糖——对味儿
爱打官司逞英雄——穷斗气
爱赌贪花捻酒盅——自弄穷
爱好跳伞——喜从天降
爱叫的鸟儿——没吃的肉；不做窝
爱克斯光照人——看透了你；一眼看穿
爱买红绿颜料——贪色

an

安禄山起兵——反了
庵堂不叫庵堂——妙（庙）
鹌鹑脖里寻绿豆——谋财害命；害命
鹌鹑要吃树上果——够不着；尽想好事；想得倒美
岸边的青蛙——一触即跳
岸上的螺蛳——有口难开
岸上看人溺水——见死不救
岸上捞月——白费功夫；白费劲；枉费工
按别人的脚码买鞋——生搬硬套
按老方子吃药——还是老一套
按图像找马——死板

按下葫芦起了瓢——顾了这头丢那头；此起彼落
按住电铃不抬手——老是想（响）
按着葫芦挖籽——挖一个少一个
按着牛头喝水——办不到；没法办
案板底下放风筝——飞不起来
案板顶门——管得宽
案板上的狗肉——上不了台盘；上不了席；摆不上桌
案板上的面团——任人欺压
案板上的肉——任人宰割
案板上的鱼——挨刀的货
案板上砍骨头——干干脆脆
案上的红烛——照亮别人，毁了自己
暗处走路——没有影子
暗地里盯梢——偷偷摸摸
暗箭伤人——阴毒；手段卑鄙
暗室里穿针——难过
暗中染布——照料不到
暗中使绊子——蔫儿坏

ao

熬尽了灯油——烧心（芯）
袄袖里失火——抖落不了
鏊子（烙饼的器具。用铁做成，平面圆形，中心稍凸）里摊饼——不敢（擀）
鏊子没有腿——专（砖）等着哩
鏊子上烙冰——化汤了
鏊子上烙饼——翻来翻去

B

ba

八百吊钱掉河里——难摸哪一吊
八百亩地一棵苗——无比娇贵
八百年前立的旗杆——老光棍
八百钱开当铺——支持不久
八宝饭掺糨子（糨糊）——糊涂到一块儿
八宝饭上撒点盐——又添一味
八宝鸭子——好的在里面
八辈子的老陈账——说不清
八尺布剪单衫——只大不小
八寸脚穿七寸鞋——别别扭扭
八斗的米缸——装不下一石
八竿子打不着边——远着了
八哥儿的嘴——爱叫
八哥儿的嘴巴——随人说话；人云亦云
八哥儿啄柿子——拣软的欺（吃）
八哥学舌——说人话不办人事；装人腔
八个耗子闯狼窝——好戏在后头
八个老汉划拳——三令五申（伸）
八个老头一根胡——胡稀
八个麻雀抬轿——担当不起
八个钱的膏药——黏上了；黏人
八个钱的馄饨——不见面；没见面
八个钱算命——哪能包你一世；不包一世
八个人抬大轿——步调一致
八个人抬轿七人到——缺一不可
八个歪脖坐一桌——谁也不正眼看谁
八个歪头站一排——互相看不起（齐）
八个歪头坐一桌——各有偏向（项）
八股文的格式——千篇一律
八角掉进粪坑里——难分香臭
八斤半的鳖吞了大秤砣——狠心王八
八九不离十——差不多
八里庄的萝卜——心里美
八两线织匹布——没见过
八面找九面——没见过世（十）面
八亩地里一棵谷——就这一个（比喻少得可怜）
八匹马拉不开——难分难解
八千岁留胡子——大主意个人拿
八擒孟获——多此一举
八十的妈妈找主——哪有那个头
八十多岁比干劲——老当益壮
八十个人抬轿子——好威风
八十老公公挑担子——心有余而力不足
八十老汉害摇头病——由不得人
八十老头学打球——老练
八十老翁练琵琶——老生常谈（弹）
八十老翁娶亲——力不能及；力不从

心；心有余而力不足
八十岁吹喇叭——寿长气短
八十岁当吹鼓手——充老行
八十岁的阿婆——老掉牙了
八十岁的老绝户头——后继无人
八十岁老汉不戴帽——白头翁
八十岁老奶奶扎红头绳——老来俏
八十岁老人进幼儿园——返老还童
八十岁老人拄拐杖——一颠一簸
八十岁留胡子——老主意
八十岁没儿女——老来孤单
八十岁奶奶搽胭脂——老来俏
八十岁婆婆戴刺梅花——别人不夸自己夸
八十岁婆婆嫁到饭馆里——光图吃；只讲吃
八十岁无儿——绝户到老；老来苦
八十岁学吹打——出息（气）不大
八五炮打兔子——得不偿失
八仙吹喇叭——神气十足
八仙过海不用船——自有法度（渡）
八仙过海——各显神通；略显其能
八仙聚会——神聊
八仙施法——都有上天的本领
八仙桌打撑子——四平八稳
八仙桌当井盖——随方就圆；随得方就得圆
八仙桌旁的老九——坐不上正位；哪有你的位置；
八仙桌缺只腿——搁不平
八仙桌上摆夜壶——不是个成就（盛酒）的家伙；算不了摆设
八仙桌上放盏灯——明摆着
八仙桌子盖酒坛——大材小用
八仙桌子——有棱有角
八仙做寿——老排场
八贤王进宫——好难请
八旬奶奶三岁孙——老的老，小的小
八月的莲藕——又鲜又嫩；正摊嫩时候
八月的生姜——越老越辣
八月的石榴——满脑袋的点子；龇牙咧嘴；合不拢嘴
八月的柿子——越老越红；老来红
八月的丝瓜——黑心；黑了心
八月的天气——一会儿晴，一会儿雨（比喻人或事物多变，让人捉摸不透）
八月桂花开——到处飘香
八月十五办年货——赶早不赶晚
八月十五吃年糕——还早了点
八月十五吃粽子——不是时候
八月十五的海浪——高超（潮）
八月十五的月饼——人人欢喜；上下有
八月十五的月亮——年年都一样；正大光明；众人仰望
八月十五桂花香——花好月圆
八月十五过端阳——晚了；迟了
八月十五过年——差得远；差远了
八月十五看龙灯——迟了大半年（比喻太晚来不及了）
八月十五卖门神——不是时候
八月十五生孩子——赶巧了
八月十五送鸡子儿（鸡蛋）——没这一

理（礼）
八月十五送月饼——赶在节上
八月十五蒸年糕——趁早（枣）
八月十五种花生——瞎指挥
八月十五捉兔子——有你过节，无你也过节（比喻有没有无关大局）
八月石榴——该张嘴啦
八只脚的螃蟹——横行霸道
八字写一撇——少一画（比喻缺得太多）
巴掌被蚊咬——手痒
巴掌长疮——毒手
巴掌砍树——快手
巴掌劈砖头——硬功夫
巴掌上摊煎饼——巧手；好手
叭拉狗蹲墙头——硬装坐地虎
扒开肚皮——见了心
扒了锅的稀饭——胡诌（糊粥）
扒了皮的癞蛤蟆——活着讨厌，死了还吓人
扒了墙的庙——慌了神
扒着软梯上天——高攀不上；想高攀
芭蕉剥皮——看见心了
芭蕉秆盖房子——不是那个料
芭蕉结果——一条心；紧相连
芭蕉敲锣——面面俱到
芭蕉叶上垒鸟窝——好景不长
疤瘌眼长疮——坏到一块了
拔草引蛇——自找苦吃
拔葱种海椒——一茬辣过一茬
拔掉屋檐卖架子——穷极了
拔河比赛——齐心合力；强拉硬拽；拉拉扯扯
拔脚花狸猫——溜啦；说跑就跑
拔节的高粱——节节高；节节上升
拔节的玉米——步步高升
拔节的竹笋——天天向上（比喻有出息、有发展前途）
拔了的闹钟——专做提醒人的事
拔了萝卜——窟窿在
拔了萝卜栽上葱——一茬比一茬辣
拔了毛的凤凰——不如鸡
拔了毛的狮子——惹猴笑；惹人笑
拔了塞子不淌水——死心眼儿
拔了桩的篱笆——东倒西歪
拔苗助长——急于求成
把鼻涕往脸上抹——自找难看
把肥料浇到莠草（狗尾草）上——劳而无功
把镰刀挂在脖子上——找不自在
把脸装进裤裆里——见不得人
把墨水喝到肚子里——五脏黑透了
把牛角安在驴头上——四不像
把砒霜放在糖浆里害人——心狠手辣
把皮鞋当帽子戴——上下不分
把人赶到墙根下——走投无路
把手插在磨眼里——自找苦吃（比喻自己找罪受）
把娃娃当猴耍——愚弄人
把珍珠当泥丸——真不识货
把状元关到门背后——埋没人才
靶子上的洞眼——明摆着

坝下开会——口中热闹
霸王被围——四面楚歌
霸王逼死在乌江——无脸见江东父老
霸王请客——吃也得吃，不吃也得吃

bai

白笔写白墙——没改变
白玻璃瓶装清水——看透了
白脖老鸹——开口是祸
白脖子屎蜣螂——有特色；与众不同
白鹁鸪抱老鹰——要你的命
白布掉进靛缸里——格外出色；分外出色
白布跌油桶——洗不清；洗不净
白布丢在染缸里——难（蓝）了
白布进染缸——洗不清；洗不净
白菜长心——老了
白菜地里耍镰刀——散了心
白菜叶子炒大葱——亲（青）上加亲（青）（比喻特别友好，关系亲密无间）
白痴的葫芦——傻瓜一个
白鹅过河——各顾各（咯咕咯）
白发人送黑发人——悲痛欲绝
白干兑（掺和）凉水——没味
白鸽子过河——沉不下去
白骨精叫阵——这回看猴哥的了
白骨精开口——不讲人话
白骨精骗孙悟空——哄不住人
白骨精骗唐僧——一计不成又生一计
白骨精说人话——妖言惑众
白骨精想吃唐僧肉——痴心妄想；妄想
白骨精演说——妖言惑众
白骨精遇上了孙悟空——原形毕露
白骨精照镜子——里外不是人
白瓜子皮喂牲口——不是好料
白鹤跌进沙滩——拿嘴撑着
白鹤落到鸡群里——高众一头
白鹤站在鸡群里——突出
白开水画画——轻（清）描淡写
白蜡杆子翻场——独挑
白蜡树结桂花——根子不正；根骨不正
白蜡做的心——见不得日头见不得火
白脸奸臣出场——恶相；恶模样
白脸狼戴眼镜——冒充好人；充好人
白露过后的庄稼——一天不如一天
白鹭鸶找鱼虾——嘴长
白麻纸上坟——哄鬼；骗鬼；哄死人
白猫钻灶坑——自己给自己抹黑
白毛狐狸戴礼帽——道行不小
白毛乌鸦——与众不同
白门楼上绑吕布——叫爷也不饶
白米换糠——有福不会享
白面掺蒺藜（一年生草本植物，果皮有尖刺）——没法活（和）了
白面掺石灰——瞎掺和；乱掺和
白娘娘喝了雄黄酒——现了原形；头昏脑涨
白娘子斗法海——精打光
白娘子水漫金山——大动干戈
白娘子痛饮雄黄酒——得意忘形
白娘子压在雷峰塔下——总有人搭救
白娘子遇许仙——千里姻缘一线牵

白漆灯笼——空白
白切猪头肉——三不精
白日见鬼——玄乎；心里有病
白日做梦——胡思乱想（比喻没有根据的瞎想）
白蛇不过端阳节——怕露形迹
白水冲酱油——越来越淡
白水锅里揭奶皮——办不到；没法办
白水下石膏——成不了豆腐
白水做饭——无米之炊
白素贞不舍许仙——恩爱难分
白素贞盗灵芝草——舍命不舍夫
白糖拌黄瓜——干干（甘甘）脆脆
白糖拌苦瓜——又苦又甜（比喻矛盾的心理状态或复杂的感情）；同甘共苦
白糖拌蜜糖——甜上加甜（比喻好上加好）
白糖包砒霜——毒在里面；心里毒
白糖涂在鼻尖上——看到吃不到
白天点灯——没用
白天见鬼——心虚了；心里有病
白天盼月亮——甭想；莫想；休想
白天烧香，晚上逾墙——伪君子；阴一套，阳一套
白天照电筒——多此一举
白天捉鬼——没影儿的事
白铁打的刀刃——一碰就卷
白铁斧头——两面光
白铁匠戴眼镜——看透了
白兔想吃灵芝草——眼睛都急红了
白仙鹤长了个秃尾巴——美中不足
白杨树叶子——两面光
白杨树种在花园里——占了好地方
白洋河里的鹅卵石——圆圆滑滑
白衣秀士当寨主——不能容人；容不得人；谁都容不得
白蚁王后——见不得阳光；见不得太阳
白蚁钻心——暗里使坏
白银子碰着黑眼睛——见财起意
白纸包杨梅——显出颜色
白纸黑字——黑白分明（比喻是非、善恶分明）
百步穿杨——好武艺
百尺大树当榫头——大材小用
百尺竿头挂剪刀——高才（裁）
百尺竿头拿天顶——没处落脚
百川归海——大势所趋
百合田里栽甘蔗——苦根甜苗
百合田里种麦子——苦茬子
百花争艳——各有异彩
百货大楼卖西装——一套一套的
百货店里卖鞋袜——各有尺码
百家姓不念第一个字——开口就是钱
百家姓里的老四——说的是理（李）
百家姓上少了第二姓——缺钱
百脚虫怕老母鸡——一物降一物
百斤担子加铁砣——重任在肩；肩负重任
百斤担子挑千斤——力不能及；力不从心；心有余而力不足
百斤面蒸寿桃——废物点心
百斤重担能上肩，一两笔杆提不动——

大老粗
百里草原一人家——孤孤单单
百里长的公路不用拐弯——太直了
百里外去挑水——远水不解近渴；远水解不了近渴
百灵鸟唱歌——自得其乐
百灵鸟的嘴巴——唱得好听
百灵鸟碰到鹦鹉——会唱的遇上会说的（比喻各有特长）
百灵戏牡丹——鸟语花香
百米短跑——有始有终
百米赛跑——分秒必争；争分夺秒；急起直追；奋起直追
百年老龟下臭卵——老坏蛋
百年松当烧柴——大材小用；屈才（材）
百年松树，五月芭蕉——粗枝大叶
百鸟展翅——各显本事；各显其能；各显神通
百岁老人过生日——难得有一回
百岁老人跑步——动漫（慢）
百岁老人学跳舞——人老心不老
百万雄师下江南——兴师动众
百丈高竿挂红灯——红到顶了；外面看见里面红（比喻表面上有错，实际上不行）
百只麻雀炒碟菜——尽是嘴
百只兔子拉个车——乱套
百足之虫——死而不僵
柏木椽子——宁折不弯
柏油路上跑马车——没辙
柏油路上赛摩托——道平车快；通行无阻；畅通无阻
柏油马路过牛车——稳稳当当；稳当当的
柏油烫猪头——连根拔
摆船运蚂蚁——度（渡）量太小
摆渡不成翻了船——两头误；两下耽搁
摆龙门阵抱娃娃——两不耽误；两得其便
败兵公鸡——不搭嘴了
败兵误入迷魂阵——摸不清东西南北；分不清东西南北
败家子回头——金不换
败将收残兵——重整旗鼓
拜把子（朋友结为兄弟姐妹）兄弟开茧店——结党营私（丝）
拜罢天地去讨饭——没过一天好日子
拜了天地入洞房——好事成双
拜年不磕头——干什么来了
拜年踩高跷——什么角（脚）
拜年的见了面——你好我也好
拜年的嘴巴——尽说好话
拜年走进吕祖（吕洞宾）庙——走错门了；找错了门
拜堂不成亲——这算什么事儿
稗草子和瘪谷——贱货

ban

扳倒大树掏老鸹——拣有把握的干；太死板了
扳倒大瓮掏小米——摸到底了
扳倒碓窝吓婆婆——泼妇

扳倒葫芦洒了油——一不做，二不休

扳倒是鼓，反转是锣——两面派

扳手敲轮胎——真棒

班长坐在台上——官小架子大

班房里的衙役——听差的

班房里识字——求（囚）学

斑鸠翻跟头——卖弄花屁股；耍什么花屁股

斑马的脑袋——头头是道

搬家丢了老婆——粗心

搬块豆腐垫脚——白费力气

搬楼梯摘星星——没谱儿

搬起碌碡（石磙）打天——不知天高地厚

搬起碾盘打月亮——痴心妄想

搬起石磙砸碾盘——实（石）打实（石）

搬起石头打脑壳——自讨苦吃；自找苦吃；自己跟自己过不去

搬起石头砸自己的脚——自找罪受；自找难受；自讨苦吃

搬石头上山——吃力不讨好；费劲不落好；出的闲劲

搬竹竿进胡同——直来直去

搬着车轱辘上山——硬干

搬着磨盘过江——费力不讨好；费劲不落好

搬着梯子上擂台——没有好下场

搬着梯子上天——无门

板齿生毛——开不得口

板凳倒立——四脚朝天

板凳爬上墙——怪事一桩；怪事

板凳上放鸡蛋——冒险；危险；靠不住

板凳上搁蒺藜——坐不稳；坐不住

板凳上睡觉——往宽绰想；好梦不长；翻不了身

板凳上玩麻将——扒拉不开；打不开场面

板凳上钻窟窿——有板眼；有板有眼

板斧劈柴——一面砍

板门上贴门神——一个向东，一个向西

板上的泥鳅——无地容身；无处藏身

板上钉钉子——实实在在；没跑；变不了

板上敲钉子——稳扎稳打

板上扎刺——存心不让走

半边铃铛——想（响）不起来；啥想（响）

半边羊头——独角

半边猪头——独眼
半道上拔气门芯儿——故意刁难；有意为难
半道上捡个喇叭——有吹的了
半道上捡麒麟——快乐无比；乐不可支
半道上遇亲人——喜相逢
半吊子的一半——二百五
半个铜钱——不成方圆（比喻不合格局）
半个月绣不出一朵花——真（针）慢
半根麻线——少私（丝）
半截梭子织布——独来独往
半截砖头——甩了
半斤对八两——彼此彼此；一码事；没高低（比喻彼此不分上下）
半斤放在四两上——翘得高
半斤换八两——谁也不吃亏
半斤肉一斤作料——够味了
半斤鸭子四两嘴——就是嘴硬；好硬的嘴
半斤一个的汤圆——大疙瘩
半空的云彩——变化莫测
半空翻跟头——终究要落地
半空中打把式——栽个大跟头
半空中的火把——高明
半空中的气球——上不着天，下不着地；悬着哩
半空中点灯——高明
半空中吊帐子——不着实地
半路上出家——从头学起
半路上的新闻——道听途说
半路上丢算盘——失算了
半路上碰见劫道的——凶多吉少
半路上杀出个程咬金——出了岔；措手不及；突如其来
半路上杀出个杨排风——好厉害的丫头
半路上拾碗片——凑词（瓷）儿
半屏山的蝴蝶——花花世界
半瓶子醋——乱晃荡
半山坡上弯腰树——值（直）不得
半山腰挨雨——进退两难
半山腰倒恶水（泔水）——下流
半身子躺在棺材里——等着死（比喻不能再为人民做贡献了）
半升米打糍粑——没有几个
半夜回家不点灯——瞎摸
半夜鸡叫——不晓；乱了时辰
半夜叫城门——自找钉子碰
半夜里捉迷藏——瞎摸；摸不着
半夜里捉虱子——摸不着
半夜聊天——瞎说
半夜摸黄瓜——不知头尾
半夜爬山——不知高低
扮秦桧的没卸装——谁没见过那二花脸
扮上黑脸照镜子——自己吓唬自己

bang

梆子改木鱼——总是挨打的货
绑到绳上的蚂蚁——由不得你
绑匪撕票——图财害命
绑在线上的蚂蚱——跑不了
绑着头发打秋千——悬天悬地
绑着腿的青蛙——跳不了啦

膀子上绕绳子——自找罪受；自找难受
膀子一甩——不管了
膀子折断了往袖里塞——干吃哑巴亏；吃了哑巴亏
蚌壳里取珍珠——好的在里面；图财害命
傍着城隍打小鬼——得了神力
棒槌吹火——一窍不通
棒槌打缸——四分五裂
棒槌当针——粗细不分（比喻没深没浅，分不出好坏）
棒槌当针用——一点儿没心眼
棒槌缝衣服——当真（针）
棒槌改蜡烛——好粗的心（芯）
棒子面做蛋糕——不是正经材料
磅秤上放粒芝麻——无足轻重；自不量力

bao

包办的婚姻——身不由己；不由自主
包大人的告示——开诚布公
包单（被单）布洗脸——大方
包袱皮儿当毛巾——大方
包公给嫂嫂赔礼——秉公惹下祸
包脚布做围脖儿——转着圈儿臭
包老爷坐大牢——不白之冤
包龙图断案——铁面无私；认理不认亲
包青天的横匾——明镜高悬
包元宵的做烙饼——多面手
包子吃到豆沙边——尝到甜头
包子出了糖——露了馅儿（比喻不愿意让人知道的事暴露出来了）
包子店里卖蒸笼——热门儿货
包子里的热气——冒完算了
包子里面加砒霜——陷（馅）害人
包子馒头做一笼——大家都争气
包子没动口——不知啥滋味
包子没馅——蛮（馒）头
包子破了口——露馅了
包子铺的酱油——白给
包子熟了不揭锅——窝气
苞谷棒子生虫——专（钻）心
苞谷面撒饭——黏得很
苞谷面做元宵——捏不到一块儿
苞米棒子揩屁股——里外不顺茬
苞米秸子喂牲口——不是好料
龅牙齿（牙齿突出于嘴唇外的人）啃西瓜——条条是路；条条是道；路子多
雹打的高粱秆——光棍一条
雹子砸了棉花棵子——光杆司令
宝剑出鞘——锋芒毕露
宝囊里取物——手到擒来
宝塔顶上的宝葫芦——尖上拔尖
宝玉出家——一去不回
宝玉和湘云哭贾母——各有各的伤心处
饱带干粮晴带伞——有备无患
报时的雄鸡——不用催；叫得早
报纸上的社论——句句讲真理
抱干柴救烈火——越帮越忙；帮倒忙
抱杆子下河坝——打一辈子烂仗
抱孩子进当铺——把你不当人；拿人不当人
抱孩子跳井——犹豫不定
抱黄连敲门——苦到家了

抱鸡婆带鸡崽儿——只管自家一窝
抱鸡婆抓糠壳——白欢喜；空欢喜；空喜一场
抱紧肚子装饱汉——空虚
抱母鸡啄狗——一个扎头
抱木偶打狗——把你不当人；拿人不当人
抱木头跳江——不成（沉）
抱琵琶进牛棚——对牛弹琴
抱上别人的娃娃亲嘴——假心疼
抱窝鸡带崽——可忙啦
抱元宝跳井——舍命不舍财；爱财舍命
抱在怀里的西瓜——没跑；十拿九稳（比喻办事非常准确或有把握）
抱住影子跳舞——虚报（抱）
抱着茶壶喝水——嘴对嘴
抱着灯心救火——惹火烧身；引火烧身
抱着擀面杖当笙吹——一窍不通
抱着孩子拜天地——双喜临门
抱着孩子进当铺——人家不当人，咱当人
抱着孩子纳底子——插针的空都不留
抱着孩子推磨——添人不添劲
抱着葫芦不开瓢——死脑筋
抱着黄连做生意——苦心经营
抱着火炉拉家常——句句暖心窝
抱着机器人亲嘴——你有情他无意
抱着金砖挨饿——活该
抱着金砖跳海——人财两空
抱着金砖咽气——舍命不舍财；爱财舍命
抱着蜡烛取暖——无济于事；不济事
抱着老虎喊救命——自找死
抱着木棍推磨——死转圈子
抱着木炭亲嘴——碰了一鼻子灰
抱着脑袋赶老鼠——抱头鼠窜
抱着琵琶跳井——越谈（弹）越深
抱着屁股上楼——自己抬举自己
抱着钱匣子睡觉——财迷心窍；财迷
抱着桥桩撑船——蠢人蠢事
抱着石头跳深渊——死不回头
抱着书本骑驴——走着瞧
抱着铁耙子亲嘴——自找钉子碰
抱着弦子放牛——乱谈情（弹琴）
抱着香炉打喷嚏——触一鼻子灰；碰一鼻子灰
抱着银子去上吊——死都要抓点钱
抱着枕头跳舞——自得其乐
抱着枕头做好梦——空喜一场
豹子吃马鹿——好大的胃口
豹子借猪狗借骨——有去无回
豹子进山——浑身是胆
豹子啃石头——白啃
豹子临死还想扑人——本性难移
鲍老送灯台——一去永不来
鲍叔识管仲——知心
暴风雨中的航船——顶风破浪
暴雨前的闪电——大发雷霆
暴雨——长不了
爆炒鹅卵石——不进油盐；油盐不进
爆米花沏茶——泡汤了
爆竹的脾气——一点就炸
爆竹店里失火——自己庆贺自己；想（响）得心痛
爆竹店着火——一响全响；响得好热

闹；自己庆贺自己
爆竹掉进水里——不想（响）

bei

杯弓蛇影——自相惊扰
杯水车薪——无济于事；不济事
杯水救燎原——无济于事；不济事
北冰洋的梅子——寒酸
北冰洋的夜晚——冷静
北冰洋上聊天——全是冷言冷语
北极的冰川——顽固不化
北极的另一端——难（南）极
背儿媳回家——出力又挨骂
背方桌下井——随方就圆；随得方就得圆
背鼓进祠堂——一副挨打的相；找捶
背鼓上门——寻着打
背鼓追槌——自讨打；讨打
背棺材跳河——自取灭亡
背锅上坡——钱（前）紧
背后藏茄子——有外心；生了外心
背后挂胡琴——拉不着
背后挂镜子——照见别人，照不见自己；只照别人不照自己
背后拉弓——暗箭伤人
背后来了虎——不敢回头
背后抹胡琴——拉不着
背后施一礼——没人领情；不领情
背后捅刀子——暗伤人；暗里伤人
背后作揖——反礼；瞎做人情
背集摆摊子——外行
背门板上街——好大的牌子
背米讨饭——装穷
背起棺材过黄河——连后路都准备好了
背起磨石唱戏——费力不讨好
背人偷酒吃——冷暖自家知
背上的灰——自己看不见
背上装镜子——只照别人，不照自己
背石头上山——硬吃亏；自找麻烦
背石头下河——摸底
背石头游华山——累赘
背时（倒霉）的媒婆——两头挨骂
背手后挂胡琴——拉不着
背手上鸡窝——不简单（捡蛋）
背媳妇过独木桥——又惊又喜
背媳妇烧香——费劲不落好
背心藏臭虫——久仰（痒）
背心穿在衬衫外——乱套了
背阳坡上的太阳——不久长；难长久
背阴李子——酸透了
背油桶救火——惹火烧身；引火烧身
背着包袱跑步——不利索
背着醋罐子讨饭——穷酸
背着大米讨饭——装穷
背着碓窝（石臼）打官司——费力不讨好；吃力不讨好；费劲不落好
背着甘蔗上楼梯——步步高，节节甜
背着孩子爬山——要上都上
背着黑锅做人——直不起腰、抬不起头
背着脚扣上梯子——多此一举
背着喇叭赶集——揽差事
背着灵牌上火线——要拼命；拼啦
背着牛头不认账——死赖

背着婆娘看戏——丢人又受累
背着人作揖——各尽其心
背着石头上山——自找麻烦
背着手爬泰山——步步高升；步步登高
背着算盘满街串——找仗（账）打
背着蓑衣去救火——惹火烧身
背着梯子骂街——发贼横
背着娃娃推磨——添人不添劲
背着先人过河——失（湿）谱
背着丈夫打酒喝——招待外人
被虫咬了的花朵——缺伴（瓣）儿
被虫子咬过的果实——未老先衰
被打败的公鸡——垂头丧气
被单补袜子——大材小用
被单里眨眼睛——自欺欺人；自己哄自己
被单蒙桌子——作为（包围）很大
被单作尿布——太浪费
被封住了嘴巴——哼不出声
被糊涂油蒙了心——一点不清醒
被猎人追赶的金鹿——慌里慌张
被埋没的陶俑——永无出头之日；难出头
被面上刺绣——锦上添花
被人追赶的贼娃子——慌不择路
被窝里不见了针——不是婆婆就是孙
被窝里的跳蚤——翻不了天
被窝里放屁——能文（闻）能武（捂）；自己臭自己
被追打的老鼠——见洞就钻
被子裹冰棒——包涵（寒）
被子里边烂——表面好

ben

本土的麻雀——帮手多
笨厨子做菜——荤素一锅熬
笨狗撵（追赶）兔子——不沾边；沾不上边
笨媳妇纳的袜底儿——凹凸不平
笨鸭子——上不了架
笨贼偷法官——自投罗网
笨贼偷石臼——费力不讨好；吃力不讨好；费劲不落好
笨猪拱刺蓬——自找苦吃

beng

崩鼻子戴眼镜——没着落
崩了群的马——四处逃散
崩着牙吹笛——没有好声
甏（bèng 坛子）里捞螺蛳——摸底

镚子（小形硬币）当眼镜——看不透

bi

逼出来的口供——信不得；不是实话

逼楚霸王寻死——心理战术

逼公鸡下蛋——故意刁难；没法办

逼人跳悬崖——害人不浅

逼上梁山——横竖一拼

逼上门的生意——没有好货

逼生蚕做硬茧——故意刁难；使不得；如何使得

逼着牯牛（公牛）生子——强人所难

逼着山羊去拉犁——拼老命

鼻尖上的黑痣——就在眼前

鼻尖上吊镰刀——怎么挂得住

鼻孔里塞灯泡——文（闻）明

鼻窟窿看天——有眼无珠

鼻梁骨包孝帕——不顾脸面；顾不得脸面

鼻梁骨上摆摊子——眼界要放宽（比喻放开视野）

鼻梁碰着锅底灰——触霉头（倒霉）

鼻梁上落马蜂——眼前受到威胁

鼻梁上套绳索——让人牵着鼻子走

鼻梁上推小车——走投（头）无路

鼻梁上堆屎——难开口；口难开；不好开口

鼻子上挂团鱼——四脚无靠

鼻子上冒烟——急在眼前

鼻子上生疮——亲眼见

鼻子上贴定胜膏（演旧戏时，奸臣的鼻子上贴的半圆形装饰物）——一副奸相

鼻子生疮贴膏药——不顾脸面；顾不得脸面

鼻子生疮——眼见；眼前就是毛病

鼻子眼里生豆芽——怪事一桩；怪事；伸不开腰

比干丞相——没心

比赛场上的运动员——争先恐后

比着被子伸腿——量力而行

比着箍箍买鸡蛋——哪有这么合适的

比着葫芦画瓢——生搬硬套；走不了样

秕谷喂鸡——长不肥

笔杆子吹火——小里小气

笔杆子吞进肚——胸有成竹

笔管里打瞌睡——细人

笔尖上涂石灰——净写别（白）字

笔筒里看天——目光狭窄

笔头掉到面缸里——净写别（白）字

笔直的大马路——正直公道

闭眼吃虱子——眼不见为净

闭眼放崖炮——瞎崩

闭眼瞧东西——装瞎

闭眼撕皇历——瞎扯

闭眼听见乌鸦叫，睁眼看见扫帚星——倒霉透了

闭眼撞南墙——碰得头破血流

闭眼捉麻雀——乱抓乱摸

闭着眼睛蹚河——听天由命

闭着眼睛走路——瞎摸

壁虎的尾巴——活的；节节活

壁虎掀门帘——露一小手

壁画上的耕牛——不中用；离（犁）不得
壁上挂甲鱼——没有依靠
壁上挂帘子——不像话（画）；不成话（画）
壁头上挂蒲席——不像话（画）；不成话（画）

bian

边吃苞米边拉呱儿（闲谈）——开黄腔
边放鞭炮边打枪——真真假假
蝙蝠的眼睛——目光短浅
蝙蝠观阵——哪边胜站哪边
蝙蝠看太阳——瞎了眼；颠倒黑白
蝙蝠扑太阳——不知高低
蝙蝠身上插鸡毛——你是什么鸟
蝙蝠睡觉——反恐（空）
鞭打快牛——忍辱负重
鞭打绵羊过火焰山——往死里逼
鞭炮店失火——自己恭维自己
鞭炮两头点——想（响）到一块儿了
鞭炮扔进麻雀窝——炸飞了
鞭梢上的蛤蟆——不经摔打
鞭梢上拴两个蛤蟆——经不起摔打
鞭子抽耳朵——打听打听；打听
鞭子抽蚂蚁——专拣小的欺
扁担绕在竹竿上——有靠
扁担上搁鸡蛋——冒险；危险；不稳当
扁担上睡觉——翻不了身；想得宽
扁担腾空——诽谤（飞棒）
扁担挑彩灯——两头美
扁担挑柴火——心（薪）挂两头
扁担挑油——心悬两头
扁担无钉——两头滑脱；两头要滑
扁担无钩——两头滑
扁鹊开处方——手到病除；妙手回春
扁食（饺子）馅里掺砒霜——心里毒
扁嘴子（鸭子）过河——摸不着底
便壶没鼻——不好捉摸；难捉摸
便桶底渗出水来——下流
便宜买回的处理品——贱货
变戏法的本领——全凭手快

biao

镖打窦尔敦——冷不防
表店的师傅——一眼看中（钟）
表面火热心里冷——笑面虎
表上的针——总在原地方转
裱糊店里的纸人——一点就透；一戳就破
裱糊匠的铺子——字多画多
裱糊匠开糟房（酿酒作坊）——酒少话（画）多
裱糊匠上天——胡（糊）云
裱画店里的蛀虫——吃人家的话（画）
裱画店里失火——自己丢出话（画）来

bie

别做小豆子饭——总闷（焖）着
蹩脚郎中（中医医生）——头痛医头，脚痛医脚；杀人不见血
蹩脚木匠的活路（工作）——东一句（锯），西一句（锯）

瘪臭虫——没血
瘪肚臭虫——要叮人
瘪瓜子扒稻——巴不得
瘪瓜子——不诚（成）实
瘪粒儿的麦穗——头仰得高
瘪了的唢呐——看你怎么吹
瘪芝麻榨油——没多大油水；油水不大
瘪嘴吹箫——走漏风声

bin

宾馆里的地毯——老被人踩
镔铁做铧口——离（犁）不得

bing

冰坂上的驴子——四脚朝天
冰棒杆——吃完就丢
冰棒架屋——栋（冻）梁之才（材）
冰雹过后洪水来——多灾多难
冰雹砸荷叶——不堪一击；落花流水
冰雹砸了棉花棵——尽光棍；全是光棍
冰雹砸破脑袋——祸从天降
冰槽里冻黄瓜——干脆；干干脆脆
冰岛上的土地爷——没人拜
冰冻的豆腐——难办（拌）
冰冻三尺——非一日之寒
冰河解冻——化了
冰河上赶鸭子——大家要滑
冰河上架屋——白搭
冰窖出来进蒸笼——忽冷忽热
冰窖里打哈哈——冷笑
冰窖起火——没见过
冰糖蒸荔枝——甜透了
冰糖拌黄瓜——嘎嘣脆
冰糖调黄瓜——干脆；干干脆脆
冰糖掉到蜜罐里——甜透了
冰箱里的瓜子——良（凉）种
冰雪地里埋死人——冷处理
冰雪埋在肚子上——凉了半截
冰镇汽水——贼凉快
兵败如山倒——溃不成军
兵来将挡，水来土掩——各有一技之长；一物降一物；各有各的办法
兵临城下弹琴——故作镇静
并列第一名——不分上下
病床上插牡丹——临死还贪花
病好打太医——恩将仇报；以怨报德
病好郎中到——晚了；迟了
病好遇良医——太晚了
病猫的尾巴——翘不起来

bo

拨好的闹钟——不到时候不打点
拨开竹叶见梅花——分清白
拨浪鼓——两面光
拨着头发找疤瘌——吹毛求疵（刺）
玻璃板上涂蜡——又光又滑
玻璃掉在镜子上——明打明
玻璃球掉在茅坑（厕所里的粪坑）里——又滑又臭
玻璃肚皮——一眼看透；看透心肝
玻璃缸柜里圈麻雀——乱冲
玻璃缸里的标本——缺乏生气

玻璃缸里的金鱼——掀不起大浪；没有出路；大不了
玻璃缸里生豆芽——根底看得清
玻璃缸里养鱼——大不了
玻璃缸内关苍蝇——乱撞
玻璃耗子琉璃猫，铁铸公鸡铜羊羔——一毛不拔
玻璃猴子——成不了气候；不成气候
玻璃夹里的标本——缺乏生气
玻璃镜上的人儿——有影无踪
玻璃筷子夹凉粉——光对光
玻璃瓶当暖壶——热乎一阵子
玻璃瓶里插蜡烛——心里亮；肚里明
玻璃瓶装金鱼——一眼看透
玻璃铺的家当——不堪一击
玻璃球上拴麻线——难缠
玻璃上放花盆——明摆着
玻璃上跑车——没辙
玻璃上绣花——白费工夫；枉费工
玻璃娃娃——明白人
玻璃袜子玻璃鞋——名角（明脚）
玻璃心肝水晶人——明白人
玻璃眼镜——各投各眼；各对各眼
玻璃罩里的苍蝇——看到光明无出路；处处碰壁
玻璃做鼓——经不起敲打
剥葱捣蒜——干的小事
剥开的花生果——杀身成仁
剥皮的青藤——一丝不挂
剥皮的树——不长
剥皮的鱼儿——片甲不留
脖梗子上拴驴——不是正桩
脖颈上磨刀——冒险；危险到顶了；太悬乎
脖子上挂镰刀——好险；冒险；危险
脖子比杠子还硬——不打弯弯
脖子后头抹蜜——眼下尝不到甜头
脖子里割瘿袋（长在颈上的囊状瘤。据说除瘿会危及生命）——杀人的勾当
脖子上安轴承——脑袋灵活得很；滑头；滑头滑脑
脖子上插电扇——走上风；尽走上风
脖子上挂锣槌——吊儿郎当
脖子上挂笊篱——劳（捞）心
脖子上挂镯子——放不下脸；脸面上下不来
脖子上围裹脚布——臭了一圈子
脖子伸进铡刀下——送死；寻死；自己找死
菠菜下锅——一趟（烫）就熟
菠菜煮豆腐——一清（青）二白
菠菜子儿——小刺儿头
菠萝皮的脸——疙疙瘩瘩
伯乐挥鞭——骑马找马
钹子（打击乐器）翻转敲——唱反调
博物馆的陈列品——老古董
薄刀切豆腐——两面光
薄地里的棉花——一絮完了
薄皮气球——不攻自破
薄情郎休妻——另有新欢
薄纸糊窗棂——一戳就穿
跛脚穿花鞋——边走边瞧

跛脚儿担水——一步一步来
跛脚赶到，会场散掉——晚了；迟了
跛脚马碰到瞎眼骡——难兄难弟
跛脚马上阵——没有好下场；有死无活
跛脚毛驴——不走正道；光走歪道
跛脚青蛙碰着瞎田鸡——难兄碰到难弟
跛脚鸭子不怕黄鼠狼——送死；自己找死
跛驴背破口袋——都是废物
跛驴配瞎马——一对糟烂货
跛子拔萝卜——歪扯
跛子打秋千——一处拐腿，处处拐腿

跛子打围——坐着喊；坐地呐喊
跛子赶老婆——越赶越远
跛子赶马——望尘莫及
跛子划船——以歪就歪
跛子撵（追赶）兔子——力不能及；力不从心；心有余而力不足
跛子爬楼梯——步步难
跛子抬轿——又险又难看
跛子下跪——以歪就歪
跛子走路——左右摇摆；摇摆不定；一步步来
簸箕比天——比不上；不沾边；沾不上边
簸箕里的蚂蚁——条条是路；条条是道；路子多

bu

补锅的摇手——不敢定（钉）
补锅匠摇头——不一定（易钉）
补锅匠进庙来——不中（补钟）
补过的瓷碗——总有痕迹
补考——一线生机
补了又补的破轮胎——到处泄气
补漏趁天晴——不要错过时机
补破锅的揽瓷器活——没事找事；假充内行
补碗的摆手——没词（瓷）儿
捕风捉影——有假无真
捕尽黄鼠狼——宝（保）鸡
不挨皮鞭挨砖头——吃硬不吃软
不保温的热水瓶——没有胆

不尝老姜——不知辣
不成葫芦不成瓢——两不像
不吃豆腐啃骨头——服软不服硬
不吃河豚——不晓得鱼滋味
不吃馒头——争(蒸)口气
不吃桑叶的老蚕——尽是私(丝)
不吃羊肉沾了羊膻臭——自背臭名
不吃羊肉沾身骚——自背臭名
不大不小的老鼠——最刁
不倒翁得相思病——坐卧不安；坐卧不宁
不倒翁掉在算盘上——混账
不倒翁——立场不稳
不到黄河心不死——倔犟；死心塌地；顽固不化
不饿带干粮——有备无患
不犯王法坐大牢——冤枉；太冤枉
不放酱油烧猪蹄——白提(蹄)
不负责的批评——信口开河
不共戴天的敌人——血海深仇
不够十两——强充一斤
不喊叫的狗——暗里咬人；暗下口
不见棺材不落泪，不到黄河不死心——死心塌地；顽固到底
不见兔子不撒鹰——做事稳当
不啃骨头吃豆腐——吃软不吃硬
不碰南墙不回头——倔犟；顽固到底
不入虎穴——焉得虎子
不三的弟弟——不是(四)
不识字的人看布告——一纸都是墨；一篇大道理；老说一抹黑
不拾柴火不买煤——烧啥
不是撑船匠——咋敢弄竹竿
不是船工乱弄竿——假充内行
不是烂羊尾巴——藏不了蛆
不是鱼死，就是网破——有你无我
不熟的葡萄——酸溜溜的；酸气十足；酸得很
不熟的杏子——酸极了
不听曲子听评书——说的比唱的好听
不听使唤的套筒枪——卡壳了
不着窝的兔子——东跑西颠
布袋里倒西瓜——有啥道(倒)啥
布袋里的菱角——争着出风(锋)头；
布袋里兜菱角——奸(尖)的出头
布袋里装麦秸——草包
布袋里装牛角——内中有弯
布袋里装石榴皮——一个子也没有
布告贴在楼顶上——天知道
布机上的棉线——千头万绪
布机上的梭子——不打不走；直来直去；去了又来
布娃娃的眼睛——有眼无珠
步枪卡了壳——不响

C

ca

擦镫时间多，骑马时间少——本末倒置
擦火柴点电灯——其实不然（燃）
擦脚布擦飞机——臭上天了
擦脚布当领带——不是正经材料

cai

猜对了谜底——言重（中）了
才出壳的鸡娃——嫩得很
才出窝的麻雀——翅膀不硬
才揭盖的蒸笼——热气腾腾
才输了当头炮——慌什么哩
才脱了阎王，又撞着小鬼——躲了一灾又一灾；祸不单行
才捉到的鲤鱼——活蹦乱跳
才子和佳人——一对
才子佳人结鸳鸯——好事成双
才子配佳人——恰好一对；十全十美
财迷转向——走路算账（比喻总是在算计）
财神庙的土地——爱财
财神爷打架——挣钱
财神爷戴乌纱帽————钱也有，权也有
财神爷的徒弟——爱才（财）
财神爷发慈悲——有的是钱
财神爷翻脸——不认账
财神爷放账——无利可图（比喻谋取不到好处）
财神爷进门——富起来了
财神爷敲门——福从天降
财神爷休妻——不为穷人着想（比喻不可怜穷人）
财神爷要饭——装穷
财神爷招手——好事临头；来福了（比喻来了福气）
裁缝搬家——依依（衣衣）不舍
裁缝比手艺——认真（纫针）
裁缝不带尺——存心不良（量）
裁缝不用剪子——胡扯
裁缝打架——真（针）干
裁缝戴眼镜——见缝插针；认（纫）真（针）；以身作则
裁缝的本事——真（针）好
裁缝的尺子——量人不量己；不量自己，光量别人
裁缝的家当——真正（针挣）的
裁缝的肩膀——有限（线）
裁缝的熨斗——烫人
裁缝的针箍——项真（针）
裁缝掉了剪子——就剩下吃（尺）了；找吃（尺）
裁缝干活——忘不了吃（尺）

裁缝和木匠结亲——一正（针）一作（凿）
裁缝剪衣——以身作则
裁缝老师买田——千真（针）万真（针）
裁缝铺扯筋（闹纠纷；闹矛盾）——争长论短
裁缝铺的衣服——一套一套的
裁缝师傅包脚布——不要正经材料
裁缝师傅不上任——忘了俭（剪）啦
裁缝师傅传经——句句真（针）话
裁缝师傅的本事——真（针）狠
裁缝师傅的尺子——量体裁衣
裁缝师傅对绣娘——一个行当
裁缝师傅手艺巧——全靠真（针）功夫
裁缝坐飞机——天才（裁）
裁缝做嫁衣——替旁人欢喜（比喻自己劳动，别人得到好处）
裁缝做龙袍——格外小心
裁缝做衣服——要良（量）心（身）；因人而异
裁缝做衣——讲究分寸
彩虹和白云谈情——一吹就散
踩板凳够月亮——手短
踩瘪了的鱼泡——泄气
踩高跷的过河——半截不是人
踩高跷过吊桥——拿性命开玩笑
踩高跷上高墙——胆战心惊；战战兢兢
踩虎尾，踏春冰——好险；危险；冒险
踩死蛤蟆大肚子——气可不小
踩死蚂蚁也要验尸——过分认真
踩着地图走路——一步十万八千里
踩着高跷过独木桥——艺高人胆大
踩着肩头往头上拉屎——硬欺负人
踩着井绳当是蛇——胆小鬼；大惊小怪
踩着石头过河——脚踏实地
踩着梯子摘星星——离天远着哪；差得远呢
踩着乌龟叫出头——越逼越不行
踩着西瓜皮打排球——能推就推，能滑就滑
菜板上的肉——任人宰割
菜刀切豆腐——不费劲
菜刀切藕——心眼多；心眼不少；片片有眼
菜刀剃头——与众不同；太悬乎
菜地里少水——蔫啦
菜地里围篱笆——没有不透风的墙
菜瓜打锣——一锤子买卖；一锤子交易
菜锅里炒鹅卵石——不进油盐；油盐不进
菜盘子里落鸡毛——挟它出去
菜勺子掏耳朵——进不去；没法下去
菜摊上的黄菜叶——不值钱
菜园里长人参——稀罕事
菜园里的海椒（辣椒）——越老越红
菜园里的苦瓜——越老心越红
菜园里的辘轳（安在井上绞起汲水斗的器具）——由人摆布
菜园里的羊角葱——越老越辣

can

参谋皱眉头——一筹（愁）莫展
参天的大树——高不可攀

餐桌上的苍蝇——混饭吃
餐桌上放痰盂——算哪盆菜
餐桌上搁痰盂——不是正经家伙；不是个家伙
残局的棋盘——就那么几个子儿
残局的卒子——说不定要靠他（它）；不可小看
蚕宝宝吃桑叶——胃口越来越大
蚕宝宝的嘴巴——出口成诗（丝）
蚕宝宝牵蜘蛛——私（丝）连私（丝）
蚕宝宝伸头——私（丝）人
蚕宝宝说媒——私（丝）情
蚕宝宝咬牙——私（丝）恨
蚕宝宝做茧——自缠身；自己捆自己
蚕吃桑叶——一星半点地啃下去
蚕豆开花——黑心；黑了心
蚕儿肚子——净是私（丝）；私（丝）心
蚕儿嘴上长疮——没事（丝）
蚕茧拉出丝头——扯个没完
蚕子变蛾子——要飞了
蚕子的脑壳——亮的

cang

仓底米——太陈旧
仓库搬家——翻老底儿
苍蝇拜把子——小玩意
苍蝇不抱没缝的蛋——到底有影儿
苍蝇不咬人——恶心
苍蝇采花——装疯（蜂）
苍蝇吃蜂蜜——沾（粘）上了
苍蝇吃进肚子里——恶心
苍蝇吹喇叭——自不量力；不自量
苍蝇打哈欠——没好气
苍蝇戴凉帽——人小面子窄
苍蝇到处飞——讨人嫌
苍蝇的翅膀——扇不起多大风浪（比喻起不了多大作用）
苍蝇的世界观——哪臭往哪钻（比喻参与干些肮脏事）
苍蝇掉在酱盆里——糊里糊涂（比喻不明事理。指对事物的认识模糊混乱）
苍蝇叮疮疤——尽咬你的痛处
苍蝇叮在黑炭上——哪来油水
苍蝇放屁——吓谁哩（比喻没有威力）
苍蝇飞进花园里——装疯（蜂）
苍蝇飞进牛眼里——自讨麻烦；找累（泪）吃
苍蝇飞进盐店里——不识闲（咸）儿
苍蝇给牛抓痒痒——无济于事；不济事
苍蝇跟上卖炭的——吃什么
苍蝇跟屎蜣螂做朋友——臭味相投
苍蝇跟着蜜蜂飞——冒充采蜜的
苍蝇害眼疾——早晚要碰壁
苍蝇豁了鼻——没脸
苍蝇见粪堆——盯（叮）住不放
苍蝇进虎口——不够塞牙缝；不够嚼
苍蝇卡喉咙——恶心
苍蝇尥蹶子——小踢蹬
苍蝇落到热油锅——罪该万死
苍蝇落在臭蛋上——见缝下蛆
苍蝇落在饭碗里——黑白分明

苍蝇落在酒瓶里——没有出路
苍蝇落在米汤里——糊涂虫
苍蝇落粥盆——糊糊涂涂；糊里糊涂
苍蝇抹胭脂——没人招惹
苍蝇爬到马尾上——依附别人
苍蝇碰玻璃——看到光明无前途
苍蝇碰酒瓶——没有出路
苍蝇碰上蜘蛛网——难脱身；有去无回（比喻遇到了险境，一去再也回不来）
苍蝇耍灯草——死中作乐；死快活
苍蝇推墙——自不量力；不自量
苍蝇围着厕所转——臭味相投
苍蝇闻着腥臭味——不招自来
苍蝇舞灯草——摆起架势来了
苍蝇寻狗屎——气味相投
苍蝇寻烂肉——臭味相投
苍蝇眼里掏脂油——吝啬得很
苍蝇药不死人——恶心死人
苍蝇找地方下嘴——钻空子
苍蝇找屎蜣螂做亲——臭味相投
苍蝇撞上癞蛤蟆——自送一口肉；送来的口食
苍蝇钻到了瓶瓶里——四处碰壁
苍蝇钻茅房（厕所）——沾腥惹臭
苍蝇嘴巴狗鼻子——灵得很；真灵
藏经阁失火——输（书）光了
藏起灯草点松脂——昧了良心（芯）

cao

曹操败走华容道——不出所料；不幸中之大幸；兵荒马乱；走对了路子
曹操背时遇蒋干，胡豆背时遇稀饭——倒霉透了；真倒霉
曹操吃鸡肋——食之无味，弃之可惜
曹操打徐州——报仇心切
曹操割须——以己律人
曹操杀蔡瑁——上当受骗；操之过急；中了反间计
曹操杀华佗——恩将仇报；以怨报德；讳疾忌医
曹操杀吕伯奢——将错就错
曹操杀吕布——悔之莫及；后悔已晚
曹操杀杨修——嫉妒之心
曹操下江南——来得凶，败得惨
曹操用人——唯才是举
曹操遇关公——喜不自禁
曹操遇庞统——中了连环计
曹操张飞打哑谜——你猜你的，我猜我的
曹刿论战——一鼓作气
曹营的徐庶——人在曹营心在汉
曹植吟“七步诗”——一气呵成；逼出来的
曹植作诗——七步成章
操场上的士兵——步调一致
操练的士兵——步调一致
操纵木偶——不能放手
草拔了根——活不长远
草把儿打仗——假充好汉
草船借箭——满载而归；巧用天时；多多益善；坐享其成

草刺卡嗓子——说不出话来
草丛里的眼镜蛇——歹毒
草袋换布袋——一代（袋）强似一代（袋）
草地里的蚂蚱——不容易暴露
草地上的蘑菇——单根独苗
草垫上绣花——底子太差
草房上安兽头——配不上；不配
草棵里的蚂蟥——不是善虫
草驴（母驴）卖了买叫驴（公驴）——胡倒腾
草帽戴在膝盖上——不对头
草帽当锅盖——乱扣帽子
草帽当锣打——想（响）不起来
草帽端水——七零八落；一场空
草帽没有顶——露头
草泥塘里冒泡——发笑（酵）
草坪丢针——没处寻；难寻
草人吹笛——无声
草人的头——没脑子
草人的腰杆——硬不起来
草人翻脸——无情无义
草人过河——漂浮不定
草人讲话——口气不硬
草人救火——白送死；自取灭亡；自身难保
草人看戏——无动于衷
草入牛口——其命不久
草上的露水——不久长；难长久；见不得太阳
草绳拔河——经不住拉
草绳吊绣球——粗人做细事
草绳湿了水——格外来劲
草窝里扒出个状元郎——埋没人才
草窝里抓刺猬——不好下手
草鞋里面长青草——慌（荒）了手脚
草鞋上拴鸡毛——飞快；跑得快
草鞋上镶珍珠——不值得
草鞋撞钟——打不响
草药铺的甘草——处处少不了他（它）
草原的苇子——肚里空空
草原上的劲风——挡不住
草原上的天气——变化多端
草原上的苇子——肚里空
草原上点火——着慌（荒）
草籽喂牲口——不是好料

ce

厕所顶上开窗户——臭气冲天
厕所挂门牌——不是个户头
厕所里吃烧饼——不好开口；难开口；口难开
厕所里吃香瓜——不对味儿
厕所里搭棚——臭架子
厕所里的搅屎棍——越搅越臭
厕所里的石头——又臭又硬
厕所里放玫瑰花——显不出那点香味来
厕所里放屁——不知香臭；闻不着香臭
厕所里放芝麻——香臭不分
厕所里挂表——有始（屎）有终（钟）
厕所里开店铺——离死（屎）不远

厕所里耍笔杆——丑（臭）闻（文）
厕所里扎牌坊——好大的臭架子
厕所里照镜子——臭美（比喻做事太过分，使人厌恶和憎恨）

cha

插床开车——直上直下
插根筷子当旗杆——竖不起来
插秧能手——善哉（栽），善哉（栽）
茶杯掉在地上——净崩词（瓷）
茶杯盖上放鸡蛋——靠不住；不可靠
茶杯里的胖大海——自大；自我膨胀
茶杯里的糖块——寿命不长
茶馆搬家——另起炉灶
茶馆的火剪——倒霉（捣煤）
茶馆里摆龙门阵——想到哪里说到哪里；想起什么说什么
茶馆里不要的伙计——哪壶不开偏提哪壶
茶馆里谈生意——老交情
茶罐里煮牛头——下不去
茶壶打掉把儿——只剩一张嘴了（比喻说话乖巧能说会道，没有真本领）
茶壶里打伞——支撑不开
茶壶里喊冤——胡（壶）闹
茶壶里开染房——不好摆布
茶壶里烧炭——一肚子气
茶壶里贴饼子——难下手；下不了手；无法下手
茶壶里头的汤圆——倒不出来
茶壶里下元宵——好进难出；只进不出（比喻非常吝啬，只许别人给他东西，他的东西从不外给）
茶壶里养鱼——油（游）水不大
茶壶里栽大蒜——一根独苗
茶壶里煮饺子——肚里有货；肚里有货倒不出；有货倒不出
茶壶没肚儿——光剩嘴
茶壶有嘴——说不出话
茶壶装饺子——易进难出
茶盘里落苍蝇——恶心
茶铺搬家——另起炉灶（比喻放弃原来的，重新做起）
茶铺子里的水——滚开
搽粉进棺材——死要面子；死要脸
搽粉上吊——死要脸
搽胭脂亲嘴——血口喷（碰）人
岔道上分手——各走各的路；各奔前程

chai

拆城隍庙竖土地庙——因小失大
拆东墙补西墙——顾此失彼；穷折腾；将就着过；堵不完的窟窿
拆房逮耗子——大干一场；得不偿失
拆房卖瓦——光顾眼前；只顾眼前
拆口袋做衣襟——改邪归正
拆了的破庙——没有神
拆了房子搭鸡棚——不值得；值不得；得不偿失
拆了楼房盖厕所——臭到顶
拆了屋子放风筝——只图风流不顾家
拆庙种灯草——有心（芯）无神

拆散的鸳鸯——难成双；成不了双；孤单得很
拆袜子补鞋——顾面不顾理（里）
拆屋卖瓦——穷思竭想
拆屋檐卖柈子（大块的劈柴）——穷思竭想
拆一座祠堂得一片瓦——不上算；不合算；不值得
柴多厨房小——放不下心（薪）
柴花狗撵兔子——一样皮毛
柴火棍搔痒——一把硬手；是把硬手
豺狗吃瘟鸡——弱肉强食
豺狗掉牙齿——老狼
豺狗子吃马鹿——胃口不小
豺狗子见了饿狼——一个比一个凶；一个比一个恶
豺狼肚子——装羊（洋）
豺狼恨猎人——死对头
豺狼请兔子的客——不是好事；绝无好心
豺狼头上找鹿茸——异想天开；痴心妄想；妄想
豺狼遭火烧——焦头烂额

chan

掺水的老白干——没冲劲儿
馋狗等骨头——急不可待
馋鬼打灯笼——找吃的
馋猫挨着锅台转——别有用心
馋猫吃耗子——生吞活剥
馋猫见了腥味——沾上了
馋婆娘斩鸡——块块好
馋人打赌——净是吃的
馋嘴巴走进药材店——自讨苦吃；自找苦吃
蟾蜍向蛤蟆借毛——两家无
产房里传出婴儿声——出事（世）了
产妇进产房——要升（生）了
产妇开刀——难免（娩）

chang

菖蒲花儿——难见面
长白山的人参——久负盛名
长白山上架梯子——越爬越高
长坂坡上的赵子龙——孤军奋战
长臂猿——手长
长脖鹿的脑袋——高人一头
长城上的炮楼——根基厚实
长城上卖肉——架子大
长城上跑步——大有奔头；起点高
长虫吃扁担——直通通的；直杠杠的；硬挺；直棍一条
长虫吃大象——贪心不足
长虫吃高粱——顺杆（秆）爬
长虫吃鸡蛋——吞吞吐吐；疙里疙瘩；有粗有细
长虫吃了烟袋油——浑身哆嗦；直哆嗦
长虫抽大烟——苦得打滚
长虫磋商——莽（蟒）撞
长虫戴草帽——充高个儿；细高挑儿（身材细长的人）；装高
长虫斗仙鹤——绕脖子

长虫凫水——一溜歪邪（斜）
长虫跟王八打架——净绕脖子
长虫过街——莽（蟒）行（比喻行动粗鲁冒失）
长笛吹火——到处泄气
长工的岁月——难熬
长工干活——磨洋工
长工血汗钱——来之不易
长工指望月月满，短工指望太阳落——混日子
长江大桥上钓鱼——差得远；差远了
长江后浪推前浪——一波未平，一波又起
长江黄河里的水——无穷无尽
长江里的波涛——一浪高一浪；后浪推前浪
长江里的石头——经过风浪
长江流水——滔滔不绝；一泻千里
长江水万里流——波涛滚滚
长江涨大水——来势凶猛
长脚蚊叮木脑壳——看错了人；认错了人
长颈鹿脖子仙鹤腿——各有所长
长颈鹿吃树叶——不必往上爬
长颈鹿进马群——高出了头
长颈鹿进羊群——非常突出；高出一大截
长颈鹿睡觉——白（背）脖子
长空响炸雷——天下闻名（鸣）
长老种芝麻——未得见
长了三只手——爱偷
长明灯草满添油——做好了准备
长袍马褂瓜皮帽——现在不兴这一套；老一套
长袍马褂——过时货
长全毛的喜鹊——飞啦
长人穿短衣——好笑（小）
长衫子改夹袄——取长补短
长蛇缠脚杆——狡猾
长生果——不老实
长绳子拉海带——根子在下面
长时间潜水——太憋气
长丝瓜当扁担——不晓得软硬
长添灯草满添油——早做准备
长尾巴蛆爬到金鱼缸里——装什么大龙
长尾巴蝎子——毒极了；最毒；一肚子坏水
长线放风筝——慢慢来
长一只耳朵的人——偏听偏信
长竹竿戳水道眼儿——一通到底
长竹篙撑小船——一点就开
肠子痒了——不能挠
常春藤搭在墙头上——难解难分；难分难离
常来的客人坐冷板凳——屡见不鲜
常年吃饭馆——从不动火
常胜将军——百战百胜
常胜将军出征——所向无敌
常胜将军还朝——凯旋归来
常胜将军临敌——旗开得胜
常胜将军上疆场——不获全胜不收兵
常使的驴——摸透了脾气
常用的铁具——不生锈
常在河边走——哪有不湿鞋

嫦娥奔月——一去不复返
嫦娥脸上长痣——美中不足
嫦娥跳舞——两袖清风
厂里开除的二愣子——要不得
敞开锅炒玉米——乱蹦乱跳
唱大鼓的吞石灰——白说
唱旦的留胡子——改行了
唱歌变调——离谱
唱歌不看曲本——离了谱
唱歌离了谱——不入调
唱傀儡戏的提线——耍人哩
唱驴皮影（皮影戏。因剧中人物剪影用驴皮做成而得名）的——耍人哩
唱木偶戏的——尽捉弄人
唱皮影戏的跌跟头——丢人打家伙
唱皮影戏的住店——人旺财不旺
唱青衣的顶着碾盘舞——费力不讨好；吃力不讨好；费劲不落好
唱戏不拉胡琴——干号
唱戏踩高跷——半截不是人
唱戏穿玻璃鞋——名（明）角（脚）
唱戏打水桶——算啥家伙
唱戏的挨刀——无伤大体；无关大体；不怕
唱戏的扮新郎——高兴一时是一时；快活一时算一时
唱戏的穿龙袍——成不了皇帝
唱戏的吹胡子——假生气；一副生气相
唱戏的打板子——一五一十
唱戏的打架——伤不着人
唱戏的点兵——名不副实

唱戏的掉眼泪——可歌可泣；装相；收买人心
唱戏的抖三抖——假威风
唱戏的骑马——不（步）行；走人了
唱戏的欠功夫——装什么不像什么
唱戏的淌眼泪——可歌可泣
唱戏的腿，说书的嘴——能伸能缩（说）；说近就近，说远就远
唱戏的卸了装——原形毕露
唱戏的卸装——下台去吧
唱戏的做买卖——改了行
唱戏离了弦——跑调了

chao

抄着手过日子——等着饿死；懒死了
钞票洗额头——见钱眼开
超车不鸣号——想惹祸
超载的火车——任重道远
晁盖的军师——无（吴）用
朝太阳举灯笼——充亮
朝天铳（一种旧式火器）走火——放空炮
朝天放箭——无的放矢；空想（响）
朝天辣椒——又尖又辣；够呛
朝天一箭——无的放矢
朝廷表态——一言为定
朝廷吃煎饼——均（君）摊
朝廷的太监——后继无人
朝廷放屁——官气臭人；官气十足
朝廷说话——金口玉言
朝鲜人过年——要狗命
朝中无人莫做官——没靠山
朝着窗户吹喇叭——名（鸣）声在外
潮湿的鞭炮——没想（响）头
潮水退了再下网——晚了；迟了
炒菜不放盐——乏味；淡而无味
炒菜的勺子——尝尽了酸甜苦辣（比喻幸福、痛苦等种种滋味都尝到过）
炒菜放油盐——理所当然
炒菜锅里的四季豆——不进油盐；油盐不进
炒豆大家吃，砸锅一人兜——不公平；倒霉透了；真倒霉
炒豆发芽——好事难盼
炒胡豆（蚕豆）下酒——干脆；干干脆脆
炒花生煮姜汤——吃香的喝辣的
炒米机爆玉米——话（花）多
炒面炖蛋——面子账（胀）
炒面捏白头翁——老熟人
炒面捏的人——熟人
炒熟的豆子——不发芽；做不了种
炒虾等不到红——太性急
炒下水——热心肠
炒咸菜放盐巴——太闲（咸）了

che

车把式扔鞭子——没人敢（赶）；谁敢（赶）
车到路口遇红灯——不可行
车到终点站——不想下也得下
车道沟里的长虫——装硬骨头
车道沟里的泥鳅——掀不起大浪；翻不

了大浪
车道沟里写诗文——不合辙
车干塘水捉鱼——不顾后患；一个也溜不掉；只图一回
车工三班倒——连轴转
车轱辘（车轮）断了轴——滚开
车后头拴小牛——歹（带）毒（犊）
车离城门——出事（市）了
车轮子没轴——转不开
车屁股安发动机——后劲大
车胎拔下气门芯——泄气
车胎放炮——瘪了
车胎撒气（内充气体的器物因有小孔而慢慢漏气）——纰（皮）漏；招架不住
车胎上的气门芯——里外受气
车站的铁轨——条条是道；条条是路；路子多
车轴卷乱麻——理不清
车子下坡——不能回头
车走盘山公路——净绕圈子
扯不断的链条——一环紧扣一环
扯耳朵充饥——不能进口
扯胡子过河——谦虚（牵须）
扯开顺风篷——得势
扯开头的线团子——牵扯很远
扯了萝卜有眼在——没有白费力
扯铃扯到半空中——空想（响）
扯乱了的线轴——找不着个头
扯满篷划船——一帆风顺
扯旗放炮去打猎——声势不小，收获不大
扯旗杆放炮——生怕别人不知道
扯起眉毛哄眼睛——自欺欺人；自己哄自己
扯秧子摘南瓜——两不耽误；两得其便
扯着胡子打秋千——谦虚（牵须）
扯着老虎尾巴喊救命——送死；自己找死
扯着绳索挣死牛——费力不讨好；吃力不讨好；费劲不落好

chen

臣民进皇宫——层层深入
沉香木当柴烧——用才（材）不当
陈阿大接待外宾——洋相百出
陈醋当黄酒喝了——哭笑不得
陈醋调进开水里——分不出皂白
陈谷做种子——难发芽
陈年的皇历——不管用
陈年谷子烂芝麻——不新鲜
陈年老账——没法了结
陈胜扯旗——揭竿而起
陈世美不认秦香莲——喜新厌旧
陈世美打轿夫——不识抬举
陈世美犯法——包办（指包公办案）
陈世美娶个再嫁女——同床异梦
陈世美杀妻——忘恩负义
晨雾炊烟——一吹就散
趁风扬灰——掩人耳目
趁圪垛（小土丘）下马——自找台阶
趁热吃豆包——粘手
趁水和泥，趁火打铁——一举两得

趁水踏沉船——助人为恶
趁下雨和泥——顺便
趁着大风扫街——吃饱了撑的；假积极
趁着热汤下笊篱——赶紧

cheng

撑不开的伞——没骨头
撑船不用篙——放任自流；任其自流
撑船的老板——见风使舵
撑竿跳高——一跃而上
撑篙子进房门——直来直去；直进直出；直出直入
撑破雨伞——骨子在
撑歪墙的木头——硬顶；死撑；硬撑
撑阳伞戴凉帽——多此一举
成年生锈的剪子——掰都掰不开
成熟的芭蕉——黄了
成熟的稻穗——垂着头；耷拉（下垂）着脑袋
成熟的花生果——满人（仁）
成熟的莲子——心里苦
成熟的庄稼遭冰打——可惜；真可惜
成天想蚕茧——只顾私（丝）
城隍庙的石狮子——搬不动；一对儿
城隍庙的铁算盘——难算；算不清；不由人算
城隍庙里冒烟——点鬼火
城里人不识货——麦苗当成韭菜割
城里人不识烂泥塘——陷人坑
城楼顶上放风筝——起点高
城楼上的雀儿——耐惊耐怕
城楼上看马打架——与己无关；与我无关
城楼上看人——眼光太高
城楼上亮相——高姿态
城门楼上乘凉——好出风头
城门楼上的哨兵——高手（守）
城门楼上吊大钟——群众观点
城门楼上挂猪头——架子不小；好大的架子
城墙上点烽火——告急
城墙上赶麻雀——白费工夫；白费劲；枉费工
城墙上挂镜子——照添（天）
城墙上挂钥匙——开诚（城）相见
城墙上跑马——转不过弯来
城墙上骑瞎马——好险；冒险；危险
城头上出殡——死出风头；绕一个大弯儿（比喻有事不直说，而是拐弯抹角地去说）
城头上盖城楼——底子空
城头上跑马——兜圈子；难转弯；转不过弯来；远兜远转
城头上栽花——高中（种）
城外头开钱庄——外行
乘船看风景——坐着瞧
乘飞机打伞——兜风
乘慢车来的人——不速之客
乘字底下丢了人——真乖
程咬金打仗——全靠三板斧
程咬金的斧头——就那么几下子；有两下子；乱杀乱砍；两面砍；头三下厉害

程咬金的斧子——头三下（比喻做事起初声势很大，不能坚持）
程咬金的马——不出头
程咬金的三斧子——虎头蛇尾
程咬金卖耙子——一路横刮
程咬金做皇帝——不耐烦；当不得真
程婴告密搜赵武——舍儿救孤
秤不离砣，公不离婆，扁担不离油篓篓——各有各的搭档；各有一套
秤杆打人——有斤两
秤杆上的定盘星——从零开始
秤杆上的准星——分得出斤两
秤杆与秤砣——密不可分
秤杆子拄路——小心（星）点
秤钩打针——以曲求伸
秤盘里的铁块——分量蛮重
秤砣掉粪坑——又臭又硬；臭硬
秤砣掉鸡窝——捣蛋；鸡飞蛋打
秤砣掉进棉花堆——不声不响；无声无息
秤砣掉在水里——富（浮）不起来
秤砣掉在瓦釜里——砸锅
秤砣跌钢板——落地有声
秤砣囫囵（完整；整个儿）吞——铁了心
秤砣落水——一贬到底
秤砣落在棉花上——无声无息
秤砣敲钢板——响当当；当当响
秤砣扔到钢板上——落地有声
秤砣虽小——能压千斤
秤砣砸核桃——看他（它）硬到几时

chi

吃罢黄连劝儿媳——苦口婆心
吃霸王的饭，给刘邦干事——不是真心
吃柳条屙笊篱——满肚子胡编
吃包子扔皮儿——各有所好；各人所好
吃饱的肥猪——大腹便便
吃饱饭打嗝——气不顺
吃饱饭闲磕牙——没事找事
吃别人嚼过的馍——没味道
吃冰棍儿拉冰棍儿——没话（化）
吃冰棍舍不得扔棒棒——小气鬼
吃饼吃馒头——不甩快（筷）
吃不了兜着走——自担责任
吃曹操的饭，干刘备的事——人在心不在；不是真心；吃里爬外
吃曹家饭，管刘家事——心不在焉
吃大鱼大肉的——肚里一点没数（素）
吃得耳朵都动弹——味道好爽
吃的咸盐真不少——净管闲（咸）事
吃的灯草灰——放的轻巧屁
吃的黑芝麻——满肚的黑点子
吃灯草灰长大的——说话没分量
吃点退烧药——降降温
吃点心抹酱油——不对味儿；不是味儿
吃豆子喝凉水——屁事挺多
吃多了安眠药——不醒悟
吃多了碎米——啰唆
吃多了盐——尽讲闲（咸）话
吃饭馆，住旅店——什么事也不管；啥事不管

吃饭泡米汤——喝粥的命
吃饭泡汤——占地方儿
吃饭舔碗边——穷相毕露；吝啬鬼
吃饭咬颗沙子——搁（硌）着了
吃饭咬舌头——出于无意
吃饭住旅店——啥事不管
吃甘蔗上山——一步比一步高，一节比一节甜
吃橄榄不吐核——看他怎么吞下去
吃个馒头就饱——没肚量
吃根灯草——说话轻
吃狗肉喝白酒——里外发烧

吃瓜不要子——甩种
吃瓜子吃出虾米（小虾）来——什么人（仁）都有；遇到了好人（仁）
吃瓜子——吞吞吐吐
吃挂面不调盐——有言（盐）在先
吃过屎的狗——嘴巴臭
吃过午饭打更——不是时候；不看时候；为时过早
吃海水长大的——管得宽
吃核桃——非砸不可
吃红薯蘸蒜汁——各对口味儿
吃黄瓜蘸雪——乏味
吃鸡蛋不拿钱——混蛋
吃鸡蛋噎嗓子——进退两难
吃家饭屙野屎——吃里爬外
吃江水，说海话——好大的口气
吃饺子不吃馅儿——调（挑）皮
吃荆条屙箩筐——满肚子瞎编；肚里编；嘴能编；生编硬造
吃酒陪新娘——装模作样；装样子
吃辣椒喝白干——里外发烧
吃烙饼卷木炭——黑心肝；心肠黑
吃烙饼卷手指——自己咬自己
吃雷公屙火闪——胆子不小；胆子大；胆大包天
吃凉粉——不塞牙
吃凉粉发抖——凉透心；冷透心
吃粮不管事——省心
吃了白糖吃冰糖——乏味
吃了苞米（玉米）羹羹——开黄腔
吃了不害臊的药——不知羞耻；没脸

吃了蚕茧——一肚子私（丝）
吃了苍蝇——直感到恶心
吃了抄手（馄饨）吃馄饨——一码事
吃了秤杆——一肚子心眼
吃了秤砣——铁心了（比喻下了决心了不可改变。或比喻狠了心，心肠硬，不为感情所动）
吃了饭就砸锅——不干了
吃了蜂蜜——心里甜
吃了海椒（辣椒）啃甘蔗——嘴甜心辣
吃了虎豹的心肝——好大胆；好大的胆子
吃了黄连吃甘草——先苦后甜
吃了鸡下巴——爱搭嘴；接别人的话
吃了两天豆腐想成仙——想得容易
吃了两只公鸡——在肚里斗
吃了灵芝草——一心想成仙；长生不老
吃了麻绳子——尽说长话
吃了煤炭——火气冲天
吃了蒙汗药——动弹不得；任人摆布；不省人事
吃了蜜蜂屎——轻狂起来了
吃了棉花——拉线儿屎
吃了鸟枪药——火气冲天
吃了炮仗——一跳三丈高
吃了砒霜的老母鸡——抬不起头来
吃了砒霜毒狗——害人先害己
吃了砒霜再上吊——必死无疑；心里有底
吃了枪药——火气大
吃了三天斋就想上西天——功底还浅
吃了三碗红豆饭——满肚子相思
吃了烧酒穿皮袄——周身火热
吃了生姜嚼黄连——辛苦了
吃了剩饭想点子——光出馊主意
吃了算盘子——心里有数（比喻心里知道情况和问题的底细）
吃了桐油呕生漆——连本带利
吃了窝脖鸡——憋气
吃了五味想六味——贪得无厌；贪心不足
吃了喜鹊蛋——乐开怀
吃了线团子——心里结疙瘩
吃了蝎子草的骆驼——四脚朝天
吃了蝎子——心肠歹毒
吃了哑巴药——开不得口
吃了一肚子账本——心中有数；肚里有数
吃了一堆烂芝麻——满肚子坏点子
吃了一筐烂杏——心酸得很
吃了一团烂麻——心里乱糟糟
吃了萤火虫——肚子里明；心里透亮
吃了鱼钩的牛打架——勾（钩）心斗角
吃了芋头不下肚——顶心顶肺（比喻心中愤愤不平，忍受不下去。或心里不好受）
吃了早饭睡午觉——乱了时辰
吃了炸药——开腔就爆
吃了猪肝想猪心——贪得无厌；贪心不足
吃了猪苦胆——心里苦
吃了猪下巴——爱搭嘴

吃柳条拉筐子——肚子里编（比喻某件事不是真的，是人编造出来的）
吃萝卜喝烧酒——干脆；干干脆脆
吃麻油唱曲子——油腔滑调
吃米不记种田人——忘本
吃米饭捡谷子——挑剔
吃棉花长大的——心软
吃面条找头子——多余
吃内脏的虫子——心腹之患
吃奶的娃娃——不知愁
吃奶娃娃当家——幼稚得很
吃秦椒（细长的辣椒）烤火——周身火热
吃秦椒长大的水晶猴子——不光刁滑，肚里还辣
吃人不吐骨头——心狠手辣
吃人的东西坐大殿——豺狼当道
吃人的老虎拍照——恶相；恶模样
吃人饭拉狗屎——没有人味；没人味
吃桑叶吐蚕丝——肚里有货
吃上辣椒屙不下——两头难受
吃蛇不吐骨——厉害
吃生萝卜的——说话干脆
吃生米的碰到嗑生谷的——恶人遇恶人
吃虱子留后腿——小气
吃屎的狗儿——性难改；嘴巴子臭
吃水不记掘井人——忘本
吃馊饭长大的——出不了好主意；坏肚肠
吃天鹅肉——痴心妄想；妄想
吃甜的有蜜糖，吃辣的有辣汤——各对口味儿
吃歪藤长大的——乱纠缠
吃豌豆咽鸡蛋——一个赛一个
吃完饭就砸锅——不干了
吃完黄连吃白糖——苦尽甜来
吃稀饭泡米汤——多余
吃稀糊糊游西湖——穷开心
吃咸菜长大的——尽管闲（咸）事；操闲（咸）心；闲（咸）操心
吃咸鱼蘸酱油——闲（咸）透啦
吃馅儿饼抹油——白搭
吃香蕉剥皮——吃里爬（扒）外
吃蝎子吞辣椒——太毒辣
吃雪糕拉冰棍——没话（化）
吃盐翻跟头——闲（咸）得慌
吃药用冰糖作引子——又苦又甜
吃一升米的饭，管一斗米的事——管得宽
吃油条蘸大油（猪油）——腻透了
吃鱼不吐骨头——说话带刺儿
吃枣不吐核儿——囫囵吞枣
吃斋的恶婆子——口善心不善
吃斋碰着月份大——倒霉透了；真倒霉
吃猪脚不吐骨头——不知怎么吞下去的
吃竹竿长大的——直性人；直性子
吃竹子拉箢篙——满肚子瞎编；肚里编；嘴能编
吃着冰棍拉家常——冷言冷语
吃着菠萝问酸甜——明知故问
吃着肥肉唱歌——油腔滑调

吃着甘蔗上台阶——步步高，节节甜
吃着黄连唱着歌——以苦为乐
吃着梅子问酸甜——明知故问
吃着碗里瞧着锅里——贪得无厌；
吃着油条唱歌——油腔滑调
吃自来食的水鸟——长脖子老等
吃粽子蘸蒜泥——各有各的口味；各对口味
痴情碰冷遇——伤透心肝；伤心
痴人买画——一样一张
痴人睡在乱冢里——不怕死
痴人说梦——不屑一听；胡言乱语；胡说八道
池里的王八，塘里的鳖——一路货色
池塘的浮萍——浮在面上
池塘里的癞蛤蟆——叫起来没个完（比喻没完没了）
池塘里的风波——大不了
池塘里的荷花——出污泥而不染
池塘里的荷叶——随风摆；随风飘
池塘里的麻雀——没见过风浪
池塘里的泥鳅——掀不起大浪；翻不了大浪
池塘里的藕——心眼多；心眼不少
池塘里洗澡——未必就干净
池鱼追火——找死；送死；寻死；自己找死
池中捞藕——拖泥带水
池子里拾蟹子——十拿九稳
赤膊穿刺笆（荆棘）——进退两难
赤膊捅马蜂窝——蛮干；不惜血本
赤膊钻进蒺藜窝——浑身是刺
赤膊钻进麦秸堆——浑身是刺
赤脚戴礼帽——顾上不顾下
赤脚撵穿高跟鞋的——赶时兴；赶时髦
赤眼看见火石头——怒火冲天
赤着脚板去拜年——辛苦讨来快活吃
赤着双足登高山——铁脚板
翅膀长硬的鸟——要飞了

chong

冲锋枪上的通条——直来直去；直进直出；直出直入；难转弯；转不过弯来
冲沟里放牛——两边吃
冲瞎子问路——方向不明；找错了人
冲着柳树要枣吃——故意刁难；有意为难
虫吃梨子——心里肯（啃）
虫吃桑叶——不吐丝
虫蛀的大树——蔫坏
虫蛀的老槐树——腹内空空
虫子掉在糨糊盆里——动弹不得

chou

抽大烟的说梦话——不过瘾
抽刀断水——枉费心机
抽风的鸭子——不走正道；光走歪道
抽风攥拳头——手紧
抽干塘水捉鱼——一个也跑不了；不顾后果
抽急的陀螺——团团转
抽了脊梁骨的癞皮狗——扶不上墙

抽了架的丝瓜——蔫了
抽了筋的老虎——塌了架
抽香烟打吗啡——一码是一码
仇人打擂——有你无我
仇人相见——分外眼红
绸缎上绣牡丹——锦上添花
绸子包鸡笼——外面好看里面空
绸子包金条——好的在里面
绸子布包狗屎——臭名在外
绸子揩屁股——不惜代价
绸子做尿布——屈才（材）
丑八怪搽胭脂——自以为美
丑八怪相媳妇——乔装打扮
丑八怪演花旦——别出心裁
丑旦化妆——油头粉面
丑妇见翁姑——怕不得
丑姑娘给俊女婿——混着过（比喻苟且地生活）
丑婆娘照镜子——就是那个样子
丑小鸭变天鹅——高升了
臭虫爬到礼盒里——这回可找到理（礼）了
臭虫咬胖子——揩油；沾油水
臭虫咬人——出嘴不出身（比喻用不着费别的事，只要出嘴说一说就行了）
臭虫钻到花生壳里——放不了好人（仁）；硬充好人（仁）
臭豆腐擦鼻子——霉气
臭豆腐上撒大粪——臭上加臭
臭豆腐——闻着臭，吃着香（比喻明知是缺点，却又挺欣赏，不愿改正）
臭豆腐下油锅——有点香
臭蛤蟆下染缸——贪色不怕死
臭狗舍不得臭屎坑——本性难移
臭鸡蛋拌虾酱——臭上加臭
臭鸡蛋进锅——吵（炒）也没用
臭肉包饺子——争（蒸）也没用
臭屎蜣螂——没人理
臭水坑里的核桃——不算好人（仁）
臭袜子当手帕——亏你做得出

chu

出殡忘了抬棺材——太大意
出巢的黄蜂——满天飞
出得龙潭，又入虎穴——躲了一灾又一灾；祸不单行
出洞的黄鼠狼——又鬼祟又狠毒
出洞的老鼠——左顾右盼；怕见人
出工一条龙，干活一窝蜂——出工不出活；出勤不出力
出锅的大虾——卑躬（背弓）屈膝
出锅的热糍粑——软瘫了；软作一堆
出国的大轮船——外行（航）
出海捕鱼——多少总会有收获
出海带救生圈——有备无患
出家人吃饭——不动婚（荤）
出家人化缘——到处求人
出家人娶媳妇——不守规矩
出嫁的姑娘——满面春风；春风满面；有主了；红光满面
出口转内销——高级处理品；掉价了
出了茶馆又进澡堂——里外挨涮

出了厨房进冰窖——忽冷忽热

出了灯火钱，坐在暗地里——明吃亏

出了笼的黄雀——自由自在

出了土的春笋——能顶千斤石；冒尖；露头

出了芽的蒜头——多心（比喻乱起疑心）

出了衙门骂大街——没事找事

出林的笋子——招风

出笼的馍馍烤着吃——欠火候

出笼的鸟儿——要飞了；远走高飞；放得出，收不回

出笼的小鸟——自由飞翔

出炉的铁水——沾不得

出门带伞——有备无患

出门带条狗——随人走

出门两条腿——随人走

出门骑骆驼——不用照料

出门坐飞机——远走高飞

出山的老虎——威风不小

出山的猛虎——凶相毕露；势不可当

出山的太阳——火红一片；一片火红

出师就取胜——好开场

出师前折旗——不吉利

出水的芙蓉——一尘不染；楚楚动人

出水的荷花——参差不齐；一尘不染

出水的虾子——活蹦乱跳；又蹦又跳；连蹦带跳

出膛的子弹——不会拐弯；永不回头；决不回头；勇往直前；不认人

出膛的子弹射出的箭——一发而不可收

出头的钉子——先挨砸

出头的疖子——好得快

出土的春笋——捂不住

出土的甘蔗——节节甜（比喻日子过得一天比一天好）

出土的木俑——老成（陈）人

出土的陶俑——可见着天日了；总算有了出头之日

出污水沟又掉茅坑（厕所里的粪坑）——倒霉透了；真倒霉

出须的萝卜——腹中空；空虚；心虚

出窑的石灰遭雨淋——四分五裂

初八过重阳节——不久（九）

初吃甘蔗——尝到了甜头

初出窝的小鸟——净攀高枝

初次挖藕——摸着干

初冬的薄冰——一戳就破；踏不得

初二三的夜晚——处处不明
初晴露太阳——重见天日；开云见日
初升的太阳——光芒四射；一片红火；火红一片
初生的牛犊——不怕虎
初十的月亮——不圆
初学滑冰——没有不摔跤的
初学交谊舞——不知进退
初学太极拳——不会推
初一吃十五的饭——前吃后空
初一的潮水——看涨
初一晚上走路——漆黑一片
初一早上放鞭炮——正是时候
除了死法净活法——变通着来
除夕进厨房——你忙我也忙
除夕晚上的案板——不得闲
除夕晚上的蒸笼——同时忙
除夕晚上借砧板——不看时候
除夕晚上看月亮——没有指望；不是时候
除夕晚上投井——活得不耐烦；活够了
除夕夜守岁——送旧迎新
厨房里的柴——果然是真心（薪）
厨房里的灯笼——常常受气
厨房里落石头——砸锅
厨房旁边盖茅房（厕所）——香香臭臭
厨师熬粥——难不住
厨子磨刀——只图快
锄地不带锄——干什么来的
锄头耕地——有一下，算一下
锄头刨黄连——挖苦
橱窗里的东西——任人摆布
楚霸王举鼎——好大的力气；劲大；力大无穷
楚霸王自刎——身败名裂
楚国君拿晏子开心——辱人反倒己被辱
楚汉相争——势不两立；胜者为王；在谋不在勇
楚河汉界——清清楚楚；一清二楚
楚王打霸王——自知疼痛
楚庄王猜谜语——一鸣惊人（比喻平常不露声色，突然做出惊人的事情）

chuai

揣着明白说糊涂——装傻
揣着手走亲戚——没啥可拿

chuan

穿背心戴棉帽——不相称
穿背心作揖——光想露两手
穿不过的巷子——死胡同
穿不破的鞋——底子好
穿草鞋打领带——土洋结合
穿草鞋戴礼帽——不伦不类；不相称
穿长衫着短裤——不配套
穿绸缎吃粗糠——外光里不光；表面光
穿大褂子作揖——不限定（现腚）
穿钉鞋踩屋瓦——捅娄（漏）子
穿钉鞋外搭拄拐棍——双保险
穿钉鞋拄拐棍——步步扎实
穿钉鞋走钢板——走一路响一路

穿钉鞋走石子路——寸步难行
穿冬衣摇夏扇——不知冷热
穿短袜着短裤——两头够不着；拉扯不上
穿高跟鞋跑步——想快也快不了
穿高跟鞋上山——自己跟自己过不去
穿鸡毛——壮（装）胆（掸）子
穿紧身马褂长大的——贴心
穿孔的皮球——泄了气
穿了鼻子的牛——让人牵着走
穿了三年的靰鞡——破鞋
穿没底的鞋——脚踏实地
穿木屐（木板拖鞋）干活儿——拖拖沓沓；拖拖拉拉
穿木屐上高墙——胆战心惊；战战兢兢
穿木拖鞋走路——响声大，步子小
穿皮袄吃醪糟（江米酒）——周身火热
穿皮袄喝烧酒——正在热乎劲上；里外发烧
穿皮袜子戴皮手套——毛手毛脚
穿破衫戴礼帽——不成体统
穿旗袍跳芭蕾舞——中西结合
穿起来的螃蟹——横行不了几天
穿青衣的骑黑驴——一样的皮毛；一样的颜色
穿山甲扒窝——越掏越空
穿山甲拱泰山——攻（拱）不倒
穿山甲过的路——空洞
穿绳子养海带——根子不在下头；根在上边
穿梭子不带线——空来空往
穿蓑衣救火——自讨麻烦；迟早都要烧
穿堂风——凉快
穿兔子鞋的——跑得快
穿袜子没底——装面子
穿西装戴斗笠——土洋结合
穿西装戴瓜皮帽——不洋不土；中西结合
穿小鞋走窄门——自己跟自己过不去
穿孝衣道喜——胡来；瞎胡闹
穿鞋卧人床——恶相；恶模样
穿心的烂冬瓜——坏透了
穿新衣逛新城——样样新鲜
穿靴子光脚——自己心里明白
穿衣戴帽——各有一套；各有所好；各人所好
穿衣镜照人——原原本本
穿针——一孔之见
穿着草鞋跳芭蕾舞——土洋结合
穿着坎肩打躬（作揖）——露两手
穿着孝衣拜天地——悲喜交加；又喜又悲
穿着衣裳洗澡——诗（湿）人
穿着毡靴子上炕——毛手毛脚
传说中的八仙——各有千秋
传闲话，落不是——自讨没趣；无事生非
传言过语——拨弄是非；搬弄是非
船板做棺材——漂流了半辈子，到老才成（盛）人
船舱里打老鼠——跑不了
船舱里生小鸡——漂浮（孵）
船到江心才补漏——晚了；来不及

船到江中触暗礁——散板了
船到码头车到站——到达目的地了；停滞（止）不前；各人走各人的路
船到桥头——不直也得直；不顺也得顺
船底板做棺材——总算成材了
船底雕花——多此一举
船工租船游西湖——划得来
船家打老婆——早晚是一顿
船家的鸡——见水不得饮
船头上跑马——转不过弯来；前途有限
船头上撒网——纲举目张
船头上烧纸——为何（河）
船脱离了水——行不通；走不通
船尾朝北——难（南）行
串亲遇上下雨天——人不留客天留客

chuang

疮口上贴膏药——揭不得
窗户上糊纸——一捅就破
窗户上走人——没找着门路；门外汉
窗户眼儿吹喇叭——名（鸣）声在外
窗户纸糊隔墙——一点通
窗户纸——一戳就透
窗口插桂花——里外香
窗帘店的师傅——作者（做折）
窗棂（窗格）里吹喇叭——名（鸣）声在外
窗棂上泼水——失（湿）格了
窗台上种瓜——长不大
窗外有窗——多余的框框
窗子小跳不进去——格格不入
床板夹屁股——有苦难诉；有苦说不出
床单做窗帘——够宽大了
床单做洗脸巾——大方
床底下翻跟头——碍上碍下；碰上碰下
床上失火——烧着屁股燎着心
床上耍花枪——打不开场面
床头鸡叫——提（啼）醒我
床头上拾钱——自己哄自己
床头上拾元宝——自欺欺人；自骗自；自己哄自己
闯江湖的买卖——骗人

chui

吹大风吃炒面——怎能开口
吹灯拔蜡踩锅台——一切都完了
吹灯打哈哈——暗中作乐
吹灯打哈欠——暗中出气；偷偷消气
吹笛的会摸眼，打牌的会摸点——各有本领；各靠各的本事
吹笛又找个捏眼的——多余
吹鼓手背号筒——专门寻事
吹鼓手跌进河里——投想（响）
吹鼓手丢唢呐——吹不得；别吹了
吹鼓手分家——一人一把号
吹鼓手喝彩——自吹自擂
吹鼓手叫阵——赛吹
吹鼓手排队——挨不上号
吹鼓手娶媳妇——自吹自擂
吹胡子瞪眼——大发脾气；气到极点
吹火筒不通——赌（堵）气
吹火筒打鸟——不像腔（枪）；不是真

腔（枪）
吹火筒当晾衣竿——差得远；差远了
吹火筒当望远镜——眼光狭窄
吹火筒当眼镜——慢慢看
吹火筒——两头通
吹火筒子——两头受气；两头通
吹火遇上倒烟——憋气
吹糠见米——本小利大
吹口哨过坟场——自己给自己壮胆（比喻本来心虚，有所畏惧，却设法使自己镇定，以增加自己的勇气和胆量）
吹喇叭不用气——叫它自个儿去想（响）
吹喇叭下乡——没事找事
吹喇叭响爆竹——有鸣有放
吹喇叭仰脖——起高调（比喻说不切实际的漂亮话）
吹了灯瞪眼睛——出了气又不得罪人
吹了气的死猪——胀起来了
吹牛皮赚钱——无本生意
吹起来的肥皂泡——不攻自破
吹气灭火——口气不小
吹气入竹笼——劳而无功；有劳无功
吹煞灯念经——瞎叨叨；胡叨叨
吹唢呐的腮帮子——胀起来了
吹影镂尘——不见形迹
吹圆的猪尿脬戳一刀——泄气
吹着喇叭找买卖——没事找事
炊壶煮饭——出不得户（壶）
炊事员的手——会做吃的
炊事员的围裙——有（油）点
炊事员行军——替人背黑锅
垂危病人摘牡丹——临死还贪玩
锤打棉花——敲不响
锤砸铁砧——响当当
锤子炒菜——砸锅
锤子打钎——想（响）到一个点子上
锤子敲胸脯——砸在心坎上

chun

春蚕吃桑叶——一点点地啃
春蚕到死——怀着私（丝）
春天的雷，涨潮的水——留不住；难久留
春天的柳树枝——落地生根
春天的猫——尽对儿
春天的毛毛雨——贵如油
春天的蜜蜂——闲不住
春天的嫩韭菜——一时鲜
春天的杨柳——分外亲（青）
春天的竹笋——节节高；天天向上
春天河边——富有诗（湿）意
春天里开花——看不及
春汛的鱼虾——随大流
春种夏耘秋收冬藏——因时制宜
椿树上的虱子——懒相（象）

chuo

戳翻了的蚂蚁窝——全暴露了
戳破了的灯泡——冒火

ci

祠堂里撂砖——祖辈有仇

瓷公鸡，玻璃猫——一毛不拔

瓷盘里的水仙——根底浅

瓷器店里的老鼠——打不得；碰不得

辞去先生去做贼——不务正业；不干正经事

磁石遇铁砣——不谋而合

糍粑打狗——沾（粘）上了

此地无银三百两——不打自招；自欺欺人；泄露了天机；欲盖弥彰

此曲只应天上有——不同凡响

刺笆（荆棘）林里的斑鸠——不知春秋

刺笆林里打石头——无牵挂；无牵无挂

刺笆林里放风筝——胡缠；胡搅蛮缠

刺笆林中的苦蒿——没人睬（采）

刺柏林的斑鸠——姑姑（咕咕）

刺拐棒打狗——不顺手

刺拐棒弹棉花——越整越乱

刺拐棒做线板——难缠

刺槐做棒槌——扎手；净是扎手货

刺壳里挖栗子——碰到棘手事；棘手

刺木架桥——没人敢过

刺木条——架不得桥

刺蓬上晒被子——不顾面子

刺猬的脑袋——不是好剃的头；刺儿头；摸不得

刺猬掉在肉锅里——扎手的老混球

刺猬抖毛——浑身奓刺儿；干奓刺

刺猬发怒——奓毛了

刺猬见老鹰——肚皮冲上

刺猬皮包钢针——里外扎手

刺猬钻进蒺藜窝——针锋相对；进退两难；奸（尖）对奸（尖）

刺猬钻进丝线里——纠缠不清

刺窝里摘花——难下手；下不了手；无法下手

cong

从臭水缸跳到茅坑里——越闹越臭

从地上跳到炕上——不足为奇

从毒蛇嘴里淌出来的水——不是牛奶

从恶水（泔水）缸跳到茅坑里——越闹越臭

从发面团上拔毛——无中生有

从狗洞里爬出来的新郎——不走正道；光走歪道

从火坑里爬出来的好汉——死里求生
从景德镇贩来的——新词（瓷）
从糠里能熬出油来——是把好手
从楼上摔下一筐子鸡蛋——没有一个好的；没有一个好货
从门缝里看大街——眼光太窄了
从门缝里看人——把人瞧扁了（比喻眼光狭窄，认识人不全面）
从墓坑里爬出来的——死里求生
从潲水缸里出来的——一身馊味
从石头里挤水——办不到；万万办不到
从污水缸跳到粪池里——越搞越臭
从席上跌到地上——差不离
从小差一岁——到老不同年
从小没娘——说来话长（比喻有很多话要说）
从斜门缝看人——怎么看怎么歪
从盐店里出来的伙计——闲（咸）得发慌
从一算起——接二连三
葱头不开花——装什么蒜
葱叶炒藕——空对空；空空洞洞；空洞

cu

粗瓷茶碗雕细花——难极了；白费工夫；白费劲
粗瓷瓶上——雕不出细花
粗棍打狗——重重地惩戒
粗糠烙饼——中看不中吃；好看不好吃
粗麻绳纫（引线穿过针鼻儿）针——难上加难；难上难
粗石头性子——一碰就发火
粗纹路的布——泾渭（经纬）分明
粗线补衣——外边难看里边牢
醋厂里冒烟——酸气冲天
醋店里打架——争风吃醋
醋泡的蘑菇——坏不了
醋泡辣椒——又酸又辣
醋泡山楂——酸上加酸
醋瓶子打飞机——酸气冲天
醋坛里酿酒——坛坛酸
醋坛里泡枣核——尖酸；又尖又酸
醋坛子打酒——满不在乎（壶）
醋坛子里泡胡椒——尝尽辛酸
醋腌黄瓜——一股酸味
醋煮鸭子——身子烂了嘴还硬

cui

崔莺莺患病——心病还得心药医
崔莺莺送郎——依依不舍；一片伤心说不出
催命鬼对阎王——一个比一个凶
脆瓜打狗——零碎；去一半
淬过火的钢条——宁折不弯

cun

寸花公鸡上舞台——谁跟你比漂亮

cuo

矬子看戏——听声
矬子里拔将军——短中取长
矬子婆娘——见识低
矬子坐高凳——够不着

错吃了毒药——顿时傻了眼

错公穿了错婆鞋——错上加错

错拿粪瓢当锅铲——不分香臭

错贴的门神——反脸

cheng

盛酒的葫芦——度（肚）量大

城隍的扇子——煽阴风

chong

重打鼓另开张——从头来；从头学起；重新来

重阳节上山——登高望远；站得高，看得远

D

da

搭房子封屋顶——铺天盖地
搭锯见末，水到渠成——立竿见影
搭人梯过城墙——踩着别人的肩膀往上爬
搭梯子上天——走投无路
搭梯子摘月亮——不知高低
搭戏台卖豆腐——架子不小；好大的架子
褡裢（中间开口的长方形口袋）背水——从前心凉到后心；凉透心；冷透心
妲己的子孙赴宴——露了尾巴；现了原形
打靶不中——偏了心
打靶眯眼睛——睁只眼，闭只眼
打靶中靶心——不偏不向；正好；恰到好处
打败的鹌鹑斗败的鸡——上不了阵势（比喻因失败而丧失斗志的人）
打败的士兵——垂头丧气
打半边鼓——旁敲侧击
打扮起来演戏——粉墨登场
打饱嗝带放屁——两头背时；两头没好气；气不打一处来
打抱不平的说理——仗义执言
打笔墨官司——是文人的事
打边边锣——帮腔
打饼子熬糖——各干一行
打不着狐狸——反惹一身臊
打不着野狼打家狗——拿自己人出气
打柴的下山——担心（薪）
打柴人回山庄——两头担心（薪）
打赤脚赶场——脚踏实地
打出的子弹射出的箭——永不回头
打出来的口供——不实；信不得；假的
打出枪膛的子弹——有去无回
打醋的进当铺——走错了门；找错了门
打灯笼拾粪——找死（屎）
打灯笼走铁路——见鬼（轨）
打灯笼做事——照办
打地道战——背后袭击
打地雷战——四面开花
打电报发广告——简明扼要
打电话做手势——看不见
打吊环荡秋千——一定要两手抓
打掉门牙肚里咽——忍气吞声；含苦在心
打豆人困觉——做事不当事
打断脊梁骨的癞皮狗——腰杆子不硬
打发闺女娶媳妇——两头忙
打发秃老婆上轿——没事儿了

打翻了测字摊——不识相

打翻了五味瓶——不知啥滋味；酸甜苦辣咸，样样都有（比喻心情复杂，一下难以说出来）

打个巴掌再给个甜枣——堵嘴

打个喷嚏洗洗脸——讲究过分啦

打个喷嚏吓死虎——赶上了

打更的孤雁——没对儿

打更人睡觉——做事不当事

打狗不赢咬鸡——欺小怯大

打狗看主人——势利眼

打谷场上的麻雀——胆子早练大了

打鼓不打面——旁敲侧击

打官司的上堂——各执一词

打夯喊号子——合理（力）

打好的渔网——心眼儿多（比喻很有心计）

打呼噜听见放炮——吓人一跳

打花脸照镜子——自己吓唬自己

打坏了的玻璃瓶——废物

打火不吸烟——闷（焖）起来了

打火机点烟——必然（燃）

打火机点烟袋锅——土洋结合

打击乐伴奏——旁敲侧击

打架揪胡子——谦虚（牵须）

打架拿块红薯——不是家伙

打架时借拳头——哪里腾得出手

打开笼子放了雀——各奔前程

打开蜜罐又撒糖——甜上加甜；甜透了

打开天窗——说亮话（比喻不必遮掩，直截了当）

打开闸门的水——滚滚向前

打瞌睡的捡了个枕头——称心如意；正合适

打烂的暖水瓶——丧了胆

打烂罐子做瓦片——划不来；不合算

打烂锅头——没得主（煮）

打烂了的调味罐——苦辣酸甜咸样样俱全

打烂门牙咽肚里——干吃哑巴亏；吃了哑巴亏

打烂油瓶——你没到（倒）就光了

打雷不下雨——虚张声势（比喻白费工夫）

打镰刀卡在喉咙里——吞又吞不下，吐又吐不出来

打了败仗的士兵——溃不成军

打了兔子喂鹰——好处给了恶人

打了一场疲劳战——各个没精打采

打猎的不说渔网，卖驴的不说牛羊——三句话不离本行

打猎放羊——各干一行

打猎捡柴火——捎带活儿

打猎人瞄准——睁只眼，闭只眼

打锣找孩子——丢人打家伙

打马骡子惊——惩一儆百

打麦场上撒网——空扑一场

打猫吓唬狗——虚张声势

打鸟的眼睛——尽往上看

打鸟没打中——非（飞）也

打鸟眯眼睛——尽往上看（比喻眼高，净交些有用人）

打鸟瞄得准——一目了然

打鸟姿态——睁只眼，闭只眼

打牛皮灯笼过煤堆——黑对黑；黑上加黑

打屁股脱裤子——想脱臭名

打屁用手捉——自讨麻烦；自找麻烦

打乒乓球——你推我挡

打破的镜子——不能重圆

打破脸不怕扇子扇——拼上来了

打破了的水缸——难弄（拢）

打破脑袋不喊痛——气概非凡；充硬汉

打破砂锅问（璺）到底——追根求源；追根到底

打枪眯眼睛——睁一只眼，闭一只眼

打拳头给个甜豆包——堵人家的嘴

打人的疯子——惹不得

打人嘴巴还吐唾沫——欺人太甚；欺人之谈（痰）

打煞男人，吓唬公婆——泼妇

打闪电战——速战速决

打扇抽烟——煽风点火

打上黑脸照镜——自己吓唬自己（比喻自相惊扰）

打上句号——完了

打蛇不死打蚯蚓——欺小怯大

打蛇不死——后患无穷（比喻消灭敌人必须干净彻底，否则后果不堪设想）

打蛇不死——留下祸根；留下后患

打蛇打到七寸上——恰到好处；击中要害；抓住了关键

打蛇打在七寸上——恰中要害

打蛇随棍上——因势乘便；因势利导；顺势而为

打绳的摆手——到（倒）劲

打手击掌——一言为定

打手赛拳——各有一套

打鼠不成反摔碎罐罐——因小失大

打水不关水龙头——放任自流；任其自流

打水上山——逐步提高

打水摇辘轳（安在井上绞起汲水斗的器具）——抓住把柄不放

打水鱼跳——逼的

打死爹讨娘欢喜——岂有此理
打死儿子毒死闺女——自家人害自家人
打死儿子招女婿——图新鲜
打死扣的绳结——越拉越紧
打死老鼠喂猫——恼一个，好一个（比喻得罪了一个，结交了一个）
打死蚂蚁踩脚——做得出奇
打酥油的棒棒——直来直去；直进直出；直出直入
打碎的盘子敲烂的碗——对不起
打碎牙齿咽肚里——干吃哑巴亏
打太极拳——快不得
打铁的分伙——另起炉灶
打铁的烧糠——火力不足
打铁掉地下——白搭一火
打铁匠打磨——依原路
打铁匠绣花——干的不是本行
打铁卖糖——各干一行
打铁烧红钳子——不识火色；看不出火候来；不会看火色
打铁烧鸡毛——留不住火
打兔子的牵条狗——准备几招呢
打兔子碰见了黄羊——捞了个大外快
打完豺狗抓兔子——谁也跑不了
打围碰到金钱豹——笑逐颜开；喜笑颜开
打油钱不买醋——专款专用
打游击战——神出鬼没
打鱼不说枪，打猎不说网——三句话不离本行
打鱼得钱吸大烟——水里来火里去
打鱼的回家——不在乎（湖）
打鱼的烂网——千疮百孔
打鱼人碰烂船——倾家荡产
打鱼人上了街——有余（鱼）
打运动战——说走就走
打遭遇战——先发制人
打枣捎带粘知了——一举两得
打肿脸充胖子——死要面子活受罪；外壮内虚；外强里虚；冒充富态
打准腹部——正中下怀
打准腰部才罢休——正中下怀
打着灯笼拉呱儿（闲谈）——明说；明说明讲
打着灯笼没处找——难得；得之不易
打着灯笼偷驴——明人不做暗事
打着公鸡下蛋——强人所难
打着呼噜聊天——净说梦话
打着手电筒走夜路——前途光明
打着兔子跑了马——得不偿失
大白天打更——乱了时辰
大白天打劫——明目张胆
大白天的猫头鹰——睁眼瞎
大白天里抢劫——明火执仗
大白天遇见阎王爷——活见鬼
大白天掌灯——多此一举；浪费
大鼻子的爸爸——老鼻子（表示东西多）了
大笔素描——粗线条
大便带出个擀面杖——恶（屙）棍
大伯背兄弟媳妇过河——费力不讨好；

吃力不讨好；费劲不落好
大长鼻子产子——相（象）生
大车不拉——推行
大车后面拴小牛——歹毒（带犊）
大车后头套马——弄颠倒了；颠倒着做
大车拉煎饼——贪（摊）得多
大车拉王八——爱上哪儿上哪儿
大虫（老虎）吃耗子——囫囵（完整；整个儿）吞
大虫吃小虫——一物降一物
大虫打哈哈——笑面虎
大虫的脑袋——虎头虎脑
大虫借猪——有借无还
大虫口里夺脆骨，骊龙颔下取明珠——好大的胆子；送死；自己找死
大虫头，长虫尾——虎头蛇尾
大锤把儿——专使后劲儿
大锤砸乌龟——硬碰硬
大葱的皮——一层管一层
大葱掐了头——装蒜
大葱装蒜——不露头
大道边上贴布告——路人皆知
大道上洒香油，小道上捡芝麻——大处不算小处算
大堤上磕头——为何（河）
大地回春——百花齐放
大吊车吊灯草——轻巧；轻拿；不值一提
大吊车吊蚂蚁——轻而易举
大吊车吊小平板——稳拿
大动脉出血——赶快止住
大豆榨油——上挤下压
大肚罗汉吹喇叭——一团和气
大肚子穿裤子——没搭头
大肚子老婆骑驴——靠前不行，靠后也不行
大肚子上班——挺着干
大肚子上场——挺身而出
大肚子走悬崖——铤（挺）而走险
大耳牛——不听使
大粪车出村——装死（屎）
大粪缸里练游泳——真是不怕死（屎）
大粪烧臭蒿——臭上加臭
大粪装上火车——算是什么货
大风吹倒帅字旗——出师不利
大风地里吹牛角——两头受气
大风地里点油灯——吹了；一吹就了；难看
大风卷小雪——吹了；一吹就了
大风里卖炒面——吹了
大风天的蜡烛——吹了；一吹就了
大风天过独木桥——难通过；通不过
大风掀走窝棚顶——一下子全亮了底
大佛殿的罗汉——一肚子泥（比喻徒有外表而无真才实学的人）
大伏天戴棉帽——乱套
大擀面杖插到鸡窝里——捣蛋
大缸里放针——粗中有细
大缸里摸鱼——没跑；跑不了
大哥不说二哥——彼此彼此；彼此一样；大家差不多
大个子盖小人被——顾头不顾脚

大个子站在矮檐下——抬不起头来
大公鸡住鸟笼——不宽松
大姑娘裁尿布——怪有远见；闲置忙用；赶早不赶晚
大姑娘出嫁——头一遭；又喜又怕
大姑娘当媒婆——缺少经验
大姑娘荡秋千——欢跃欲飞
大姑娘的长辫子——往后甩；甩在脑后了
大姑娘的脸蛋——摸不得
大姑娘的鞋——净花样
大姑娘缝娃娃衣——总有用得着的时候
大姑娘怀孩子——满腹心事说不出
大姑娘嫁太监——享福没有受苦多；又喜又忧
大姑娘结婚——出格（阁）
大姑娘拿钥匙——当家做主
大姑娘骑驴过街——到处招摇
大姑娘瞧新房——有日子的人啦
大姑娘生的——见不得人
大姑娘说媒——有口难言
大姑娘退订婚礼——不谈了
大姑娘绣花——细功夫；九曲十八弯
大姑娘养孩子——费力不讨好；吃力不讨好
大姑娘掌钥匙——有职无权；当家不做主
大姑娘做嫁衣——闲时预备忙时用
大牯牛落到井里——有劲使不上；有力无处使
大观园里的闺秀——四体不勤，五谷不分
大观园里哭贾母——各有各的伤心处
大管子套小管子——不对口径
大闺女的辫子——置之脑后；输（梳）定了
大闺女的脾气——稳重
大闺女赶嫁妆——净为自己想；有主的人了
大闺女看娶亲——做好准备
大闺女买假发——随便（辫）
大闺女盼郎——朝思暮想
大闺女骑草驴——不简单
大闺女上轿——慢慢蹭
大锅里熬鱼——水里来，汤里去
大海大洋里的小舟——不着边际
大海的潮水——时起时落；时好时坏
大海翻了豆腐船——水里来，水里去
大海里捕鱼，深山里打猎——各吃一方
大海里荡舟——划不来
大海里的灯塔——光芒四射；指明航程
大海里的黄花鱼——掀不起大浪；翻不了大浪
大海里的礁石——时隐时现
大海里的浪涛——波澜壮阔；一波未平，一波又起
大海里的沙粒——数不清
大海里的水——到哪里哪里嫌（咸）；永不自满；要多少有多少
大海里的一滴水——有你不多没你不少；渺小得很

大海里的鱼——经过风浪
大海里丢针——没处寻；难寻
大海里放鸭子——难收回；收不回来
大海里放鱼——各奔四方
大海里捞针——难下手；无法下手；摸不着底
大海里吐唾沫——不显眼
大海里下竿子——不知深浅
大海里行船，草原上放牧——漫无边际
大海里行船——乘风破浪
大海里一片叶——漂浮不定
大海里捉鳖——不好捉摸；难捉摸
大旱天的甘霖——点点喜心头
大河边上的望江亭——近水楼台
大河里漂油花——一星半点
大胡子——难题（剃）
大花篮提水——有劲使不上
大槐树底下等情人——急不可待
大火报警——一鸣惊人
大火烧到额头上——迫在眉睫
大火烧蚁窝——一举全歼
大伙都唱一个调——异口同声
大鸡不吃碎米——看不上眼
大家闺秀不出门——没见过大场面
大家看电影——有目共睹
大家提意见——一言难尽
大家小姐——口巧手拙
大江边的小雀——见过些风浪
大江里撑船——探不到底
大江里的水泡——渺小
大江里漂浮萍——随波逐流
大江里一泡尿——有你不多，无你不少
大将军骑马——威风凛凛
大脚穿小鞋——两头扯不来；钱（前）紧；迈步难；挤不进去
大脚女人——迈不出小步来
大街得讯小巷传——道听途说
大街上的疯子——惹不得
大街上的告示——有目共睹
大街上的红绿灯——有目共睹
大街上的乞丐——蓬头垢面
大街上的行人——有来有往
大街上掂杂碎——提心吊胆
大街上搞募捐——多多益善；越多越好
大街上卖笛子——自吹
大街上撒传单——自给
大街上相亲——一厢情愿
大金牙说媒——满口谎（黄）言
大镜子当供盘——明摆着
大卡车开进小巷子——难转弯；转不过弯来
大口啃住包子馅儿——抓重点
大口碗配个小盖子——合不拢；合不到一块儿
大懒差小懒——都是懒汉
大懒使小懒——懒对懒；白瞪眼
大榔头砸豆腐——笃定
大浪打翻满船鱼——水里来，水里去
大老粗戴眼镜——硬装文化人
大老粗看佛经——茫然不懂
大老虎骑小老虎——马马虎虎
大老爷的惊堂木——官气（器）

大老爷升堂——吆五喝六
大老爷下轿——不(步)行
大狸猫伸懒腰——唬(虎)起来了
大理石铺路——大材小用
大理石压咸菜缸——大材小用
大理石做门匾——牌子硬
大力士摆手——重要
大力士背碾盘——好大的力气；劲大；劲不小
大力士进了铁匠铺——样样拿得起
大力士扔鸡毛——有劲使不上
大力士耍扁担——轻而易举
大力士绣花——心有余而力不足；不对劲
大梁柁做文明棍儿——大材小用
大辽河的王八——净食吃
大流子的弟弟——二流子
大龙不吃小干鱼——看不上眼
大篓洒香油，满地拾芝麻——得不偿失
大路边的牡丹——众人共赏
大路边上裁衣服——有的说短，有的说长；自有旁人说短长
大路边上的碓窝(石臼)——人人用
大路旁的小草——有你不多，无你不少
大路上的螃蟹——横行霸道
大路上的石头——明摆着
大路上的砖头——绊脚石；踢来踢去
大路上堆竹竿——蹩脚
大路上卖竹竿——这个说长那个说短
大轮船靠小港——挨不上
大轮船下锚——稳稳当当
大萝卜进菜窖——没影儿(缨)了
大麻风破皮——没法治；没治了
大麻风向着癞子哭——彼此彼此；彼此一样
大麻籽喂鸡——不是好粮食
大马拉小车——有劲使不上；有力无处使
大马虾炒鸡爪——抽筋带哈腰
大麦掉在乱麻上——茫(芒)无头绪
大麦糊煮玉米糊——糊糊涂涂；糊里糊涂
大麦芽做饴糖——好料子
大蟒吃猪娃——生吞活剥
大门板做棺材——屈才(材)；屈了材料；用才(材)不当
大门口的春联——年年有；一对红
大门口吊马桶——臭名在外
大门口挂灯笼——光耀门庭；一对儿；美名(明)在外
大门楼里放马桶——里外臭
大门楼里敲锣鼓——里外有名(鸣)声
大门上插秧——有门道(稻)
大米饭串烟——变味了
大米饭里掺芋头——混着吃
大眠起来的春蚕——满肚子私(丝)
大拇指跟大腿比——小样
大拇指搔痒痒——随上随下(比喻听凭支使，照吩咐办事)
大拇指掏耳朵——难极了；难进；有劲使不上
大拇指头比大腿——差一大截子

大木料做镢（刨土的工具）把——大材小用
大南蛇屙屎——你还没见过厉害
大脑袋唱潘仁美——替人项臭名
大年初一拜年——你好我也好；彼此彼此；彼此一样
大年初一吃饺子——随大流；年年都一样；人有我有；头一遭
大年初一串门——见人就作揖
大年初一打灯笼——年年如此
大年初一打拼伙——穷鬼们聚到一块了
大年初一打平伙——聚到一块了；穷凑合
大年初一逮兔子——有它过年，无它也过年（比喻微不足道，增减都不影响大局）
大年初一的袍子——借不得
大年初一翻皇历——头一回；头一遭
大年初一见面——尽说好话
大年初一借袍子——不是时候；不识时务
大年初一没月亮——年年都一样
大年初一生娃娃——双喜临门
大年初一贴"福"字——吉庆有余
大年初一遇亲友——尽说吉利话
大年初一早上见面——你好我也好
大年初一坐月子——赶在节上
大年初一做花圈——没心思玩乐
大年三十的案板——家家忙
大年三十的烟火——万紫千红
大年三十看黄历——没有日子了（比喻到了尽头）
大年三十没月亮——年年都一样
大年三十盼月亮——痴心妄想；妄想
大年三十晚上熬稀粥——年关难过
大年三十晚上卖门神——晚了；太迟了
大年三十喂过年猪——来不及了
大年五更出月亮——离奇；头一回
大年夜出太阳——离奇；太离奇
大年夜的爆竹声——此起彼落
大年夜的蒸笼——热门货
大年夜里熬糨糊——贴对子
大年夜卖年画——不懂买卖经
大胖子穿小褂——不合身
大胖子爬竿——未必能上
大胖子跳井——深不下去；不深入
大胖子跳橡皮筋——软功夫
大胖子推磨——杜撰（肚转）
大胖子学游泳——浮力大
大胖子走窄门——自己跟自己过不去；难进
大胖子做前滚翻——滚球
大胖子坐小板凳——局促不安
大炮打群狼——一哄（轰）而散
大炮打跳蚤——小题大做；不惜代价；不划算
大炮打蚊子——大才（材）小用
大炮的性子——爱轰
大炮轰苍蝇——不够本钱；不合算；大材小用；白费工夫；
大炮上刺刀——远近全能对付；蛮干

大炮筒里装手榴弹——不对口径
大炮筒子——不转向；不会拐弯
大鹏飞入网——只怕张不住
大鹏展翅——前程万里
大笸箩扣王八——跑不了
大晴天遭冰雹——晕头转向
大庆王进喜——铁人
大热天吃炒豆——干脆；干干脆脆
大热天穿皮袄——不是时候（比喻不合时宜）
大热天掉到了冰窖里——透心凉
大热天掉进井里——从头凉到脚
大热天送火炉——不是时候
大热天下暴雨——猛一阵；长不了
大人不计小人过——宽宏大量
大人不在家——讲小孩话
大人穿着小孩鞋——硬撑
大扫帚抵门——软顶硬抗
大鲨鱼不吃小虾——看不上眼
大衫布做坎肩——亏了材料
大勺碰小勺——想（响）到一块了
大少爷种田——大手大脚
大舌头讲演——含糊其辞；含含糊糊
大声使铜银（指把铜质货币当银质货币使用）——公开作假
大圣吃毫毛——变得真快
大师傅熬稀粥——不在话下
大师傅打蛋——各个击破
大师傅的肚子——油水多
大师傅卷行李——散吹（炊）
大师傅蒸馍——不到火候不开锅
大石板上青苔毛——长不了
大石板压蛤蟆——鼓不起劲来
大石沉海——一落千丈
大石头压死蟹——以势压人
大世界（原上海著名的游乐场）里照哈哈镜——面目全非
大树底下的小草——见不得阳光；见不得太阳
大树底下晒太阳——阴阳不分
大树掉片树叶——无关大体
大树林里一片叶——有你不多，无你不少
大树上吊个口袋——装疯（风）
大树下歇凉——爽快
大树做椽子——揭（截）短
大水冲了河坝——没题（堤）
大水冲了龙王庙——一家人不认识一家人（比喻自己人由于互不了解而发生冲突、误会）
大水缸里捞芝麻——难上加难；难找
大水牛钻进象群里——比比还是小弟弟
大松树栽在花盆里——屈才（材）；屈了材料
大松树作柴烧——大材小用
大蒜剥皮——层层深入
大蒜结子——抱成团
大蒜苗当枕头——昏（荤）头昏（荤）脑
大太阳底下喝老酒——里外发烧
大铁锤敲铜锣——响当当；当当响

大厅里放盆火——满堂红
大厅中央挂字画——堂堂正正
大头娃娃跳舞——改头换面
大头鱼（鳕鱼）背鞍子——跑江湖
大头鱼背鞍子——跑江湖的
大网捕小鱼——劳而无功；有劳无功
大网行里抛拖锚——自讨麻烦；自找麻烦
大尾巴狼装猎狗——只要脑袋像就行
大苇坑的蛤蟆——干鼓肚
大雾里看天——迷迷糊糊
大雾笼罩山腰——不识真面目
大雾天放鸭子——有去无回
大雾天看山峰——渺茫
大犀鸟离森林——活得不耐烦
大樨花喂牛——不经大嚼
大虾炒鸡爪儿——蜷腿带拱腰（比喻打躬屈膝、低三下四的样子）
大虾掉进油锅里——闹了个大红脸
大下巴吃西瓜——滴水不漏；点滴不漏
大厦将倾——独木难支
大象踩皮球——经不起
大象吃豆芽——不够塞牙缝；不够嚼
大象吃黄连——苦相（象）
大象吃蚊子——无从下口；难下口；无法下口
大象逮老鼠——有劲使不上；有力无处使
大象的鼻子——能屈（曲）能伸
大象的牙，骆驼的峰——生就的骨头长就的肉

大象喝水——有肚量
大象换老鼠——不上算；不划算
大象进猪场——超群出众
大象口里拔牙齿——不是好惹的；不好办；好大的胆子
大象身上的跳蚤——微不足道；微乎其微
大象抓凤凰——眼高手低
大象走路——稳稳当当；稳重
大小号齐奏——双管齐下
大小姐织布——手忙脚乱
大小子撵鸭子——呱呱叫
大猩猩穿马夹——装人
大熊猫吃秤砣——铁了心
大学生宿舍——公寓
大雪落在海里头——看得见，摸不着
大雪天找蹄印——离奇；太离奇；难极了
大烟鬼的牙——黑啦
大烟鬼拉车——有气无力；少气无力
大眼瞪小眼——面面相觑（看，瞧）
大眼筛子里捉黄鳝——跑的跑，溜的溜
大眼网捕鱼——白费工夫；溜了小的
大眼贼儿（黄鼠）掉到昆明湖——不着边际
大眼贼儿碰上仓老鼠——大眼瞪小眼
大雁东南飞——趾高气扬
大雁飞过拔根毛——总要捞一把
大雁飞行——成群结队
大雁跟着飞机跑——落后了
大雁和鹭鸶对歌——南腔北调

大字丢了横——冒充人；装人样
大自然的风——来去匆匆
大嘴乌鸦吃食——一副贪相

大爷和太爷——只差一点；差一点
大衣柜没把手——抠门儿
大姨妈打鞋底——常（长）扯
大阴天吃凉粉——不看天气
大油烹鸡子儿（鸡蛋）——混（荤）蛋
大鱼吃小鱼，小鱼吃虾米，虾米吃青泥——一物降一物；强者为王
大鱼嘴边的虾子——跑不了
大雨天打麦子——难收场
大雨天上房——找漏洞
大禹治水——不顾家
大轴和马达——只有一个心眼儿

dai

呆女嫁痴汉——谁也不嫌谁
呆子把脉——摸不着
呆子帮厨——越帮越忙
呆子帮忙——越帮越忙（比喻帮了倒忙）
呆子不识走马灯——来的来，去的去
呆子吃砒霜——找死；送死；自己找死
呆子哼曲子——没谱
呆子进迷宫——摸不清东西南北
呆子看戏——光图热闹

呆子看烟火——傻了眼
呆子求情——有理说不清；讲不清道理
呆子娶个秃老婆——两将就；两凑合
呆子学铁匠——不识火色；看不出火候来；不会看火色
呆子做账房先生——糊糊涂涂；糊里糊涂
代别人写情书——不是心里话；不是真心
带刺的藤子——碰不得；摸不得
带刺的铁丝——难缠
带壳的核桃锅里煮——不进油盐；油盐不进
带了秤杆忘了砣——丢三落四
带泥的萝卜——有点土气
带你上天你还有气——不识抬举
带皮的板栗——浑身是刺
带崽的母老虎——分外凶恶
带着秤杆买小菜——斤斤计较
带着救生圈出海——有备无患
带着老婆出差——公私兼顾
带着碗赶现成饭——白吃
带着烟不抽——装着玩
带着自行车乘汽车——多余
待人不分厚薄——一视同仁
袋鼠的本事——会跳
逮个兔子不剥头——给留着脸哩
逮个兔子死了鹰——得不偿失
逮鸡舍得一把米——以小诱大
逮兔子打狐狸——一举两得
逮鱼的不带网——全凭手摸
戴草帽亲嘴——差一截子；差一大截；对不上口
戴草帽亲嘴——勿碰头
戴草帽扎猛子——下不去；沉不下去
戴大红花回朝——大功告成
戴大帽子穿小鞋——头重脚轻
戴斗笠打伞——双保险；多此一举
戴斗笠坐席子——独霸一方
戴耳环画眉毛——耳目一新
戴粪篼坐堂——赃（脏）官
戴钢盔登脚手架——硬着头皮上
戴钢盔爬树——硬着头皮上
戴瓜皮帽穿西服——土洋结合
戴口罩亲嘴——隔着一层
戴口罩——嘴上一套
戴礼帽的偷书——明白人办糊涂事
戴墨镜上煤堆——一团漆黑
戴木头眼镜看书——视而不见
戴起麻布帽子跳加官（旧时戏曲开场或演出中，遇显贵到场时加演的舞蹈节目）——苦中作乐；苦中取乐
戴上面具的猴子——没脸见人
戴上捂眼的驴——转开了磨
戴乌纱帽弹棉花——有功（弓）之臣
戴孝帽看戏——乐而忘忧
戴着面具进棺材——死不要脸
戴着面罩做人——其貌不扬
戴着墨镜倒骑驴——尽走黑道
戴着木头眼镜——看不透
戴着手套握手——不够礼貌
戴着眼镜挑媳妇——看花了眼；花了眼
戴着眼镜找眼镜——昏头昏脑；昏了头
戴着纸斗篷亲嘴——不相称

黛玉焚稿——忍痛割爱

dan

单车对炮双士——分不出高低
单车对士象——和为贵
单车杀不了马双象——不信试试看
单车追汽车——望尘莫及
单根青丝拴磨盘——千钧一发
单箭射双雕——一举两得
单口相声——一个人说了算；都听你的
单枪匹马上阵——孤胆英雄
单身汉娶媳妇——自作主张；自拿主意
单身汉宿舍——没老没少的
单身汉填表——无事（氏）
单身汉要抱孙子——想得太远了
单身族不要孩子——丁克家族
单眼看花——一目了然；白费工夫；白费劲；枉费工
单眼挑媳妇（此指妻子）——一眼看中
担百斤行百里——任重道远
担山填海——力不能及；白费工夫；心有余而力不足
担水的扁担进门——直来直去；直进直出；直出直入
担水往河里卖——劳而无功；有劳无功
担心手臂比腿粗——多余
担雪填深井——误人不浅；白费工夫；枉费工
担子两头挂红灯——挑明
胆小鬼打仗——临阵脱逃
胆小鬼当兵——上不了阵
胆小鬼的眼睛——见什么都怕
胆小鬼坐飞机——抖起来了
胆汁拌黄连——苦上加苦
胆汁滴在眉毛上——眼前苦；苦在眼前
掸子没毛——光棍一条
弹弓打飞机——差得远；差远了；挨不上
弹弓射鸟——由下向上
弹花匠的女儿——会谈（弹）不会访（纺）
弹棉花的戴乌纱帽——硬装有功（弓）之臣
弹药库房——不能发火
弹药库里玩火——万万不可
弹子掉在铜锣里——响当当；当当响
淡水蟹——吃不得咸水
淡水鱼放在咸水里——不知死活；死活不知
蛋打鸡飞——两头空；两落空

dang

当婊子树牌坊——不知羞耻
当兵的背算盘——找仗（账）打
当兵的垒灶——安营扎寨
当差放私骆驼——假公营私
当风扬灰——一吹就散
当官不坐高板凳——平起平坐
当官的拍桌子——惊堂
当官丢了印——昏头昏脑；昏了头
当和尚不敲钟——白吃饭当红
当了衣服打牙祭（偶尔吃顿丰盛的

饭）——顾嘴不顾身
当了衣服换酒喝——顾嘴不惜身
当了衣裳买粉搽——穷讲究；穷打扮
当面剥葱——一层一层地摆摆（比喻一件事一件事地说清楚）
当面锣，对面鼓——明打明敲
当面是人，背后是鬼——伪君子
当面是人背后是鬼——阳一套，阴一套
当面诵善佛，背后念死咒——阳奉阴违
当娘的打扮小闺女——入细入微
当铺的阿哥——不肯认错
当铺的买卖——沾手三分肥
当铺丢娃娃——把你不当人；拿人不当人
当铺柜台——高得很
当铺里卖孩子——贱人
当铺里抛出孩子来——拿人不当人儿（比喻虐待人）
当贼的说梦话——想偷
当着矬子（身材矮小的人）说短话——成心叫人难堪
当着老丈人唱淫曲——有眼不识泰山
当着阎王告判官——没有好下场
当着丈母娘唱淫曲——不开眼儿
挡风板当锅盖——受了冷气受热气
挡风玻璃做锅盖——明受气
荡货船——两头翘

dao

刀把老鼠（小老鼠）——最刁
刀底下的豆腐——任人宰割；随人宰割
刀剁自己的脚指头——自觉（脚）自愿
刀割韭菜——一茬一茬地来
刀搁脖子——离死不远；危在旦夕
刀架心头上——忍了
刀尖上立正——站不住脚
刀尖上抹手——好险；冒险；危险
刀尖上耍把戏——不要命；玩命干
刀尖上耍杂技——硬逞能；瞎逞能
刀尖上走路——玄乎
刀砍大海水——难舍难分
刀口上舔糖——好险；冒险；危险
刀口下的绵羊——任人宰割；随人宰割
刀里夹箭——给你个冷不防
刀马旦不会刀枪——笨蛋（旦）
刀马旦出身——会打
刀劈毛竹——迎刃而解；干脆利索；一分为二
刀切大葱——两头空
刀切酥油——两面光
刀子切元宵——不圆满；不愿（圆）
刀刃上抹鼻涕——难下手；无法下手
刀剜黄连木——刻苦
刀子插进胸口——伤透心肝；伤心
刀子插在鞘里——锋芒不露；不露锋
刀子对斧子——硬过硬
刀子哄小孩——不是玩意儿
刀子耍在铁匠铺——不是地方
刀子遇见斧子——是个对手
刀子扎进肚里——心疼
刀子嘴，豆腐心——嘴硬心软；口恶心善

导弹打飞机——同归于尽；跟踪追击
导火线上拴炸药——一触即发
导游者领路——引人入胜
倒背手放风筝——扯远了
倒背手看鸡窝——不简单（捡蛋）
倒长的山藤——根子在上头；根子在上边
倒吃甘蔗——节节甜；一节比一节甜；甜头在后
倒吃糖葫芦——大头在后面；大的在后头
倒粪倒出耙齿——又臭又硬；臭硬
倒钩藤子揍娃娃——连拖带打
倒挂的狐狸——尾巴翘不起来；翘不起来
倒糠拍箩——一点不留
倒了碾盘砸了磨——实（石）打实（石）
倒了油瓶子不扶——袖手旁观；懒到家了
倒骑毛驴——往后瞧；向后看
倒瓤的冬瓜——一肚子坏水
倒闲话，落不是——吃了嘴的亏；全坏在嘴上
倒泻一箩蟹——各人手硬各人扒
倒爷发家——不义之财
倒在地上的水银——无孔不入
倒坐炕沿扇扇子——耍风流
捣了马蜂窝——不能善罢甘休
捣蒜剥葱——各管一工
捣蒜槌子打鼓——懂（咚）
捣蒜槌子——独根儿

到处埋雷——危机四伏
到饭馆里买葱——未必给你（比喻找错了门路，不会达到预期的目的）
到河边才脱鞋——事到临头
到了黄山想泰山——这山望着那山高
到了奈河桥又回来——死不成
到了山顶想上天——贪得无厌
到了悬崖不勒马——死路一条
到了重庆——双喜
到手的肥肉换骨头——心有不甘
到站的火车——叫得响，走得慢
盗马贼挂佛珠——假正经；假装正经
盗马贼披袈裟——嫁祸于人
盗墓贼作案——捣鬼
道场里面打跟头——凑热闹；凑凑热闹
道士打醮（旧时道士设坛念经做法事）——鬼使神差
道士的辫子——绾得紧
道士掉了令牌——无法；没法；没办法
道士念佛经——不务正业
道士念经——照本宣科
道士跳法场——装神弄鬼；鬼使神差
道士舞大钳——少见（剑）
道士遭雷打——作法自毙
道士捉妖——有福（符）
道士遭鬼打——作法自毙
稻草弹被絮——不是正胎子
稻草点灯——十有九空
稻草肚子棉花心——虚透了
稻草堆里埋石头——软中有硬
稻草盖珍珠——内中有宝；外贱内贵

稻草人救火——引火烧身；自取灭亡；自顾不暇；同归于尽

稻草人救人——自身难保（比喻自己也保不了自己，就更无法保别人了）

稻草人烤火——不要命了

稻草绳子拔河——经不住拉

落外人田

稻田里干活——拖泥带水

稻田里拉犁耙——拖泥带水

稻田里捉龟——十拿九稳

稻子去了皮——白人（仁）儿

de

得病不吃药——熬；看你怎么好

得到屋子想上炕——贪得无厌；贪心不足

得过且过——不求上进

得阑尾动手术——除恶务尽

得了狂犬病的恶狗——正在风（疯）头上

得了脑膜炎——坏透顶了

得了五谷想六谷，有了肉吃嫌豆腐——欲无止境

得了雨衣还要伞——贪得无厌；贪心不足

得陇望蜀——贪得无厌；贪心不足

得牛还马——礼尚往来

得一望十，得十望百——贪得无厌

得鱼丢钩——忘恩负义

德州扒鸡——窝着脖子别着腿

deng

灯草变黑——死了心（芯）

灯草撑屋梁——做不了主（柱）

灯草搓绳，烂板搭桥——枉费心机；白费劲

灯草搓绳绑野马——白费工夫；白费劲；枉费工

灯草搭浮桥——走不得

灯草打鼓——想（响）不起来；不想（响）

灯草打孩子——只是吓唬吓唬

灯草打老牛——不痛不痒；不觉痛痒

灯笼点蜡烛——心里亮；肚里明
灯笼赶集——白瞪眼
灯笼救火——自焚
灯谜晚会——耐人寻味
灯下点烛——白费蜡
灯芯草挑刺——太软
灯影子里相媳妇——一白遮百丑
灯影子上饭馆——人多不吃食
灯盏里放毛线——变了心（芯）
灯盏里没灯草——无心（芯）
灯盏里洗澡——不晓得大小
灯盏上烧柴——放不下心（薪）
灯盏添油——不变心（芯）
灯盏无油——干熬；光费心（芯）；火烧芯（心）（比喻非常着急，心焦如焚）
登山运动员的氧气——受气的布袋
登上架子——总认为自己高
登上山顶望平地——回头见高低
登上泰山想升天——好高骛远
凳子比桌子还高——没大没小
凳子上插尖刀——谁敢坐；坐不得
凳子上抹石灰——白挨
瞪着眼吹死猪——长吁短叹
瞪着眼睛咬着牙——怀恨在心
蹬着刀尖进虎口——步步危险
蹬着梯子上天——没门儿
等号后边画个圈——等于零

di

的确凉衬衫——看透了
的确凉做抹布——浪费材料
低栏杆——靠不着
低头放焰火——刺眼
低头狗——暗下口
低着头走路——想事儿
羝羊触藩——进退两难
滴水穿石——非一日之功
笛子吹火——到处泄气
笛子独奏——自吹
笛子没眼——吹不响
笛子配铜锣——响（想）不到一块（比喻想法不一致）
抵门杠做牙签——大材小用
地板上的骨头——没人肯（啃）
地板上放书——没架子
地板上铺地毯——不能拖
地道里布罗网——来一个，捉一个
地道里点灯——实在不高明
地道里开车——暗中来往
地道里卖门神——看出来的好话（画）儿
地道里下台阶——步步深入
地道里找人——暗中查访
地道里找绳子——暗中摸索
地道里照相——脸上不光彩
地道里装机关——看谁敢来
地洞里的瞎老鼠——怕见太阳
地府里打官司——死对头
地府里打冤家——鬼打鬼
地府里屙（排泄大小便）屎——懒鬼
地瓜地里种豆角——纠缠不清
地瓜冒热气——熟透了

地黄瓜丢架子——嫁（架）不得
地脚螺丝——动不得
地窖里打灯笼——来明的
地窖里活命——难见天日；不见天日
地老鼠交给猫看——十有九空
地里的蚯蚓——土生土长；能屈（曲）能伸；成不了龙；有股钻劲
地里的薤白——装蒜
地里的庄稼苗——顺风倒
地面上的水——哪里低往哪里流
地皮上割草——不去根
地平线——天壤之别
地球安把——没法提；提不得；提不起来；别提了
地上的爬虫——没骨头
地上的野草——除不尽
地上的影子——看得见摸不清；你走他也走
地上的砖头——踢一踢，动一动
地上捡起来的饼——不干不净
地上跳到炕上——不足为奇
地上栽电杆——正直
地烧三尺——寸草不留
地毯上寻针——吹毛求疵（刺）
地头蛇，母老虎——不是好惹的
地头蛇请客——福祸莫测
地图上画个圈——谁知道有多大
地下摆摊——没有架子；不摆架子
地下流出来的水——来路不明
地主的狗腿子——仗势欺人
地主老爷的碗——难端
弟兄俩骂娘——自骂自
第六个手指——多余

dian

掂刀子宰孩子——灭绝人性
掂篙撵船——赶不上；撵不上
掂着点心上树——言之（沿枝）有理（力）
掂着算盘上门——找人算账
掂着猪下水（可食用的牲畜内脏）过独木桥——提心吊胆
点火的爆竹——一肚子气
点火上轿——照价（嫁）
点火烧眉毛——自找罪受；自找难受
点了黄豆不出苗——孬（坏；不好）种；不是好种
点名不到——没出席
点起火把作战——来明的
点燃的蜡烛——长命（明）不了
点手叫罗成——一招就来
点着火把聊天——明说；明说明讲
点着火的双响——气得嘣八丈高
电灯泡上蹭痒痒——摩登（磨灯）
电灯泡上点火——其实不然（燃）
电灯泡上点香烟——不然（燃）
电灯泡上抹糨糊——说他混蛋，他还一肚子邪火
电灯照鹿头——名（明）角
电灯照墙角——名（明）角
电灯照雪——明明白白；明白
电风扇的脑袋——专吹凉风（比喻打击

别人的热情，专门散布冷言冷语）
电杆料子做了火柴梗——大材小用
电杆做牙签——大材小用
电焊的火花——看不得
电焊焊钢板——牢靠
电视机里放录音机——多想（响）了一层
电视上的画面——说变就变
电梯抛锚——上下为难；上不上，下不下
电线杆穿大褂——细高挑儿（身材细长的人）
电线杆当套马杆——用才（材）不当
电线杆钓鱼——大材小用
电线杆顶上雕花——手艺高
电线杆挂灯笼——高明；有名（明）的光棍
电线杆刻手戳（图章）——大材小用
电线杆上安喇叭——想（响）得高
电线杆上绑鸡毛——胆（掸）子不小；好大的胆（掸）子
电线杆上插土豆——大小是个头
电线杆上吊暖壶——高水平（瓶）；水平（瓶）高
电线杆上挂邮筒——高兴（信）
电线杆上挂钟——想（响）得高
电线杆上敲瓷瓶——站得高，想（响）得远
电线杆上晒衣服——架子不小；好大的架子
电线杆子当筷子使——拿不动
电线杆子剔牙——大老粗；敢想敢干
电线杆子做牙签——进不了口
电线上的风筝——缠上了
电影里的打斗——真真假假
电影里的夫妻——假的
电影里放电视——戏中有戏
电子显微镜——明察秋毫
电钻钻孔——不通也要通；硬要打通
电钻钻墙——不怕你硬
电钻钻膝盖——打通关节
店铺里的蚊子——吃客
垫子上翻跟头——摔着也不要紧
靛蓝染白布——一物降一物
靛青沐浴——一身轻（青）

diao

刁鹰飞入鸡儿场——没有好心肠
叼羊游戏中的小羊羔——任人撕扯
叼着喇叭敲鼓——自吹自擂
叼着鲜花放屁——美不遮丑
貂蝉嫁吕布——英雄难过美人关
貂蝉唱歌——有声有色
貂皮下面安狗尾——不相称
碉堡里伸机枪——伺机伤人
雕花的扁担——中看不中用
雕花店里失火——刻不容缓
雕花匠的行头——动手就错（锉）
雕花匠做梦——想错（锉）了
雕花师傅戴眼镜——精雕细刻
雕塑匠手里的泥巴——得心应手；随人捏；随心所欲
吊车干活——拿得起放得下

吊车坏了——无法提高；不提了
吊车提物——举重若轻
吊起的冬瓜——头重脚轻
吊起锅儿当钟打——穷得叮当响
吊起来打秋千——要的就是这个劲
吊扇下面拉家常——讲风凉话
吊桶打水——先下后上
吊桶落在井里——不上不下；上不上，下不下
吊桶脱箍——没法提；提不得
吊在房梁上的葱头——皮焦根枯心不死；叶烂皮干心不死
吊在房檐上的大葱——叶黄皮干心不死（比喻敌人不甘心失败，妄想做垂死挣扎）
吊着头发打秋千——不要命；玩命干
钓过的黄鳝——难上钩
钓上来的鱼——自己上钩
钓鱼的鱼漂——现（显）在上面
钓鱼竿上挂肝肺——悬着心
钓鱼钩变成针——以曲求伸
调虎离山——乘机行事
掉到水里的肥皂——滑得很
掉光头发甩木梳——可以理解
掉进冰窟窿里——从头凉到脚
掉进冰水里——寒心
掉进草窝的绣花针——没处寻；难寻
掉进糨糊盆里的苍蝇——拔不出腿来
掉进开水锅里的虾——浑身不自在；急红了眼
掉进麦芒堆里——浑身不自在
掉进水里的鞭炮——给谁都不要
掉进水里的手鼓——打不响
掉进陷阱里的狗熊——熊到底了
掉进陷阱里的野猪——张牙舞爪；死路一条
掉了耳朵的瓦罐——没法提；提不起来
掉了几根毫毛——无伤大体
掉了帽子喊鞋——头上一句，脚下一句
掉门牙肚里咽——有苦难诉；有苦说不出

掉头的蛇——毒心未死
掉头蜻蜓——四下里直打转
掉下井的秤砣——扶（浮）不上来
掉下树叶怕打了脑壳——胆小鬼
掉在井里打扑腾——死不死活不活
掉在油缸里的老鼠——滑头；滑头滑脑

die

爹妈许愿——保子
爹死哭娘——犟种一个
跌倒还要抓把沙——不落空
跌倒拾个钱——走运；运气好
跌到车道沟里喊救命——吓得不知深浅
跌到井里的牛——有劲使不上
跌翻鸟窝砸碎蛋——倾家荡产
跌跟头捡金条——运气好
跌进糨糊盆的娃娃——糊涂人
跌落米坛的耗子——好景不长
跌下崖的汽车——翻了
碟子里的豆芽菜——开不了花，结不了果
碟子里生豆芽——扎不下根；难生根
碟子里盛水——太浅
碟子里栽牡丹——根底浅
碟子里扎猛子（游泳时头朝下钻进水里）——不知深浅

ding

丁丁猫（蜻蜓）挖眼睛——不要脸
丁丁猫咬尾巴——自害自
钉钉子锤了手——敲不到点子上
钉锅匠摇手——不含糊（焊壶）
钉锅碗打坏金刚钻——赔本生意
钉耙戴斗笠——尖上拔尖
钉是钉，铆是铆——不含糊
钉头碰着铁头——硬对硬
钉掌的敲耳朵——离题（蹄）太远；不贴题（蹄）
钉掌的敲后背——离题（蹄）太远
钉子钉黄连——硬往苦里钻
钉子烂了顶——抠不出来
顶大风过独木桥——担风险
顶刀子求雨——豁出命来
顶碓窝（石臼）跳加官（旧时戏曲开场或演出中，遇显贵到场时加演的舞蹈节目）——自讨苦吃；自找苦吃
顶风撑船——上劲；划不来
顶风顶浪上水船——力争上游
顶风顶水划船——硬撑；死撑
顶风放屁——自己搞臭自己；自臭自
顶架的牛——好斗
顶礼膜拜的小人——一副奴才相
顶梁柱当柴烧——屈才（材）；屈了材料
顶门杠做牙签——大材小用；插不上嘴；难插嘴
顶磨盘踩高跷——难上加难；难上难
顶头上长眼睛——目中无人
顶针儿眼儿多——个个不通
顶着被子玩火——惹火烧身；引火烧身
顶着磨盘跳舞——费力不讨好；吃力不讨好；费劲不落好
顶着石臼做戏——费力不讨好；吃力不

讨好；费劲不落好
顶着石狮子耍把戏——费力不讨好；吃力不讨好；费劲不落好
顶着娃娃骑驴——多此一举
鼎锅头做帽子——难顶难撑
鼎锅煮豆——难翻身；翻不了身
定航的班机——继往开来
定向爆破——一边倒
腚（臀部）上吊沙罐——等死（屎）

diu

丢掉了邮包——失信于人
丢金碗捡木勺——得不偿失
丢金子下海——可惜；真可惜
丢了秤砣捡灯草——避重就轻
丢了东西打瞎子算卦——闹了个白瞪眼
丢了黄牛撵兔子——不知哪大哪小；因小失大
丢了砍柴刀打樵夫——忘本
丢了铁棒担灯草——专拣轻事做；拈轻怕重
丢了西瓜捡芝麻——大处不算小处算；得不偿失；不知哪大哪小
丢了媳妇又赔房——人财两空
丢了羊群捡羊毛——大处不算小处算
丢了一枚绣花针——小事一宗
丢了钥匙——入不了门
丢下犁耙拿扫帚——里里外外一把手
丢下耙子弄扫帚——两手不闲；里里外外一把手

dong

东北的二人转——一唱一和
东边日出西边雨——道是无情（晴）还有情（晴）
东扯葫芦西扯瓢——胡拉乱扯
东床择婿——指腹为婚
东耳朵进，西耳朵出——耳旁风
东方打雷西方雨——声东击西
东放一枪，西打一棒——声东击西
东沟摸鱼，西沟放生——白忙活；白忙一场
东郭先生救狼——好心不得好报；姑息养奸；善恶不分；自己害自己
东家的饭碗——难端
东家瓜，西家枣——没话找话
东家起火，西家冒烟——一波未平，一波又起
东拉葫芦西扯瓢——碰到什么抓什么；胡拉乱扯
东篱补西壁——顾此失彼
东山坡上落凤凰——罕见
东施效颦——丑上加丑
东头拜堂，西头出丧——唱对台戏；演对台戏
东吴杀关羽——嫁祸于人
东吴招亲——上当一回；弄假成真
东西耳朵南北听——横竖听不进
东西路南北拐——走邪（斜）道
冬瓜熬清汤——乏味
冬瓜大的茄子——不论（嫩）

冬瓜肚里生蛆——一副坏心肠；心肠坏
冬瓜皮做帽子——滑头；滑头滑脑
冬瓜钱算在葫芦上——混账
冬瓜敲木钟——没多大响声
冬瓜瓤里生蛆——肚里烂
冬瓜上霜——两头光
冬瓜淌水——坏透了
冬瓜藤缠到茄子地——拉拉扯扯
冬瓜藤牵到豆棚上——纠缠不清；胡搅蛮缠
冬瓜下山——滚了
冬瓜秧爬到茄子地——东攀西扯
冬瓜秧爬上葡萄架——难解难分；难分难解
冬眠的动物——有气无力；少气无力
冬水田里种麦子——怪哉（栽）
冬天吃冰块——太寒心了
冬天穿汗衫——冷暖自己知
冬天穿棉袄，夏天吃西瓜——什么时候说什么话
冬天打雷——没有的事；没听过
冬天的火炉夏天的扇——人人喜欢；个个喜爱；用得上
冬天的枯树枝——冷冰冰，硬邦邦
冬天的狼——爪子细着哩
冬天的芦苇——不死心；心不死；秆黄叶落心不死
冬天的蚂蚁——不露头
冬天的蟒蛇——有气无力
冬天的梅花——独开天下
冬天的螃蟹——横行不了几时（比喻行动蛮横，依仗暴力胡作非为）
冬天的气温——升不上去
冬天的青蛙——躲起来啦
冬天的扇子，夏天的火炉——没人要；没人爱
冬天的癞蛤蟆——装死
冬天的蚊子——销声匿迹
冬天的旋风——成不了气候
冬天的知了——一声不响
冬天躲在雪地里——找死；送死；寻死；自己找死
冬天贩冰棒——不懂买卖经；不识时务
冬天喝凉水——寒心
冬天进了豆腐房——好大的气
冬天买扇子——备用
冬天卖醋——寒酸
冬天卖凉粉——不识时务
冬天卖扇子——没人过问
冬天躺在雪地里——难保活命；性命难保
冬天坐长椅——坐冷板凳
冬天做凉粉——不看天时；不识时务
冬月卖扇子——过时货
冬至已过——来日方长
董永上天——无立锥之地
董卓进京——不怀好意；来者不善
懂三又懂五——就是不懂事（四）
动物园的长颈鹿——身高气傲
动物园的猴子——没一个老实
动物园里的饲养员——习惯与兽类打交道了

动物园里的老虎——吃不了人
动物园里的野兽——打不得
动物园里找猪圈——自找难看
冻疮发痒——抓不得
冻地皮上甩豆腐——稀巴烂
冻豆腐——难办（拌）；没法儿办（拌）
冻河上赶鸭子——大家耍滑
冻僵的长虫（蛇）——死不死，活不活；要死不活
冻僵的蟒蛇——动弹不得；可怜不得
冻萝卜遇上铁叉——硬对硬
冻柿子——寒心；软中硬
冻鱼放生——不知死活；死活不知
洞房花烛夜——生平第一遭
洞房花烛——一条心
洞房里过十五——花好月圆
洞房里说悄悄话——甜言蜜语
洞里拔蛇——越拔越进
洞里的赤练蛇——毒得很
洞里的老鼠——晚上害人
洞里的乌龟——不怕凉
洞里观火——清清楚楚；一清二楚
洞庭湖的麻雀——见过几回风浪；见过大风浪
洞庭湖的野鸭子——经过风浪来的
洞庭湖里的野鸭——无人管
洞庭湖里捞针——想得到，办不到；白日做梦
洞庭湖里涨春水——一浪高一浪
洞庭湖上踩钢丝——凶多吉少
洞箫当笛子——横吹

dou

兜里的钱，锅里的肉——跑不了
兜里的铜板——一摸就着
斗败的老牛——不服气
斗大的馒头——无处下口；难下口；无法下口
斗大的铜铃——摇不响
斗大的字不识半口袋——睁眼瞎
斗大的字一个不识——大老粗
斗鸡上阵——横眉竖眼；劲头十足
斗笠出烟——冒（帽）火
斗笠穿孔——出头之日到了
斗笠掉进河里——冒（帽）失（湿）
斗笠做锅盖——张冠李戴
斗篷烂边——顶好
斗输的公鸡——耷拉着脑袋
斗赢的公鸡——神气十足；自鸣得意
陡坡上推车子——同心协力
豆瓣拌海椒（辣椒）——辣上加辣
豆饼干部——上挤下压
豆饼做豆腐——有点粗
豆豉口袋——臭货；肮脏货；臭东西
豆豉煮醪糟——不是滋味
豆腐白菜——各有所爱
豆腐板上下象棋——无路可走
豆腐拌芹菜——清清白白；一清（青）二白
豆腐场里的石磨——道道多（比喻主意、办法多）
豆腐炒韭菜——一清二白（比喻纯洁，没有污点）

豆腐打地基——根基太软；底子软
豆腐店的买卖——软货
豆腐店开在河边上——水里来，水里去
豆腐店里的把式——靠压
豆腐店里的东西——不堪一击
豆腐垫床脚——白挨
豆腐垫鞋底——一踏就碎
豆腐掉地上——一塌糊涂
豆腐掉灰里——吹也吹不得，拍也拍不得；洗不净
豆腐掉进灰堆里——吹也吹不得，打也打不得（比喻对事情没有办法）
豆腐堆里一块铁——算他（它）最硬；柔中有刚；软中有硬
豆腐炖骨头——有软有硬
豆腐坊的石磨——道道多；团团转
豆腐做匕首——软刀子
豆腐做门墩——难负重任
豆腐做墙脚——根基不稳；基础不牢
豆浆里的油条——软了
豆芽包饺子——内中有弯
豆芽不叫豆芽——窝脖货
豆芽炒鸡毛——乱七八糟
豆芽炒韭菜——各有所爱；各人所爱
豆芽的一生——总是受压
豆芽韭菜堆一堆——分不清，理不明
豆芽做拐杖——嫩得很；太嫩；靠不住；不可靠

豆油滴在水缸里——和不到一块；和不起来
豆渣撒在灰堆上——难收拾；不可收拾
豆子搬家——滚球
逗哑巴挨口水——自讨没趣；自找没趣
窦娥喊冤——怨天怨地
窦尔敦盗御马——嫁祸于人；艺高胆大

du

毒日头下的雪人——快垮了
毒蛇出洞——伺机伤人
毒蛇的牙齿马蜂针——全是毒；最毒
毒蛇盯小鸟——歹毒（逮住）
毒蛇见硫黄——浑身酥软
毒蛇见雄黄——酥到骨
毒蛇进竹筒——一头钻到底

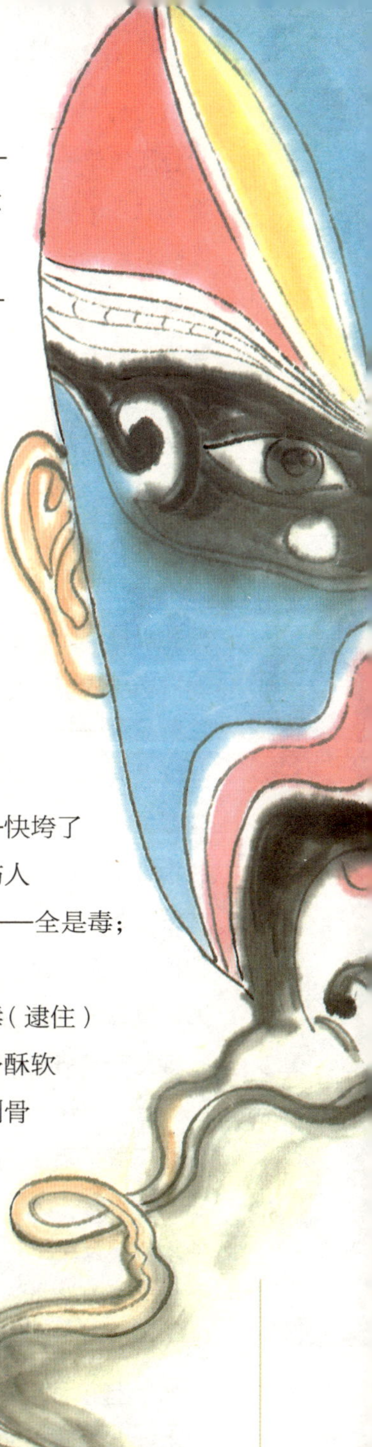

毒蛇爬竹竿——又狡（绞）又猾（滑）
毒蛇吐芯子（蛇的舌头）——出口伤人
毒蛇蜕皮——恶习不改
毒蛇做梦吞大象——野心勃勃；野心太大
毒太阳底下的露水——就要干了
读书人当兵——能文能武；文武双全
犊子戴面具——人面兽心
犊子口里含嚼子——牛头不对马嘴
犊子踢牛婆（母牛）——恩将仇报；以怨报德
独膀子打拳——露一手
独臂将军亮相——露一手
独臂将军——一把手；有一手
独臂老人作揖——有一手；露一手
独臂做饺子——一手包办
独根灯草点灯——只有一个心眼儿
独根灯草——一条心
独根头发系磨盘——千钧一发
独桨撑船——过不得大海
独脚凳——站不住
独脚蟹——爬不快
独轮车散了架——没法推了；推不得
独木桥落霜——难过
独木桥上踩车——别拐弯
独木桥上唱猴戏——不要命；玩命干
独木桥上唱戏——心宽路不宽
独木桥上钉木板——故意让人过不去
独木桥上跑马——好险；冒险；危险
独木桥上散步——走险
独木桥上遇仇人——冤家路窄；分外眼红
独木桥上走骆驼——担风险的事
独头蒜——没伴（瓣）
独眼看告示——一目了然；睁只眼，闭只眼
独眼看书——侧目而视
独眼龙赶考——一言（眼）难尽（进）
独眼龙观灯——一目了然
独眼龙瞄准——少道麻烦
独眼龙相女婿——一目了然
独眼龙相亲——一眼看中
独眼瞧西洋镜——一目了然
独眼游紫金山——一见钟情
独眼照放大镜——一目了然
独自关门做皇帝——自尊自大
堵塞的下水道——不通
堵塞的烟囱——憋气又窝火
堵住笼子捉鸡——一个也跑不了
堵着房门救火——毁灭自己
赌场里的赌棍——孤注一掷
赌台上的钱——黑吃黑
赌徒的嘴巴——尽说到点子上
赌徒借钱——输净了
赌徒手中的钱——留不住；难久留
杜十娘的百宝箱——全部家当都在里头
杜十娘怒沉百宝箱——人财两空
杜十娘扔下河的东西——谁也捞不到
肚饥送来白面馍——正合适
肚里安电灯——心里亮
肚里藏镰刀——割心肠
肚里插刀——内伤

肚里长牙齿——心肠狠

肚里吃了鞋帮——心里有底

肚里吹喇叭——心里想（响）

肚里灌糨糊——糊糊涂涂；糊里糊涂

肚里开飞机——内行（航）

肚里吞金——心里沉重；心里负担太重；有内才（财）

肚里装公章——心心相印

肚皮里吃了萤火虫——全明了（比喻心里清楚。也有说“肚皮里点灯心里明白”）

肚皮里戴眼镜——看不出来

肚皮里的蛔虫——只等着吃

肚皮上割肉打牙祭（偶尔吃顿丰盛的饭）——干不得

肚皮上贴膏药——心腹之患

肚脐打哈欠——妖（腰）气

肚脐上挂钥匙——开味（胃）

肚子饿赶上吃晌午（午饭）——正合心意

肚子饿了填黄连——自讨苦吃；自找苦吃

肚子里板油太多了——蒙了心窍

肚子里长草——闹饥荒

肚子里长瘤子——心腹之患

肚子里撑船——气量大

肚子里揣漏勺——心眼儿太多

肚子里打灯笼——自己心里明白

肚子里磨刀——内秀（锈）；秀（锈）气在内

肚子里生疮——内坏

肚子里吞擀面杖——直肠子；直肠直肚

肚子里行船——大人大度（肚）；海量；度（肚）量大

肚子里照火笼——自家心里明白

肚子里装满海水——不是滋味

肚子上安磨——要面不要人

肚子上绑暖壶——水平比较高

肚子痛上眼药——点不到痛处

渡船过河——划得来

渡江烧船——断了后路；不留后路；断人后路

渡口的路——此道不通

渡口上打转身——想不过

镀铬眼睛——目中有人

镀金的佛像——华而不实

duan

端别人的碗——服别人的管

端公打令牌——吓鬼

端公打坐——装神弄鬼

端公跳坛——阴阳怪气

端金碗讨饭——装穷

端起刀头（祭神鬼用的熟肉）上庵堂——自讨没趣；自找没趣

端水缸救火——费力无用；费力不小，收获不大

端午节拜年——不是时候

端午节包粽子——有棱有角

端着金碗讨饭——装穷叫苦

端着水瓢吃西瓜——滴水不漏

端着银碗讨饭——费力不讨好；吃力不讨好；费劲不落好

短的当棒槌，长的做房梁——各有一技之长
短棍儿打蛇——近不了身；难近身
断臂的猴子——高攀不起
断柄锄头安了把——有把柄可抓
断柄锄头——没有把握
断根的香椿——难发芽
断了把的茶壶——就剩一张嘴
断了半边腿的蝎子——团团转
断了翅膀的苍蝇——嗡嗡不了几天
断了翅膀的凤凰——神气不了
断了翅膀的鸟——飞不高
断了发条的钟——不走了
断了根的荷叶——水上漂
断了脊梁骨的癞皮狗——没有骨气
断了脚锁的鸽子——远走高飞
断秧的苦瓜——耷拉着脑袋
缎子包鸡笼——外光里面空
缎子被面麻布里——表里不一
缎子做浴巾——又光又滑
锻工抢时间——趁热打铁

dui

堆白菜，码大葱——一码是一码
对岸上的公公——与己无关；与我无关
对门吹笛子——斗气
对门缝吹号——名（鸣）声在外
对牛吟诗——不入耳；难入耳
对天吹喇叭——想（响）得高
对天讲话——不知高低；空谈；空话连篇
对天鸣枪——吓唬人
对哑巴说话——白费口舌
对阵下棋——调兵遣将；纸上谈兵
对着靶子射箭——有的放矢
对着城门打哈欠——一气呵成（城）
对着穿衣镜调情——自爱
对着穿衣镜作揖——自我崇拜
对着棺材唱大戏——死不听
对着棺材撒尿——欺侮死人
对着棺材许愿——哄死人
对着罐子吹喇叭——有原因（圆音）
对着锅底亲嘴——触一鼻子灰；碰一鼻子灰
对着镜子扮鬼脸——自己丑化自己
对着镜子吹喇叭——自鸣得意
对着镜子打躬（作揖）——自己恭维自己；自尊自敬
对着镜子瞪眼——自己恨自己
对着镜子发脾气——自己跟自己过不去
对着镜子挥拳头——自己吓唬自己
对着镜子讲假话——自己骗自己
对着镜子看——里里外外都是自己
对着镜子练拳——自打自；自家人打自家人
对着镜子骂人——自骂自；自己跟自己过不去
对着镜子演奏——自吹自擂
对着镜子作戏——咋好看咋比划
对着镜子做鬼脸——自己吓唬自己
对着灵牌说谎——哄鬼；骗鬼；哄死人

对着牛嘴打喷嚏——吹牛
对着墙壁流眼泪——独自悲伤
对着墙壁走路——没门儿；无门
对着墙走路——行不通
对着桑树骂槐树——指桑骂槐
对着水缸吹喇叭——有原因（圆音）
对着坛子放屁——憋气；憋得难受
对着王八批乌龟——正对号
对着舞台搞对象——一厢情愿
对着瞎子打俏眼——白费工夫；白费劲；枉费工
对着烟囱喊叫——说直话
对着影子打招呼——看错了人；认错了人
对着月亮攀谈——讲天话；空话连篇
对着月亮说话——说空话
对着张飞骂刘备——寻着惹气；找气惹
对着赵云摔阿斗——收买人心
碓杵（在石臼里捣米用的棒）脑袋——老实（石）疙瘩
碓臼里打跟斗——翻不了身
碓窝（石臼）当帽戴——难顶难撑；顶不起来
碓窝里舂米——实（石）打实（石）
碓窝里舂夜叉——捣鬼
碓窝里打跟头——难翻身；翻不了身
碓窝吞下肚——实（石）心眼

dun

礅子（厚而粗大的一整块石头）碰碌碡（石磙）——实（石）打实（石）
蹲在皮球里过日子——受尽窝囊气
囤子顶上插旗杆——尖上拔尖
炖熟的猪头——难看
炖猪头蒸馒头——不到火候不开锅
钝刀切肉——不快
钝刀子割草——拉倒
钝刀子割肉——半晌割不出血来；不爽快（比喻说话、做事不干脆、不利落）
钝刀子砍豆腐——拣软的欺
钝刀子切豆腐——凑合使用
钝刀子切藕——藕断丝连；私（丝）不断
钝刀子杀鸡——靠手劲；不利索
钝刀子斩乱麻——三长两短
钝镰刀割麦——拉倒
顿顿吃笋子——胸有成竹

duo

多吃了安眠药——昏头昏脑；精神不振
多吃了豆腐——心肠太软
多吃了烤红薯——尽放屁
多吃了蕹菜（空心菜）——空操心
多年的陈账——翻不得
多年的寡妇——老手（守）
多年的旧被絮——老套子
多年的泡桐树——空心货
多年的朋友——老交情
多年的师傅——老把式
多雾的天空——朦朦胧胧
多细胞生物——难免要分化
多项式计算——不那么简单

多嘴的猫儿——抓不住老鼠
多嘴的婆婆——一片热心肠；热心肠
垛泥匠不拜佛——老底儿在他心里；心里有底
躲过棒槌挨榔头——躲了一灾又一灾；祸不单行
躲过了老虎，又撞上了野牛——一个比一个凶
躲了风暴遭了雨——躲了一灾又一灾；祸不单行
躲在暖房的小偷——不寒而栗
躲在屋里洗脏衣裳——家丑不可外扬
剁不烂的牛肉调馅——难办（拌）
剁了脚的螃蟹——横行不了几天了
剁头的蜈蚣——不僵尸

E

e

峨眉内功少林拳——练出来的
峨眉山上的猴子——看精的；机灵得很
峨眉山上的泉水——细水长流
峨眉山上看佛光——难得一回
鹅不吃草——肚里有病
鹅吃草，鸭吃谷——各人享受各人福
鹅蛋换鸭蛋——不划算
鹅蛋石跌进刺蓬里——无牵无挂（比喻没有挂念之处）
鹅颈项再长——也有个下刀之处
鹅卵石垫墙基——立场不稳；根基不稳；基础不牢
鹅卵石掉酱缸——糊涂蛋
鹅卵石掉进粪坑——又臭又硬；臭硬
鹅卵石放进鸡窝——混蛋
鹅卵石下油锅——扎（炸）实（石）
鹅毛落水——漂浮
鹅盆里不准鸭插嘴——独食独吞；无牵无挂
鹅头装在鸭颈上——不像样
鹅吞鸡头——卡壳了
鹅行鸭步——磨磨蹭蹭；大摇大摆
鹅在水中寻食——尾巴翘上天
鹅走路——大摇大摆
额角放镜子——眼看
额角上长眼睛——眼界高
额角上栽月季——看花了眼；花了眼
额头角上搁扁担——头挑
额头连下巴——没脸
额头上倒冰水——从头凉到脚
额头上放鞭炮——想（响）头不低
额头上放块冰——头脑冷静
额头上放炮——眼前就是祸；祸在眼前
额头上挂算盘——算的是眼前利益
额头上画王字——充老虎吓人；成不了虎
额头上抹肥皂——滑头；滑头滑脑
额头上生疖子——触霉（眉）头；坏到顶了
额头上贴膏药——脸上尴尬
额头上着火——急在眼前
额头生疮——遮盖不住；难遮盖；瞒不住
恶狼对羊笑——绝没好心
恶狼和疯狗做伴——坏到一块了
恶狼落陷阱——作恶到头了
恶狼生个贼狐狸——不是好种
恶狼学狗叫——没怀好意
恶狼遭雷劈——恶有恶报
恶狼专咬瘸腿猪——专挑软的欺
恶狼捉老鼠——饥不择食

恶狼嘴里抢骨头——好大的胆量；胆子不小

恶老雕吃死耗子——对口味

恶老雕戴皮帽——假充鹰

恶魔对丑怪——一对坏

恶婆娘骂街——四邻不安

恶婆娘撒泼——耍无赖

恶人的棍子——随身带

恶人登门——送福

恶人告状——冤枉好人；不存好心；居心不良

饿汉下馆子——大吃大喝

饿虎舔米汤——不过瘾

饿狼吃羊羔——生吞活剥

饿狼口里夺脆骨——好大的胆子

饿狼扑兔子——抓住不放

饿狼吞泥土——没有人味

饿狼吞食——一副贪相

饿老鹰抓驴——饥不择食

饿猫不吃死耗子——冒充斯文；假斯文

饿牛见草地——陡增欢喜

饿死鬼要账——活该

饿吞鸡头——卡住了

饿鹞鹰——胡摸

饿着肚子辩论——空对空

饿着肚子出差——空跑一趟

饿着肚子造反——借机（饥）闹事

饿着肚子做梦——空想

鳄鱼的眼泪——假的；可怜不得；掩盖不了凶相

鳄鱼吊孝——假慈悲，真凶狠

鳄鱼挂念珠——冒充善人

鳄鱼护窝——不会走多远

鳄鱼上岸——来者不善

en

摁着牛头喝水——耍蛮劲

er

儿女敬老人——人情人理

儿女是娘心上一块肉——难舍难分

耳朵长在膝盖上——懒得听

耳朵挂镰刀——好险；冒险；危险

耳朵里抹石灰——听不进；白听

耳朵漏风——听不进人话

耳朵塞驴毛——装聋；说不通；听不见

耳朵塞套子——装聋

耳朵上挂板子——打听打听；打听

耳朵上挂小鼓——打听打听；打听

耳朵眼放屁——不可能的事；没人见过；没有的事

耳朵眼里灌稀饭——混淆视听

耳朵眼里下棋——摆不开阵势

耳后的疙瘩——无人理会

耳聋鼻塞嘴哑——一窍不通

二八月的天气——冷热无常；忽冷忽热

二两棉花打架——谈（弹）不拢

二两棉花十张弓——谈（弹）不得；无法谈（弹）

二两棉花套个眼镜——看不透

二两铁打把刀——不够分量

二两铁打大刀——不够料

二两银子铸个土地爷——钱能通神

二十岁长胡子——少年老成

二十岁当博士——初露头角

二月放纸鹞——风行一时

二月间的桃子——不熟

二月去了八月来——不冷不热；热不着，冷不着

F

fa

发菜炒豆芽——纠缠不清

发臭的酸奶子——坏透了

发出去的文件——改不了啦

发出去的信——收不回了

发电机着火——烧包

发动群众提倡议——集思广益

发高烧不出汗——胡说（比喻没有根据地乱说）

发高烧打摆子（患疟疾）——胡说；乱说乱讲

发高烧的病人——神志不清

发洪水放木排——赶潮流；随波逐流

发酵池里的高粱——醋性大作

发酵的面粉——气鼓气胀；气鼓鼓

发救兵还择吉日——晚了；不知缓急

发困给个枕头——正得劲儿（比喻正合心意）

发了疯的猴子——上蹿下跳

发了霉的炒黄豆——不香

发了霉的葡萄——一肚子坏水（比喻坏到了极点）

发了聘书人不到——顾（雇）不过来

发霉的瓜子——人（仁）变坏了

发霉的冷饭——不值得吵（炒）

发面的酵母——是个引子

发面馒头送闺女——实心实意

发疟疾吃奎宁（治疟疾的特效药）——对症下药

发丧娶媳妇——又喜又悲；悲喜交加

发射出去的火箭——扶摇直上

发射卫星上天——一鸣惊人

伐木工人拉锯——你来我往；有来有往

伐木拉大锯——你有来，我有去

法场的麻雀——耐惊耐怕

法场上的刽子手——杀人不眨眼

法儿他妈哭法儿——没法儿了

法官审冤家——公报私仇

法官坐班房（监狱或拘留所）——明知故犯；知法犯法

fan

帆布眼镜——真难看

帆船上的桅杆——直通通的；直杠杠的

帆船遇到风——顺气

帆船追快艇——差距越来越大，老落后

番瓜（南瓜）秧牵上葡萄树——胡缠；胡搅蛮缠

番鬼佬叫狗——越叫越远

番鬼佬耍西洋镜——名堂不少

幡旗灯笼——照远不照近

翻穿皮袄——出洋（羊）相；装羊（样）

（比喻装腔作势，装模作样）
翻船抓到救生圈——绝处逢生
翻斗车卸货——倒个精光
翻过来的面袋子——空了；空的
翻过来的石榴皮——点子多
翻起麻来枯打油——没事找事
翻砂工干活儿——装模作样；装样子
翻手为云，覆手为雨——出尔反尔
翻着旧皇历找好日子——倒退
凡士林涂嘴巴——油腔滑调
樊梨花救援北平关——不记前怨；不念旧恶
樊梨花下西凉——马到成功
反贴门神——不对脸；左右为难
反转葫芦，倒转蒲扇——出尔反尔
返航之路——回归线
返青的秋苗——节节高；节节上升
犯了克山病，又得虎林热（虎疫，旧称霍乱）——没法治；没治了
犯人打（制）枷——自作自受
饭店老总上灶——自我炒做（作）
饭店里的臭虫——倒吃客
饭店里卖服装——有吃有穿
饭店卖葱——多此一举
饭店门前卖大饼——成不了气候；不成气候
饭店门前卖瘟猪——不知趣
饭店墙上挂蒜辫——零揪
饭罐子打断耳——不能提了
饭锅上的茄子——软货
饭后的粑粑——可有可无
饭来张口，衣来伸手——坐享其成
饭箩里冒烟——淘气
饭勺敲铁锅——响当当；当当响
饭勺子上的苍蝇——混饭吃
饭熟揭锅盖——气冲冲
饭甑里蒸黄连——苦闷（焖）
饭桌上的抹布——尝尽了酸甜苦辣
饭桌上的盘子——没把柄
范进中举——喜疯了；喜出望外
贩古董的——识货

fang

方不方，圆不圆——没有规矩
方铲挖耳朵——不入门
方底圆盖——合不拢；合不到一块
方枘（榫子）圆凿——格格不入
方向盘失灵——把握不住方向
房顶的兽狗——光喝西北风
房顶开门——六亲不认
房顶落雪——不声不响；无声无息
房顶上扒窟窿——不是门
房顶上长苗苗——野种
房顶上的草——刮来的种
房顶上的窟窿——不是门儿
房顶上的猫——活受（兽）
房顶上的瓦——半遮半掩
房顶上放风筝——起手高一层
房顶上盖房——漏（楼）
房顶上栽花——难交（浇）
房顶上种麦子——刺激（脊）
房脊上晒豌豆——两边滚

房脊上捉鸡——不好捉摸；难捉摸
房间里看老婆——没比的
房间里闹鬼——怪物（屋）
房梁当椽子——大材小用
房梁上挂辣椒——一串一串的
房梁刻图章——大材小用
房梁上挂水壶——高水平（瓶）；水平（瓶）高
房梁做锄把——大材小用
房头立雀——明摆着
房檐滴水——点点不差；放任自流

房檐底下种菜——无缘（园）
房檐上的流水——上头的事
房檐上吊着的鱼——干起来啦
房檐上玩把戏——不要命；玩命干
房檐下避雨——躲过一时算一时
房檐下的冰溜子——根子在上头；根在上边
房檐下的麻雀——生为吃食
房子的地基石——难翻身；翻不了身
房子烧了又挨大雨——内外交困
房子着了抢东西——趁火打劫
仿造的商标——冒牌货
纺车耳朵——随人转
纺花锭插到荞麦囤——尖对棱
纺纱厂的烂线团——头绪太乱；千头万绪
纺织厂的下脚料——千丝万缕
放暗箭打冷枪——背后伤人
放白粉进棺材——害死人
放出笼子的鸟——远走高飞；收不回来
放出去的风筝——越飞越远（比喻想得不着边际）
放大镜下的细菌——显而易见
放大镜照臭虫——原（圆）形毕露
放到案板上的肉——提起一条，放下一堆
放大镜下看报纸——显而易见
放风筝断了线——没指望了
放个屁也请示——多此一举，没事找事
放过的爆竹——声势已尽
放虎归山——自讨麻烦；留下祸根（比

喻留下了后患）
放火烧山林——不顾根本
放了气的皮球——软蛋；硬不起来（比喻挺不起腰来）
放了气的猪尿脬（膀胱）——硬不起来；软下来了
放了兔子使狗赶——居心何在
放了鱼饵的钩——上不得
放路纸钱——瘾（引）死人
放马后炮——不顶用；不顶事
放毛虫上身——找痒来抓
放牧的换草场——挪挪窝
放鸟儿出笼——各奔前程
放牛的吃螃蟹——不待言（带盐）
放牛娃背个粪筐——一拿二
放牛娃儿送亲——假装野舅子
放炮仗崩瞎眼——自作自受
放下叉把拿扫帚——两手不闲
放下担子聊天——歇后语
放下笛子拿钹（打击乐器）——又吹又拍；吹吹拍拍
放下笛子拿二胡——能吹会拉
放下斧头聊天——光说不做
放下棍子打花子（乞丐）——忘本
放下屠刀，立地成佛——弃恶从善；改恶从善
放咸鱼落塘——死活不管
放蝎子——毒心
放鸭伢睡早床——不简（捡）单（蛋）
放羊的打柴——捎带着干；一举两得
放羊的捡柴火——一举两得；捎带活儿
放羊的去圈马——乱了套
放羊的去拴马——乱套了
放羊的拾柴火——一举两得
放羊上山冈——步步高升；步步登高
放羊娃拾粪——两不耽误；两得其便
放鱼归海——不知死活；死活不知
放在筐里的葱——难扎根
放着热酒不喝喝卤水——不要命；玩命

fei

飞奔的火车——一日千里
飞车走壁——尽兜圈子
飞蛾撵（追赶）蜘蛛——自投罗网
飞蛾扑灯——自取灭亡；惹火烧身；引火烧身
飞过的麻雀也要扯根毛——爱占小便宜
飞机上扭秧歌——载歌载舞
飞机上沏茶——高水平（瓶）；水平（瓶）高
飞机上扔铃铛——落到哪里都响当当
飞机上扔钱——空头（投）支（纸）票
飞机上扔石头——一落千丈
飞机上扔炸弹——抬高自己，打击别人
飞机上晒衣服——高高挂起
飞机上生孩子——高产
飞机上抬头望——天外有天
飞机上跳伞——腾云驾雾；丢人了；一落千丈
飞机上跳舞——空喜
飞机钻云彩——腾云驾雾

飞进林里的鸟——抓不住
飞了鸭子打了蛋——两落空；两头空
飞毛腿讲话——快人快语
飞毛腿赛跑——飞快
飞鸟看出雌雄来——眼神好
飞行员罢工——无机可乘
飞行员的降落伞——随机应变
飞行员跳伞——一落千丈
肥地长好谷——理应如此
肥狗咬主人——忘恩负义
肥鸡炖汤——油水多
肥肉里挑骨头——没剔的
肥皂刻手戳（图章）——不是这块料
肥皂泡——吹不得；不攻自破
肥皂泡当镜子——成了泡影
肥皂泡遇大风——不吹自破
肥皂洗手——一干二净
肥猪戴盔甲——浑身不自在
肥猪跑进屠户家——送上门的肉；找死
肥猪上屠场——挨刀的货；挨宰
肥猪身上抹油——多此一举
废品回收——物尽其用
废品收购站的仓库——全是破烂货
沸水锅里煮螃蟹——看你横行到几时
沸水煮孩子——熟人

fen

坟场里演戏——给鬼看
坟场上堆冰块——冷死人
坟场上放鞭炮——吓死人
坟场上说相声——乐死人
坟场上舞大刀——吓死人
粉白墙上挂草荐——不像话（画）；不成话（画）
粉白墙上落苍蝇——明摆着
粉白墙上泼恶水（泔水）——尽是污点
粉白墙上贴告示——一清二楚；清清楚楚
粉板上写字——不久长；难长久
粉墙上挂灯笼——明明白白
粉球滚芝麻——多少沾点儿
粉刷的乌鸦——早晚要露馅；白不长久
粉丝汤里下面条——纠缠不清
粉条泡在滚水里——直不起腰来
粪堆上插鲜花——臭美
粪桶改水桶——臭气还在（比喻坏人或落后的人，旧思想、旧习气不断冒头）

feng

丰都城（迷信传说指阴间）里唱大戏——鬼听
丰都城里说大书——鬼话连篇
丰收年景的粮囤子——冒尖
风不摇树不动——事出有因
风车耳朵摇车心——转得快
风车过马路——没辙儿
风车脑袋——随风转；哪里风头大就顺着哪股风转
风吹玉米穗——天花乱坠
风吹草动——摇摆不定
风吹草人——难免动摇

风吹尘土——不费力；不费劲
风吹灯草——心不定
风吹灯笼——左右摇摆；摇摆不定
风吹鸡毛——忽上忽下
风吹葵花——不转向
风吹蜡烛——说灭就灭
风吹梨树——疙里疙瘩
风吹芦苇——左右摇摆；摇摆不定
风吹落叶——一扫光
风吹马尾——千丝万缕
风吹麦苗——一边倒
风吹蒲公英——轻飘飘；飘飘然
风吹墙头草——两边倒；摇摆不定
风吹头发——齐发动
风吹杨花——轻飘飘；飘飘然
风吹杨柳——左右摇摆；摇摆不定
风吹钟声花里过——又响又香
风吹竹林——一边倒
风地里的草人——装模作样
风地里的一盏灯——不知啥时候灭（比喻老人风烛残年，不知哪一时死去）
风干的馄饨皮——捏不拢；难捏合
风刮尘土——不费吹灰之力
风刮帽子扣麻雀——意外收获
风化石磨刀——快不了
风口上的灯——难点
风浪里的小舟——左右摇摆；摇摆不定
风浪中行船——摇摆不定
风里点灯——难长久
风炉子不进气——缺个心眼儿
风马牛——互不相干；不相及
风前的蜡烛——危在旦夕；着不长
风前烛，瓦上霜——危在旦夕
风扫杨花——下落不明；不知下落
风湿膏止痛——治标不治本
风湿药无效——打不通关节
风水先生唱大曲——阴阳怪调
风匣板做锅盖——受了冷气受热气
风匣改棺材——装人
风箱板改成锅盖——冷嘲热讽；受了冷气受热气
风箱板做棺材——气死人
风箱板做帽子——气上头了
风箱换上鼓风机——一个比一个会吹
风箱里的老鼠——两头受气
风扬石磙——胡说一气；真能吹
风雨中的泰山——不动摇
风疹病人抓痒——越抓越痒
风筝断了线——摇摇欲坠；下落不明
风筝落上刺笆（荆棘）林——乱缠；缠住了
风中的羊毛——忽上忽下；下落不明
风中的鹅毛——无影无踪
风钻进鼓里——吹牛皮
封建家庭的媳妇——做不了主
封了窑口的砖——闷死了
封了嘴的八哥儿——一声不吭
疯狗吃太阳——不晓得天高地厚
疯狗的脾气——一见人就咬；乱咬人
疯狗的尾巴——翘不起来
疯狗跳墙头——急红了眼；逼出来的
疯狗头上长犄角——凭空多了一路招数
疯狗咬人——不看对象；叼住不放

疯狗咬太阳——白费工夫；不晓得天高地厚（比喻不知事情的艰巨、严重）
疯狗咬月亮——狂妄（汪）；不知天高地厚
疯姑娘讲笑话——嘻嘻哈哈
疯牛钻进死胡同——不好回头
疯婆娘出门——没人敢惹
疯婆娘——惹不起
疯婆子演判官——人不像人，鬼不像鬼
疯子说梦话——胡言乱语；胡说八道
疯子写文章——怪话连篇
疯子摇头——呆头呆脑的
疯子做报告——胡言乱语；怪话连篇
蜂洞糕发到磨盘大——虚透了
蜂儿酿蜜——个个都有一份
蜂儿无嘴——屁股伤人
蜂蜜拌黄连——又苦又甜
蜂蜜待客——给他（你）点甜头
蜂蜜当唇膏——一张甜嘴
蜂蜜和油——亲密无间
蜂糖蒸核桃仁——又甜又香
蜂窝里掏蛋——不怕讽（蜂）刺；想挨蜇了
蜂窝煤上倒泥浆——个个死心眼儿
逢年过节的砧板——忙不过来；忙不开
逢年过生日——双喜临门
缝纫店里做衣服——量体裁衣
缝衣的钢针——只认衣衫不认人
缝衣针当锥子使——难通过；通不过
缝衣针对钻头——针锋相对
缝衣针碰着绣花针——一个比一个尖；尖对尖
凤凰拔了毛——比鸡还不如；不如鸡好看
凤凰变蚊——飞上天
凤凰跌到鸡窝里——落魄了
凤凰关鸡笼——毛羽尽掉
凤凰落到鸡窝里——糟蹋了；落魄了；有辱贵体
凤凰麻雀换巢——贵贱颠倒
凤凰山上没凤凰——徒有虚名
凤凰身上插鸡毛——大可不必；多此一举
凤凰树开花——红红火火
凤凰下（生）鸡——一辈不如一辈；一代不如一代
凤凰站在凉亭上——卖弄风流
凤凰钻刺蓬——自讨苦吃；自找苦吃
凤仙花结籽——碰不得
凤有凤巢，鸟有鸟窝——互不相干；各不相干

fo

佛多香少——供不应求
佛教的章法——清规戒律
佛爷的桌子——碰不得

fu

夫妻吵架家不和——不知谁是谁非；难断是非
夫妻吵架——没什么好看的；没有事
夫妻反目——事出有因；说来话长

夫妻开店——齐心合力

夫妻俩吵嘴——常有的事；不记仇

夫妻俩打铁——对手

夫妻俩看热闹——又说又笑

夫妻俩种甘蔗——甜蜜的事业

夫妻推磨——尽绕圈子；绕圈子

夫人病愈——太太好了

孵房里挑出来的——坏蛋

伏天穿皮袄——赁来的

伏天的蝈蝈——叫得欢

伏天的太阳——毒极了；最毒

伏天下暴雨——阵势大

扶不上树的鸭子——贱骨头

扶得东来西又倒——顾此失彼

扶起稻草人——没干（杆）

扶起篱笆倒了墙——顾东不顾西；顾此失彼

扶起篱笆就是墙——不牢靠

扶着桥栏杆过河——生怕掉进去（比喻胆小怕事）

扶着醉汉过破桥——上晃下摇

服务员拿钥匙——有职无权；当家不做主

服务员上茶——和盘托出

服装店里的买卖——一套一套的

服装店里开饭店——有吃有穿

苻坚望见八公山——草木皆兵

俘虏兵——没腔（枪）

浮土窝里的蒺藜——不露头的孬种

浮在水面上的草——无依无靠

府官进县衙——直来直去；大摇大摆

斧大好砍树，针小能穿布——各有各的用处

斧头当菜刀——不灵便

斧头凿凿入木——一物降一物

斧头剁手指——痛快

斧头劈木柴——一斧一块

斧头劈水——白费力气

釜底抽薪——奄奄一息（熄）

釜中游鱼——不知死活；死活不知

父亲他爹——那叫爷

父子观虎斗——大惊小怪

妇人劝酒——冠军（灌君）

复印的材料——一模一样

富贵人家的小姐——弱不禁风

富人家的狗——只认衣衫不认人

腹背受敌——进退两难

腹中容不得一根毛——度（肚）量小

腹中行船——度（肚）量大

G

ga

旮旯里藏毒蛇——不露头
嘎小子买烧鸡——闹了个大窝脖
嘎鱼的脑袋——刺儿头

gai

丐帮的打狗棍——非同一般
盖房请来箍桶匠——找错了人
盖房子不用柱脚——强（墙）顶
盖匠上房子——铺天盖地
盖了九床被子做美梦——想不透
盖了三年的破被——老套子
盖严了的蒸笼——大气不出；有气难出（比喻难出这口气）

gan

干草把上吊草帽——尽吓唬小麻雀
干草堆里寻绣花针——白费工夫；白费劲；枉费工
干柴遇烈火——点火就着；一点就着
干池塘里的青蛙——盼下雨
干打雷不下雨——虚张声势；咋（炸）呼
干鱼肚里寻胆——少见；少有
干竹子榨油——没有搞头
甘露寺里的刘备——安然无恙
甘露寺招亲——弄假成真
甘罗拜相——小人得志
甘蔗地里栽葱——比人家矮一截
甘蔗命——吃一节算一节
甘蔗拔节——一节也不通
甘蔗当吹火筒——一窍不通；出不了这口气
甘蔗当烟囱——不通气
甘蔗倒吃——节节甜；越吃越甜
甘蔗地里栽黄连——又苦又甜
甘蔗老了——逗人爱
甘蔗林里种香瓜——从头甜到脚
甘蔗梢上挂苦胆——一头苦来一头甜
甘蔗蘸蜜糖——甜上加甜；甜透了
甘蔗支危房——不顶用；不顶事
肝脏的兄弟——窝囊废（肺）
秆虫作揖——结（秸）拜
赶场带相亲——一举两得；两不误
赶场走进死胡同——行不通；走不通
赶场做买卖——随行就市
赶集卖竹笋——有的说短，有的说长；自有旁人说短长
赶集走进死胡同——此路不通
赶脚的开车——不懂那一套
赶脚的骑骡子——图个眼前舒服
赶脚驴的拾个料布袋——福从天降

赶着牛车出国——相差十万八千里
赶着牛车拉大粪——送死（屎）
赶着鸭子拉大磨——痴心妄想；妄想
敢在太岁头上动土——胆子不小
橄榄头上插针——尖上拔尖
擀面杖，驴肘棍——没头没尾
擀面杖插到鸡窝里——捣蛋
擀面杖吹火——一窍不通（比喻一点也不懂）
擀面杖打飞机——高不可攀
擀面杖当吹火筒——不通
擀面杖当笛子吹——没眼儿
擀面杖当旗杆——太矮
擀面杖当箫吹——实心眼；一点心眼也没有；缺心眼儿
擀面杖分长短——大小各有用场
擀面杖灌米汤——滴水不进
擀面杖捞饺子——搅浑一锅汤
擀面杖抹油——光棍一条
擀面杖升云天——诽谤（飞棒）
擀面杖钻石头——纹丝不动

gang

刚备鞍的马驹——挨鞭子的日子到了
刚长翅膀的鸟儿——不知天高地厚
刚长出的黄瓜——苦极了
刚扯帆就遇顶头风——出师不利
刚出火坑，又落陷阱——躲了一灾又一灾；祸不单行
刚出壳的鸡仔——太嫩；翅膀不硬；腿软嘴硬
刚出笼的馒头——带着气来的；热气腾腾
刚出笼的馒头烤着吃——欠火
刚出笼的馍馍——带着气
刚出笼的糖包子——热乎乎，甜蜜蜜
刚出炉的纯钢——宁折不弯；心地纯正
刚出山的老虎——有点猛劲
刚出山的猛虎——威风不小
刚出山的太阳——红光满面
刚出生的婴儿——没见过世面
刚出水的莲藕——鲜嫩
刚出水的虾子——活蹦乱跳
刚出土的幼芽——嫩得很；太嫩
刚出窝的燕子——叽叽喳喳
刚从水沟里钻出的泥鳅——黑不溜秋（比喻言行举止不大方）
刚逮住的鲤鱼——乱蹦乱跳
刚断了篙子（撑船用的竹竿）又得了桨——正合适
刚过门的媳妇——心里扑腾；见不得人
刚揭盖的蒸笼——热气腾腾
刚结婚的黄花女——羞羞答答
刚开瓶的啤酒——圆圆满满；有股子冲劲
刚开坛的老白干——有股子冲劲
刚来报到就要跳槽——这山望着那山高
刚离虎口又入狼窝——躲了一灾又一灾
刚理发的碰上络腮胡——难题（剃）（比喻不容易做的事情）
刚落地的娃娃——从头到脚都是新

刚落地的雨水——浑浊不清
刚买来的马——难合群；不合群
刚上套的牲口——不识号
刚上蒸笼的馒头——面生
刚生的娃娃——毛腥气
刚下轿的媳妇——满面春风；春风满面
刚下轿的新媳妇——不好看也爱看
刚摘的黄瓜——一时鲜
刚摘下来的水果——新鲜得很
缸边上走马——担险
缸钵里的泥鳅——团团转
缸里的金鱼——没见过风浪
缸里点灯——照里不照外；里头亮（比喻外表不怎么样，但里头好）
缸里端起葫芦瓢——泼冷水
缸里盛酒——不在乎（壶）
缸里掷骰子——没跑；跑不了
缸里捉王八——没跑；跑不了
钢板上打铆钉——毫不动摇；一是一，二是二
钢板上钉钉——硬碰硬
钢板上钉铆钉——丁（钉）是丁（钉），卯（铆）是卯（铆）
钢厂的产品——全是硬货
钢刀落肚——割心肠
钢刀斩乌龟壳——硬砍
钢钉淬火——钻劲大；有股钻劲
钢筋加混凝土——结实得很
钢筋水泥盖鸡窝——一劳永逸
钢钎打炮眼——直来直去
钢钎打石头——硬碰硬；硬钻
钢钎凿到石头——一锤一个眼
钢枪换炮——越来越好
钢刷刷锅——硬碰硬
钢水倒进模子里——定了型；定型了
钢丝穿豆腐——没法提；提不得；别提了
钢丝绳穿针——难通过；通不过
钢条做钉子——宁折不弯
钢头戴铁帽——双保险
钢针大头针——各有用处
钢针屁股上的眼——只认衣衫不认人

gao

高大的乔木——腰杆硬
高大的竹子——节外生枝
高飞的鸟儿遇老鹰——凶多吉少
高个子进窑洞——不得不低头
高个子装矮个子——低声下气
高个子走到屋檐下——不得不低头
高级合金刀——无坚不摧
高级毛料作抹布——糟蹋材料
高价买来低价卖——尽做亏本事（比喻总有亏损）
高举拳头轻轻放——手下留情
高空中演杂技——众人仰望
高力士进宫——熟门熟路
高粱秆儿拴骡子——拉倒
高粱秆架房檐——不顶事儿
高粱秆上点火——顺杆儿往上爬
高粱秆做鞭杆——经不起摔打
高粱秆做磨棍——有劲使不上

高粱秆做梯子——上不去

高粱地里放鸟枪——打发兔子起了身

高粱地里撵鸭子——不见机（鸡）

高粱地里套绿豆——高低不平；有高有低

高粱地里栽葱——矮了半截子；矮了一大截

高粱地里种玉米——秋后见高低

高粱秆上挂个破气球——垂头丧气

高粱秆打狼——两担怕；两面怕

高粱秆当柱子——撑（称）不起；难撑

高粱秆上结茄子——天下奇闻；弥天大谎

高粱秆推磨子——玩不转

高粱秆子剥皮——光棍一条

高粱秆子做檩条——不是这块料

高粱秆做眼镜——空架子

高粱米塌饭锅——闷（焖）起来了

高粱撒在麦子地——杂种；秋后见高低

高楼里的电梯——能上能下

高楼平地起——日新月异

高俅当太尉——一步登天

高山顶上搭台子——高高在上

高山顶上放风筝——起点高

高山放鞭炮——四方闻名（鸣）

高山放大炮——惊天动地；名（鸣）声高

高山滚石头——永不回头；大翻身；有去无回

高山毛栗子——浑身是刺

高山上吹喇叭——名（鸣）声远扬；远近闻名（鸣）

高山上打鼓——远闻

高山上打铜锣——四方闻名（鸣）；名（鸣）声高

高山上倒马桶——臭气熏天

高山上的草——根子深

高山上的青松——根子硬；经得起狂风暴雨

高山上的松柏——四季常青；久经风雨

高山上的雪莲——一尘不染；不可多得

高山上挂红灯——有名（明）望

高山上滚马桶——臭气远扬（比喻臭名远扬）

高山上摔茶壶——光剩嘴

高山种辣椒——红到顶了
高山响鼓——事出有因(音)
高射炮打苍蝇——本大利小；小题大做
高射炮打老鹰——得不偿失
高射炮打坦克——水平太低
高射炮的瞄准器——尽往上瞧；向上看
高射炮的眼睛——向上看
高射炮手——见机行事
高速公路——通行无阻；畅通无阻
高台上表演——众人仰望
高兴得四脚趴地——得意忘形
高压电线——摸不得
高崖上搭长梯——太悬乎
高烟囱冒烟——热火朝天
高音喇叭掉井里——哇啦不上来了
高音喇叭上山头——名(鸣)声远扬；远近闻名(鸣)
高字边上加一手——你想搞啥
膏药贴在背上——揭不得
稿纸上写字——框框多；尽是框框
稿子写到边——不够格

ge

戈壁滩上的黄沙——无穷无尽
戈壁滩上的泉水——格外珍贵
戈壁滩上放牧——要水没水，要草没草
戈壁滩上盖大厦——底子差；基础差；底子不行
戈壁滩上开车——没辙
戈壁滩上找泉水——困难；难极了
圪针上擦鼻涕——下不了手
圪针(某些植物枝梗上的刺儿)笼里逮蚂蚱——难下手；无法下手
疙瘩饼子送闺女——实心实意
疙瘩汤里煮皮球——糊涂蛋
疙瘩嘴报信——巴巴结结
哥哥的岳母，嫂嫂的娘亲——废话；说话爱绕弯子
哥俩并坐——亲密无间
哥俩打冤家——自家人整自家人
哥俩分家——各人顾各人；自食其力
哥俩上天平——比重
哥俩坐班房——难兄难弟
哥们的脑袋——凶手(兄首)
哥们瞪眼——凶(兄)相毕露
胳膊当枕头——自己靠自己；自靠自
胳膊扭大腿——拧不过
胳膊弯里打凉扇——两袖清风
胳膊往外拐——吃里爬(扒)外；替别人出力
胳膊窝里夹皮球——气胀人
胳膊窝下过日子——憋气；憋得难受
胳膊肘长杈——横生枝节
胳膊肘朝里拐——好处自己揣；只顾自己
胳膊肘——朝里弯；往里拐
胳膊肘里钉铁掌——离题(蹄)太远；不贴题(蹄)
胳膊肘上戴镯子——大大地露他一手
胳肢窝插鸡毛——假充外国鸟
胳肢窝里放屁——没影的事
胳肢窝里夹耗子——冒充打猎人

胳肢窝里生疮——阴毒
胳肢窝下过日子——太窄
鸽子带风铃——虚张声势
鸽子尾巴带竹哨——想（响）得高
割草打兔子——顺手捎带的事
割草的捡到大南瓜——捞外快
割草拾柴火——顺便
割倒了的茅草——一大片
割韭菜，剥黄麻——一码是一码
割韭菜不用镰刀——胡扯
割了猫尾巴拌猫食——自己吃自己
割了脑袋还走十里路——人死心没死
割了芝麻打跟头——碰到茬子上了
割麦刮大风——一团糟
割屁股补脸蛋——死要面子活受罪；不害臊
割肉补疮——光顾眼前；只顾眼前
割下鼻子换面吃——不要脸
搁浅的船——进退两难
歌手害嗓子——音不正；没正音
隔岸观火——幸灾乐祸；袖手旁观
隔辈的仇家结姻缘——不记前怨
隔壁包的饺子——谁知是什么馅儿
隔壁美妇人——爱不得
隔布袋买猪——蒙着交易
隔长江抛媚眼——无人理会
隔河赶牛——鞭长莫及
隔河送秋波——没人领情
隔河想握手——差得太远
隔河走路——清清楚楚
隔河作揖——承情不过

隔黄河赶车——鞭长莫及
隔黄河送秋波——没人领情；不领情
隔口袋买猫儿——打估
隔口袋买猪——两不知
隔裤子捉虱子——大约捉摸
隔了夜的火笼——外面温温热热，里头全是火
隔门缝吹喇叭——名（鸣）声在外
隔门缝儿看吕洞宾——小看大仙了；看扁了活神仙
隔年的苍蝇——老不死
隔年的臭虫——瘪了
隔年的春联——没用处；无用；没得用
隔年的挂历——尽废话（画）；废话（画）
隔年的黄豆——不进油盐；油盐不进
隔年的鸡子儿（鸡蛋）——坏蛋
隔年的酒——有喝头
隔年的腊肉——干巴巴；有言（盐）在先
隔年的蚊子——老吃客
隔年的小树长成材——添枝加叶
隔皮靴抓痒——白费工夫；白费劲；枉费工
隔墙点灯——谁也不沾谁的光；沾不着光
隔墙丢簸箕——反正我不知道；不知仰着还是扣着
隔墙丢西瓜——给别人解渴
隔墙果子分外甜——人家的好
隔山吹喇叭——对不上号

隔山打鸟——见者有份
隔山打隧道——里应外合
隔山的石头砸脑袋——飞来的横祸
隔山放羊——一辈子不见畜牲面
隔山攻道——各有其法
隔山估大猪——何凭何据；无根无据
隔山看见蚊虫飞——好眼力；眼力好
隔山买老羊——说不上是红是黑
隔山摘李子——相差太远（比喻够不着，或比喻达不到要求）
隔宿猪头——冷脸
隔外套搔痒——不过瘾
隔靴搔痒——抓不到实处；不解决问题；麻木不仁；
隔夜的饭菜——不新鲜
隔夜的剩饭——捏不拢；要不得
隔夜的鱼眼——红得发紫
隔夜的猪下水（可食用的牲畜内脏）——有气儿
隔着玻璃看王八——清清楚楚；一清二楚
隔着玻璃看戏——一眼看穿
隔着玻璃亲嘴——挨不上；意思意思；虚情假意
隔着窗户咬耳朵——偏听偏信
隔着锅台上炕——非迈一大步不可
隔着河摆手——承情不过
隔着井跳河——舍近求远
隔着马夹的外套——不贴心
隔着门缝看戏——见的没有听的多
隔着门缝瞧王八——原（圆）形毕露
隔着筛子看人——把人看零碎了
隔着山头赶羊——鞭长莫及
隔着山头亲嘴——差得远；差远了
隔着围墙摘花——手伸得太长
各人自扫门前雪，休管他人瓦上霜——个人顾个人

gei

给白人戴黑帽子——诬赖好人
给刺儿头理发——难题（剃）
给大老爷舔痔疮——过分巴结
给个棒槌当针使——傻干
给好眼睛点药水——没病找病
给叫花子逗乐——拿穷人开心
给老虎引路——帮凶
给了九寸想一尺——得寸进尺
给聋子吹笛——白费工夫；不入耳
给漏底灯盏加油——永不满足
给石狮子灌米汤——滴水不进
给死猪抓痒痒——蠢人蠢事
给偷鱼的敲锣——落贼
给鸭子填红苕——硬是气死人

gen

跟狗交朋友——离了吃喝不行
跟和尚借梳子——强人所难；找错了人
跟狐狸结亲——自取其祸；惹祸上身
跟诸葛亮学的本事——能掐会算
跟着大鱼上串——挂住了花鲤
跟着猴子会钻圈——学坏了
跟着脚窝找毛病——俯首皆是

跟着骡子数蹄印——步步不缺
跟着汽车拾粪——白跑
跟着师娘（巫婆）跳假神——学着骗人
跟着秃子走路——沾光
跟着英雄学好样——跟着啥人学啥人

geng

更夫打瞌睡——白吃干饭
耕地里背口袋——有种
耕地里甩鞭子——吹（催）牛
耕牛吃庄稼——不分彼此
耕田的老牛——被人牵着鼻子走

gong

工地上打夯——靠猛劲
弓起腰杆子淋大雨——背时（湿）
公安局门口打警察——没事找事
公共汽车过站头——一靠就走
公鸡不下蛋——理所当然
公鸡长牙咬狐狸——成精作怪
公鸡吃了黄连籽儿——苦也不敢提（啼）
公鸡吃蜈蚣——一物降一物
公鸡打架——看谁的嘴巴厉害；头对头（①比喻敌对的两方面。②比喻针锋相对。③比喻对手相当）
公鸡打鸣——不简单（见蛋）
公鸡戴草帽——官上加官（冠上加冠）
公鸡飞上屋脊——到顶了；唱高调
公鸡割嗓子——别提（啼）了
公鸡给豺狼拜年——凶多吉少
公鸡害嗓子——提（啼）不得；名（鸣）声不好
公鸡翘尾巴——叫死（时）
公鸡生蛋马生角——痴心妄想；妄想
公鸡耷冠子——神气活现
公鸡头上插鹅毛——一语（羽）双关（冠）
公鸡头上刷糨子——昏官（混冠）儿
公鸡头上一块肉——大小是个冠（官）（比喻虽然职位不高，但总还是个头头）
公鸡尾巴——翘得老高
公堂里造反——无法无天
公羊下羔——没指望
公要抄手（馄饨）婆要面——左右为难
公要馄饨婆要面——众口难调
公园里的长颈鹿——就你脖子长
公园里的猴子——众人共赏
公园里的游客——三五成群
公园里开碰碰车——难免相撞
公园里看灯展——走着瞧
公子娶小姐——两相配
宫女患病——相思症
宫廷的宝贝——与我何益；与我何干
共吃水果拣大个——爱占便宜
共工（古代神话人物）造反——天昏地暗

gou

沟边大树——见湿（识）多（比喻接触的事物多，见闻广）
狗鼻子插葱——装相（象）
狗不吃屎，狼不吃肉——假装；装假
狗不咬刺猬——教训过来的

狗长犄角——装什么洋（羊）相；出洋（羊）相
狗扯连环——谁看不出
狗吃不了日头——时间长着哩
狗吃豆腐——拣软的下嘴
狗吃豆腐脑——闲（衔）不住
狗吃高粱——巴（扒）结（节）
狗吃芥末（调味品，味辣）——干瞪眼；白瞪眼
狗吃麻花——干脆；干干脆脆
狗吃麦麸子——不见面；难见面
狗吃泥娃娃——没有人味；没人味
狗吃牛屎——只图多；贪欲太大
狗吃青草——长着一副驴心肠；装佯（羊）
狗吃热肉——又爱又怕
狗吃石灰——一张白嘴
狗啃骨头——津津有味
狗舐锅台——溜沟子
狗舐碾子——软磨硬
狗死狗蚤死——同归于尽
狗蹄子打马掌——不对号；对不上号
狗舔锅底——触一鼻子灰；碰一鼻子灰
狗舔空沙罐——乏味；淡而无味
狗舔猫鼻子——居心不良
狗舔磨盘——干赚（转）
狗尾巴做弦——不值一谈（弹）
狗熊掉陷阱——有去无回；有力无处使
狗咬日头——狂妄（汪）

gu

姑娘的心，天上的云——不好捉摸；难捉摸
姑娘的绣球——不能随便抛出去
姑娘嫁太监——死也不去（比喻宁死不从）
姑娘收拾的行李——有条不紊；井井有条
姑娘偷偷烧荷包——假装正经
姑娘绣荷包——专心致志
姑娘绣花——耐心；细针密线（比喻对工作或问题处理得细致周到）
古董店开张——毫无新意
古董店里逮老鼠——无法下手
古董店里的耗子——打不得；碰不得
古董店里的老板——眼里识货
古董店里的坛子——老古词（瓷）
古董店里的珍宝——越老越好

古董贩子——眼里识货
古董摊上的东西——尽卖高价
古坟里的字画——该表（裱）了
古坟里起烟——鬼火直冒
古老的马桶——嘴滑肚臭；口滑肚臭
古庙的旗杆——独一无二；老光棍
古庙里的大钟——名（鸣）声远扬；远近闻名（鸣）
古庙里的佛项珠——黯然失色
古庙里的石像——老实（石）人
古曲演奏——老调重弹
古人的字画——身价倍倍
古书堆里的蛀虫——吃老本；咬文嚼字
古玩店失火——非同小可
古篆碑额——难理会
古装戏的服装——尽是老一套
谷地里的高粱——冒尖儿（比喻非常突出，或露出苗头）
谷糠擦屁股——不利索
谷糠搓绳——搭不上手；难合股
谷糠榨油——难上加难
谷糠蒸窝头——捏不拢；难捏合
谷子稗子堆一垛——好坏不分；不分好坏
谷子地里长高粱——冒尖；出人头地
谷子地里长玉茭（玉米）——突出
骨头里熬油——难得；没多大指望
骨头炼油——难熬
骨头烧豆腐——软硬不均
骨头喂狗——投其所好
鼓槌打石榴——敲到点子上了
鼓槌敲到棉花胎上——没有回声
鼓捣财神爷的口袋——想发意外之财
鼓肚蛤蟆钻喇叭——忍气吞声
鼓乐分家——捧不着号
鼓乐齐鸣——吹吹打打；又吹又打
鼓楼上卖狗肉——架子不小；好大的架子
鼓囊囊的皮球——有气儿
鼓上安电扇——吹牛皮
鼓上蒙皮——两头照顾
鼓手出身——会敲
鼓着肚子充胖子——外强中干
鼓着肚子说话——气粗
故宫里的国宝——样样好
顾了洗锅，忘了烧火——忙得团团转；晕头转向
顾着媳妇得罪娘——不知怎么办好
雇贼看门——自讨苦吃；自找苦吃

gua

瓜地里的草人——装模作样；装样子
瓜地里提鞋带——自讨麻烦；惹人怀疑
瓜地里挑瓜——越看眼越花
瓜瓢里点灯——漂（瓢）亮
瓜熟蒂落——时机成熟
瓜藤绕到豆棚上——纠缠不清
瓜田不纳履，李下不正冠——避人嫌疑；避嫌
瓜田里拌跤——遭殃（秧）啦
瓜子待客——有仁有义
瓜子皮喂牲口——不是好料
瓜子请客——是点心意；破费不大
瓜子去了皮——心上人（仁）

瓜子虽小——是人（仁）心
刮大风吹牛角——两头受气
刮大风打伞——支撑不开
刮大风戴草帽——谁招呼谁
刮大风看看老鸹窝——用不着你担惊
刮大风撒蒺藜——连讽（风）带刺
刮风不下雨——干吹
刮风天挂旗子——随风摆；随风飘
寡妇坐花轿——不是第一回
挂历上的鸟雀——不会唱
挂历上的人——有口难言
挂起犁杖当钟敲——穷得丁当响
挂羊头卖狗肉——有名无实；弄虚作假扯的虚幌子
挂在壁上的团鱼——四脚无靠
挂着腊肉吃斋——难熬
挂着蚊帐点蚊香——多余

guai

拐（跛脚）女嫁瘸郎——谁也不嫌谁
拐杖吹火——一窍不通

guan

关大王卖豆腐——人硬货不硬
关灯打婆娘——暗里使劲；使暗劲
关灯摔跤——暗里使劲；使暗劲
关帝庙的门槛——千人踏，万人跨
关帝庙里找美髯公——保你不扑空
关帝庙求子——走错了门；找错了门
关东大侠——气概非凡
关二爷长像——面红脖子粗
关二爷当木匠——大刀阔斧
关二爷的胡子——然（髯）也
关夫子面前耍大刀——忘了师傅
关公脖子挂葫芦——脸红脖子粗
关公吃尺子——肚里有分寸
关公打喷嚏——自我吹嘘（须）
关公当木匠——大刀阔斧
关公的赤兔马——一日千里
关公的兄弟——也是个红脸汉
关公的眼睛——睁不开
关公斗李逵——大刀阔斧
关公赴会——单刀直入
关公过五关——没人敢拦
关公喝酒——不怕脸红
关公进曹营——单刀直入（比喻直截了当，不绕弯子）
关公开刀铺——货真价实
关公开凤眼——要杀人（比喻非常凶恶，或大发脾气）
关公亮相——大红脸
关公流鼻血——红上加红
关公舞大刀——拿手好戏
关节炎遇上连阴雨——老毛病又犯了；旧病复发
关进笼子里的狗熊——团团转
关进笼子里的猴子——抓耳挠腮
关进笼子里的鸡——没见过世面
关进笼子里的鸟——翅膀不硬
关老爷搽胭脂——红上加红
关老爷卖凉粉——人强货不硬
关老爷卖马——周仓不画押

关了水龙头，忘了关电灯——顾此失彼
关了闸的喇叭——一声不响
关门不上门闩——顶上了
关门踩高跷——总觉得自己高
关门唱山歌——自我欣赏
关门炒辣椒——够戗（够受的）
关门打财神——害了自己；穷极了
关门打狗——打个痛快；走投无路
关门打锣——名（鸣）声在外
关门打拳——里手
关门打瞎子——没跑；跑不了
关山坡卖麻布——鬼扯
关羽放曹操——思念旧情
关羽降曹操——身在曹营心在汉
关羽失荆州——骄兵必败
关云长不杀张文远——敌我不分
关云长刮骨疗疮——若无其事
关云长骑骆驼——大马阔刀
观景上泰山——回头见高低
观众评论演员——眼高手低
官兵并坐——不分上下；上下不分
官兵不分，高低不论——平起平坐
官仓里的大老鼠——肥吃肥喝
官工活——慢慢磨
官老爷出告示——百姓该死
官老爷当兵器——穷叨（刀）叨（刀）
官老爷的衙门——难进
官老爷上朝——按部就班
官老爷升堂——威风凛凛；前呼后拥
官老爷下轿——不（步）行
冠心病人跳楼梯——找死；寻死
冠亚军领奖——只差一阶
棺材摆在床上——大难临头；灾祸临头
棺材板雕柱——阴魂不散
棺材出了（指出殡后）才讨挽歌钱——晚了；迟了
棺材当马槽——用才（材）不当
棺材店的老板——恨人不死；想赚钱又不好说
管何仙姑叫舅妈——借点仙气
管家婆领赏——高升
管乐队演奏——各吹各的号
管水员开闸门——放任自流；任其自流
管中窥豹——略见一斑
罐里捉鳖——没跑的
罐里捉王八——没跑；跑不了；手到擒来
罐内几多米——自家知底细
罐头食品——吃得开
罐子里春海椒（辣椒）——一锤子买卖；一锤子交易
罐子里捣蒜——一锤子买卖
罐子里的豆芽儿——休想伸腰
罐子里的硫酸——摸不得
罐子里烧炭——有火没处发
罐子里掏虾米——抓瞎（虾）
罐子里养王八——出息不大；成心憋（鳖）人
罐子里栽花——活不久；活不长
罐子里煮牛头——不深入；深入不下去
罐子里装扁食（饺子）——饭桶

guang

光膀子出征——赤膊上阵
光膀子扛机枪——赤膊上阵
光膀子烤火——冷热结合
光膀子玩刀山——早晚有他的好看
光吃饺子不拜年——装傻
光打雷不下雨——虚张声势；只说不干
光刮风不下雨——干吹
光头上的虱子——明摆着
光棍搬家——省事
光脚的找赤脚的借鞋——谁也帮不上谁的忙
光脚丫穿拖鞋——没法提；别提了
光脚丫子走刺蓬——小心在意
光脚丫子走刀刃——惹祸上身
光脚丫走进蒺藜窝——进退两难
光叫的猫——捉不住老鼠（比喻没有真本领）
光筷子吃豌豆——滑头对滑头
光脑壳上落苍蝇——明摆着
光说不练——嘴上的戏；嘴上功夫
光头出家——两全其美
光头打伞——无发（法）无天
光头顶橄榄——不牢靠
光头和尚——不怕抓辫子
光头见和尚——彼此彼此
光头上打苍蝇——正大（打）光明
光头上的疮疤——明摆着的
光头上面长虱子——无地容身；无处藏身
光头上拍巴掌——正大（打）光明
光头上的虱子——明摆着的
光有鼓槌子——打不响
光着膀子打架——赤膊上阵
光着腚（臀部）跳舞——丑态百出
光着脚丫子走刀刃——惹祸上身；没事找事
广播喇叭断了线——想（响）不起来了
广东人唱京戏——南腔北调
广东人打的麻绳——难（南）说
广东人说北京话——南腔北调
广西省会的亲戚——贵（桂）客

gui

龟子请客——杂会（烩）
闺女出嫁不想娘——白疼一场
闺女回娘家——熟路；道熟
闺女上婆家——腼腼腆腆；又想又怕
闺女遇见妈——说不完的话；话语多
闺女做媒——不好开口
闺女做祖母——转弯真快
鬼不吃淡饭——谣（要）言（盐）
鬼子兵进村——来者不善
刽子手杀人——不眨眼
刽子手烧香——假慈悲；假慈善
贵妃唱歌——有声有色
贵妃醉酒——仪态万千
贵州的骡子学马叫——不像
贵州驴子学马叫——南腔北调
桂花树边盖厕所——香一阵，臭一阵；又是香又是臭
桂花种在厕所旁——香风臭气

跪在老虎面前喊恩人——善恶不分
跪着养猪——看在钱的份儿上

gun

滚石下山——一砸到底
滚水灌老鼠——一个也跑不掉
滚水锅里捞出的棉花——熟套子
滚水锅里捞活鱼——荒唐
滚水锅里洗澡——难进
滚水锅煮寿星——老熟人
滚水锅煮娃娃——熟人
滚水开锅——热气腾腾
滚水里捞盐——白费工夫
滚水里洗孩子——要命；熟人
滚水淋臭虫——又快又净
滚水泡茶——又浓又香
滚水泡米花——开心
滚水泼耗子——在劫难逃；有皮无毛
滚水泼老鼠——在劫难逃；一窝全拿
滚水泼蚂蚁——全窝儿都是死（比喻全部消灭）
滚水煮饺子——你不靠我，我不靠你
滚汤锅里的螺蛳——水深火热
滚油锅里捡金子——难下手；无法下手
滚油锅里添冷水——炸了；炸起来了
滚珠子脑壳——脑袋灵活得很
棍棒打死狗——不动窝儿
棍子蘸石灰——白打

guo

郭呆子帮忙——越帮越忙
郭雀儿登基——快乐一时
锅边上的小米——熬出来的
锅边上的油渣——练（炼）出来的
锅底的米饭——有骄（焦）气
锅底上戳窟窿——捅娄（漏）子
锅底笑话缸底黑——光看别人黑，不见自己黑
锅盖穿洞——出了气
锅盖上的米花子——熬出来的；受尽了熬煎
锅盖做风箱——受了热气受冷气
锅里不倒水——干烧
锅里不讨碗里讨——找错了对象
锅里的火药——容不得半点火星
锅里的鸡——难飞
锅里的螃蟹——横行不了几时
锅里的茄子——一个个都蔫了
锅里的瘦油条——受煎熬
锅里的鱼——别想跳了
锅里剖西瓜——滴水不漏；点滴不漏
锅里扔石头——砸啦
锅炉房里的灯笼——气昏了
锅炉里的水——沸腾起来
锅炉上的压力表——明摆着
锅炉上烧足气的压力表——直线上升
锅煤灰涂脸——抹黑
锅台上的蚂蚁——团团转
锅台上种地——没几分；不发芽
锅堂里的老鼠——灰溜溜
锅灶上天——气炸了；气崩了
锅中煮粥——同归糜（米）烂

锅子里炒石头——不进油盐
锅子里抓鱼——一条也溜不了
锅子里捉乌龟——伸手就得
国画馆里倒垃圾——尽废话(画);废话(画)
国际商船——外行(航)
裹脚布放风筝——臭名远扬
裹脚布挂在旗杆上——打的什么旗号
裹脚布围嘴——没上没下
裹脚布做阳伞——一步(布)登天
裹着脑袋上吊——撕(死)不开脸面
过道里掮(扛)椽子——直来直去
过冬的大葱——皮焦根枯心不死;叶烂皮干心不死
过冬的田螺遇春水——扬眉吐气
过冬的咸菜缸——泡着吧
过端午的龙头——光耍嘴
过坟场吹口哨——给自己壮胆
过河踩钢丝——太悬乎
过河拆桥——忘恩负义;不留后路
过河扯胡子——谦虚(牵须)过度(渡)
过河打摆渡的——好心没有好报
过河打船工——恩将仇报;以怨报德
过河的牛尾巴——拉不回来;拽不动
过河的卒子——横冲直撞;横行无阻;没退路
过河丢拐棍——忘本
过河没船——无法度(渡)
过河摸屁股——小心过度(渡)
过河碰上摆渡人——巧得很;得之不易;凑巧了
过河洗脚——一举两得
过河拽胡子——谦虚(牵须)
过河卒子做生意——一卖(迈)到底
过江遇渡船——凑巧了;赶得巧;正好
过街的老鼠——人人喊打
过了春的大白菜——不吃香了(比喻过时,不那么受欢迎了)
过了冬至种小麦——赶不上节气
过了黄梅天买蓑衣——晚了;不识时务
过了火的猪脑壳——焦头烂额
过了惊蛰的蛇——又爬出洞了
过了年的桃符——没用处;没得用
过了筛子的黄豆——没大没小
过了元旦看挂历——日子长着呢
过了这个村,没有这个店——机不可失
过路客喂马——做事不当事
过路人打狗——边打边走
过路人吊丧——死人肚里明白
过年吃豆渣——穷极了
过年吃团圆饭——济济一堂
过年的猪——活不久;早晚得杀
过年借礼帽——不识时务
过年敲锅盖——穷得叮当响
过年娶媳妇儿——双喜临门
过期的车票——失效了
过期的机票——废纸一张
过期的药丸——失效了
过午的牵牛花——全败了
过云行雨——难长久;一阵子

H

ha

蛤蟆被牛踏——浑身是伤；没死落得一身病

蛤蟆蹦到脚面上——高升了；吓人一跳

蛤蟆剥皮——死不瞑目

蛤蟆不长毛——天生这路种

蛤蟆不咬癞肚——都是一类货

蛤蟆吃花骨朵——心里美

蛤蟆吃蝼蛄——不见得准死

蛤蟆吃骰子（色子。一种游戏用具或赌具）——满肚子点子

蛤蟆吃萤火虫——心里亮；肚里明

蛤蟆充田鸡——差得远

蛤蟆打哈欠——口气大

蛤蟆打喷嚏——好大的口气

蛤蟆打伞——怪呀

蛤蟆带笼头——好大的脸皮

蛤蟆戴帽子——充矮胖子

蛤蟆的眼睛——突出

蛤蟆的嘴——唱不出好歌

蛤蟆垫板凳——死撑活挨

蛤蟆垫桌腿——鼓着肚子干；拼命呢

蛤蟆掉进滚水锅——死路一条

蛤蟆掉进井里——坐井观天

蛤蟆跌到醋缸里——忍气吞声（酸）

蛤蟆跳到蟒嘴里——送上门的肉

蛤蟆跳到热锅上——欢乐一时是一时（死）

蛤蟆跳进秤盘里——不知自己有几两肉

蛤蟆跳井——不懂（扑通）

蛤蟆追兔子——差得远；差远了

蛤蟆钻窟窿——眼光短，办法笨

蛤蟆嘴底下落苍蝇——白送一口肉；送来的口食

蛤蟆坐轿子——不识抬举

哈巴狗吃牛屎——也没估个准

哈巴狗带串铃——充什么大牲口（比喻小人物装作大人物的样子）

哈巴狗逮老鼠——像猫没猫的本事

哈巴狗戴串铃——混充大牲口；快活了狗腿子

哈巴狗掉进茅坑（厕所里的粪坑）里——饱餐一顿

哈巴狗抖尾巴——唬（虎）起来了

哈巴狗蹲墙头——装坐地土豪

哈巴狗过高门槛——又蹲屁股又伤脸

哈巴狗过门槛儿——又抢鼻子又抢脸儿

哈巴狗见主人——摇尾乞怜；俯首帖耳

哈巴狗叫猫——错当一家人了

哈巴狗看门——忠实走狗

哈巴狗没了眼珠——瞎神气
哈巴狗撵兔——要跑没跑，要咬没咬
哈巴狗上轿——不识抬举；谁抬你呀
哈巴狗上墙头——紧抓挠
哈巴狗卧到粪堆里——强装大狗
哈巴狗掀门帘——突出一张嘴
哈巴狗学大狗——装腔作势
哈巴狗摇尾巴——献殷勤
哈巴狗要骑骆驼——巴结不上
哈巴狗捉老鼠——没有猫的本事
哈巴狗钻炕洞——娇（焦）毛
哈巴狗坐门墩——硬充当家人儿
哈哈镜放在大街上——有意惹人见笑
哈哈镜看东西——全都走了样
哈哈镜照脸——变了形
哈哈镜——走了样

hai

孩儿的脊梁——小人之辈（背）
孩儿脸——说变就变；变化无常
孩儿他妈拿尺子——凄（妻）凉（量）
孩子病死不买药——省的不是地方
孩子不哭娘不哄——没有预见
孩子讲悄悄话——由他说去
孩子考妈妈——小题大做
孩子离了娘——无依无靠
孩子没有娘——说来话长
孩子撒娇——喊多哭少
海豹的眼睛——又明又亮
海豹子上山——办不到；没法办
海边的大雁——见过风浪
海边的鹭鸶——身高尾巴黑
海边捞虾——看潮流
海滨的潮汐——一浪高一浪；后浪推前浪
海底长海带——根子深
海底打捞绣花针——难办
海底打拳——功夫深；有劲使不上
海底的坑洼——摸不透
海底的鱼——不好打
海底动物——不见天日
海底捞月——望空扑影；白费劲（比喻白费力气，达不到目的）
海底捞针——往哪儿找去（比喻极难寻找，或不容易办到）
海底谋杀——害人不浅
海底栽葱——根底深；根子深
海风阵阵——一波未平，一波又起
海关大钟——到时候就报
海河豚穿线——软硬使不出劲来
海椒（辣椒）命——老来红
海椒命，姜桂性——越老越辣
海军的衬衫——道道多
海里的浪花——不用吹；不是吹的
海龙王的喽啰——虾兵蟹将
海龙王发火——六亲不认
海龙王发脾气——掀风鼓浪；兴风作浪
海龙王翻身——兴风作浪
海绵里的水——挤出来的；不挤不出
海面上刮风——波澜起伏
海面上起风——不平静
海瑞的棺材——抬来抬去

海瑞见皇帝——拼着一死
海上的灯塔——指引航向
海上的孤舟——无依无靠
海上翻波浪——此起彼落；此起彼伏
海上泛舟——漫无边际
海上观测——往远处看
海上聊天——漫无边际
海上行船——见风使舵
海石秃上的螃蟹——明爬着（比喻明摆在那儿，很容易看清楚）
海市蜃楼，天涯彩虹——虚的虚，空的空
海水煮黄连——苦上加苦
海滩上的沙子——有的是；多的是
海滩上开店——外行
海滩上寻贝壳——有的是；白捡
海外的和尚——洋参（僧）
海象打架——光使嘴
海蜇皮送酒——干脆；干干脆脆
海蜇皮做帽子——装滑头
海子里的虾米——翻不起大浪
害喘病爬高山——喘不上气；上气不接下气
害脚气长秃疮——两头落一头
害了伤寒病——忽冷忽热
害亲人挖祖坟——无恶不作
害啥病吃啥药——对症下药

han

憨鸡仔啄白米——一颗颗进肚
含冰糖说好话——甜言蜜语
含糖睡觉——梦里甜
含着骨头露着肉——吞吞吐吐
寒潮消息——冷言冷语
寒冬的电扇——令人生畏
寒冬喝冰水——点滴记（激）在心；透心凉
寒冬腊月摆龙门阵——冷言冷语
寒冬腊月吃冰水——点点入心
寒冬腊月戴手套——保守（手）
寒冬腊月的马蜂窝——空空洞洞；空洞
寒冬腊月喝冰水——肚里有火；心都凉了
寒冬腊月捞红鱼——不是时辰
寒冬腊月送扇子——不分时候
寒号鸟儿——好吃懒做
寒号鸟过日子——过一天算一天
寒号鸟晒太阳——得过且过
寒流来了吹暖气——冷嘲（潮）热讽（风）
寒暑表里的水银柱——能上能下
寒天吃冰棍——心里有火
寒天换毛的鹧鸪——没几天蹦头；蹦跶不了几天
韩湘子出家——一去永不回；一去不复返
韩湘子吹笛——不同凡响
韩湘子的花篮——要啥有啥
韩湘子拉着铁拐李——一个吹，一个捧；你吹我捧
韩信背水之战——以弱胜强
韩信打仗——用兵如神

韩信打赵国——背水一战
韩信点兵——多多益善；越多越好
韩信伐楚——明修栈道，暗度陈仓
汉高祖斩白蛇——一刀两断
汉笼头的马——揪扯不住
汉人官——没领（翎）儿
旱魃（传说能引起旱灾的怪物）拜夜叉——尽见鬼
旱地拔葱——费劲
旱地的葱过道的风，蝎子尾巴财主的心——又毒又辣又刺人
旱地的蛤蟆——干鼓肚没办法
旱地的南瓜——越老越红
旱地的泥鳅——钻得深
旱地的蚯蚓——钻不透
旱地的倭瓜（南瓜）——越老越红
旱地的乌龟——无处藏身
旱地的鱼虾——活不长；活不下去（比喻生活苦，不好活下去）
旱地里的蛤蜊——不张嘴儿；不好开口
旱地里的蛤蟆——干鼓肚；横行不了几天
旱地里的螃蟹——横行不了几天
旱苗得甘霖——及时雨
旱天的井——水平太低
旱天的庄稼苗——死不死，活不活；要死不活；不死不活
旱天逢甘霖——正适时
旱天刮西北风——干吹
旱鸭想吃水螺——尽想好事；想得倒美
旱鸭子不下水——练腿劲
旱鸭子过河——不知深浅（比喻情况不明，心里没底。今有没把握的意思）
旱鸭子上架——办不到
旱烟袋打狗——坏了杆了
旱烟袋当枪使——派错了用场
旱烟袋——一头热；一头冷来一头热
焊枪的喷嘴——一点就着；点火就着
焊洋铁壶的出身——没有那把刷子

hang

航船上的耗子——混充带毛的货
航船上的马桶——明摆着
航船遇沙滩——搁浅

航空兵操纵——随机应变
航天飞机出发——远走高飞

hao

豪猪拱洞——吃里爬外
好袄做成破马褂——穷折腾
好柴烧烂灶——塞错了门道
好斗的公鸡——好了不起；肥不了
好斗的山羊——顶顶撞撞；又顶又撞
好斗的小公鸡——神气十足
好儿无好媳——难得两全；美中不足
好官断案——不讲理
好汉挨木棒——痛死不开腔
好汉不吃眼前亏——识时务
好汉扛大个儿（指笨重的东西）——正在劲头上
好汉上梁山——逼出来的（比喻形势所迫，不得不那样做）
好汉造反——逼上梁山
好花插在牛粪上——不合身份；真可惜
好花离了土——活不成
好花离了枝——蔫（植物因失去水分而枯萎）了
好叫的麻雀——没有二两肉
好经念给聋施主听——白费唾沫
好了病打大夫——忘恩负义
好马挨鞭打——忍辱负重
好马不吃回头草——倔犟
好马遭鞭打——忍辱负重
好女嫁歹汉，驴子吃牡丹——搭配不当
好人堆里挑坏人——不多
好人喊冤——不平则鸣
好人坐班房（监狱或拘留所）——不白之冤
好肉上贴橡皮膏——自讨麻烦；自找麻烦
好心当成驴肝肺——不识好歹
好心遭雷打——冤枉；太冤枉
好心走一遭，回头被狗咬——恩将仇报；以怨报德
号手出身——会吹
号嘴上塞棉花——没法吹
耗干了油的灯盏——奄奄一息（熄）
耗子搬家——穷捣腾；穷折腾；调动（洞）
耗子钻米柜——刻（嗑）不容缓
耗子钻牛角——不死脱层壳
耗子钻象鼻——大的没有小的能；小能降大
耗子钻油壶——有进无出
耗子钻灶火——不死也要脱层皮
耗子坐大堂——署（鼠）官

he

喝饱了黄连水——满肚子苦水
喝茶拿筷子——摆设
喝海水长大的——见过风浪
喝海水说大话——没边没沿
喝江水，说海话——没边没沿；无边无沿
喝酒不吃菜——各人心里爱
喝西北风堵嗓子——倒霉透了；真倒霉

喝血的蚊子——全凭嘴伤人
禾草里头藏龙身——农家出英才
合唱团里的哑巴——凑数
和国王下棋——只能输不能赢
和卖炭的亲嘴——黑白不分；混淆黑白
和尚别发卡——调（挑）皮
和尚出山——走下坡路
和尚打架——抓不住辫子
和尚住岩洞——没事（寺）
和孙猴子比翻跟斗——差着十万八千里
和稀泥，抹光墙——和事佬
和影子交朋友——孤单得很
河岸上看赛龙船——有劲使不上
河边垂钓——等鱼上钩
河边垂杨柳——这人折了那人攀
河边放崖炮——无地容身；无处藏身
河边开豆腐店——汤里来，水里去；水里来，汤里去
河边上撑篙——一竿子插到底
河边上逮螃蟹——有一个捉一个
河边拾蛤蜊——尽捞
河边洗黄连——何（河）苦
河伯娶妻——坑害民女
河里长菜——不焦（浇）
河里打墙——把鳖的路挡了
河里逮王八——作（捉）弊（鳖）
河里的鹅卵石——光溜溜；越滚越滑
河里的凉水——不值钱
河里的木偶——随大流
河里的泥鳅——老奸巨猾
河面上的油花——水上漂
河滩的沙子——有的是；多的是
河滩的石头滚上坡——无奇不有；天下奇闻
河滩里盖房子——不牢靠
河滩上撑船——一竿子到底
河滩上的鹅卵石——有的是；圆滑
河滩上的沙子——不入眼；有粗有细；数也数不清
河滩上的石头——没角没棱
河豚（卵巢、血液和肝脏有剧毒的鱼）撞船——一肚子气
河豚浮在水面上——气鼓气胀；气鼓鼓
河心的船——明摆着
荷叶做雨伞——遮盖不住；难遮盖
鹤的尾巴——不长
鹤立鸡群——才貌出众；高出一等

hei

黑板上写字——抹掉了重来
黑板上写字——一抹就掉；擦了再来
黑布蒙窗户——不透光
黑灯笼里点蜡烛——有火发不出；有火没处发
黑灯瞎火跳舞——暗中作乐
黑地里打躬（作揖）——各尽其心；没人领情；
黑地里张弓——暗藏杀机
黑洞里裹脚——瞎缠
黑蜂子扑火——有去无回
黑狗趴在山洞里——装狗熊
黑狗跳墙——无法而已

黑狗偷油打白狗——错了；搞错了
黑泥鳅钻进金鱼缸——谁跟你比美
黑漆灯笼——心里亮；肚里明；糊涂不明
黑天过河——不知深浅
黑天捉老鼠——找不着窟窿
黑天做投机生意——看不见的勾当
黑屋里打算盘——暗算；暗中盘算
黑屋里找东西——没处寻；难寻
黑屋里做活——瞎干
黑瞎子（狗熊）按键盘——乱弹琴
黑瞎子掰（用手把东西分开或折断）苞谷（玉米）——掰一个，丢一个；白忙活
黑瞎子办案——熊差
黑瞎子抱报纸——假充识字的
黑瞎子剥皮——说不清是人是兽
黑瞎子吃蜂蜜——没鼻子没脸；大把抹
黑瞎子吃梨——满不在乎（核）
黑旋风的本名——理亏（李逵）
黑旋风李逵——有勇无谋
黑夜的萤火虫儿——亮晶晶
黑夜里开火车——前途光明
黑夜里抡大斧——瞎砍一通
黑夜里追人——无影无踪
黑夜里走路——没影子
黑夜摸黄鳝——没得救
黑夜走山路——没影子
黑纸糊灯笼——不明不白
黑纸写白字——黑白分明

hen

狠心后娘打孩子——暗里下手
恨虱子烧棉袄——得不偿失；不值得（比喻某件事不必要，没有意义，或没有价值）

heng

哼哈二将斗法——喷云吐雾
哼哈二将——样子凶
横匾压塌龙王庙——好大的牌子
横扛竹子——进不得城
横过马路——左顾右盼
横过铁路——越轨行为
横扛竹竿进宅——不入门
横垄地里撵瘸子——一步跟不上，步步跟不上
横着扁担走路——霸道
横着竹竿进城——行不通；走不通
横着竹竿进门——转不过弯来

hong

哄瞎子过河——千万莫为
哄着孩子买月亮——全是假的
烘炉烤大饼——翻来覆去老一套
烘炉里的王八——干瘪（鳖）
红白喜事一起办——哭笑不得
红绸子包山楂——里外红
红孩儿吃海参——头一回；头一遭
红花女做媒——自身难保（比喻自己保不住自己）

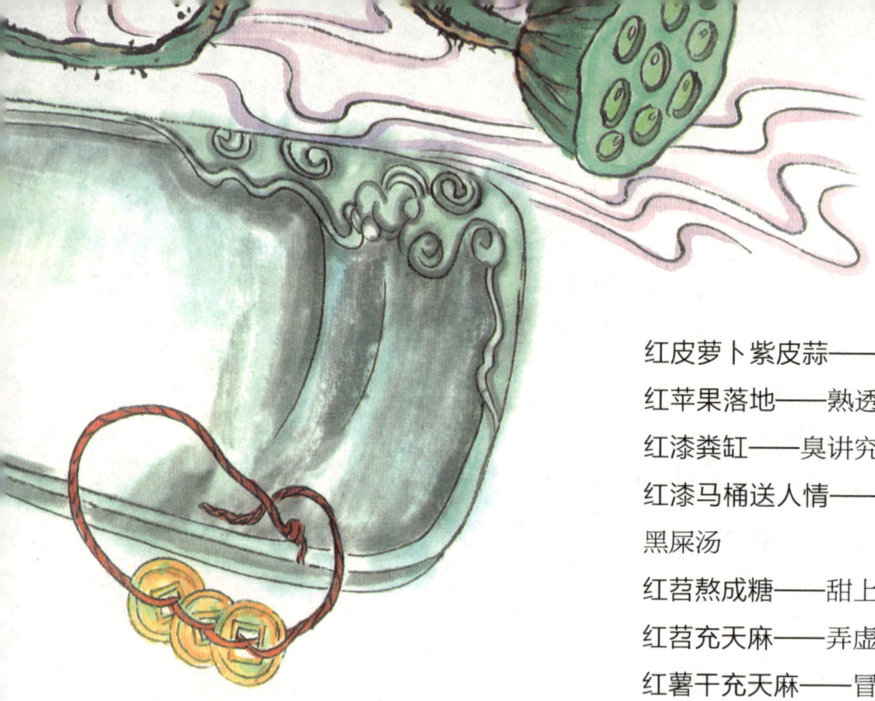

红皮萝卜紫皮蒜——最辣
红苹果落地——熟透了
红漆粪缸——臭讲究
红漆马桶送人情——外面红光光，里面黑屎汤
红苕熬成糖——甜上加甜；甜透了
红苕充天麻——弄虚作假；以假乱真
红薯干充天麻——冒牌货
红薯窖里打拳——施展不开
红薯烤成炭——过火
红头火柴——一擦就着
红头绳穿铜钱——心连心
红线穿灯草——心连心
红眼睛绿眉毛——认不得人
红眼老鼠出油盆——吃里爬外
红药水抹疖子——治表不治里
红枣炖冰糖——甜上加甜；甜透了
红纸包烂肉——越盖越臭
红纸裱灯笼——装面子
红着眼睛咬着牙——怀恨在心
洪炉的料，食堂的钟——不挨打就挨敲；该打
洪水淹了龙王庙——自家人不识自家人
洪泽湖的鱼鹰——老等
鸿门宴上的刘邦——危机四伏
鸿门宴上——杀机四伏
鸿雁传书——空来往

红花胸前戴——脸上光彩
红鸡毛的挑刺——找毛病来
红蓝铅笔——两头挨削（比喻两方面受责难）
红烙铁——沾不得
《红楼梦》里的贾府——大有大的难处
红萝卜菜放辣椒——把你没放在眼里
红萝卜雕花——中看不中吃；好看不好吃
红萝卜掉油篓——又奸（尖）又猾（滑）
红萝卜放辣椒——没把你放在眼里
红萝卜——红皮白心儿
红萝卜刻娃娃——红人
红毛兔子——老山货
红木当柴烧——不识货
红娘挨打——成全好事；为别人担不是
红娘拿到崔莺莺的信——心领神会
红娘牵线——成人之美
红娘行好反遭打——错在糊涂的老夫人

hou

侯门的小姐，王府的少爷——四体不勤，五谷不分
喉咙长刺口生疮——说不出好话来
喉咙灌铅——张口结舌
喉咙卡骨头——吞不下，吐不出；说话带刺
喉咙口使勺子——淘气
喉咙里插雷管——一谈（弹）就崩
喉咙里长疮——闷声不响；闷声闷气
喉咙里长疙瘩——赌（堵）气
喉咙里发痒——伸不得手
喉咙里灌铅——张口结舌
喉咙里塞胡椒——够戗（够受的）
喉咙里伸出手来——真馋；嘴太馋
喉咙里吞了萤火虫——嘴里不响，肚里明白
喉头上长疔疮——痛不可言
猴不上杆——想挨鞭子
猴吃苞米——净瞎掰
猴吃芥末——拉（辣）鼻儿
猴吃辣椒——抓耳挠腮
猴吃梅苏丸——闹心
猴弹棉花狗拉车——乱了套；乱套了
猴的脸——说变就变
猴腚上的虮——搁不久
猴儿吃芥末——翻白眼；傻了眼啦
猴儿吃了蒜——挠着屁股转磨磨
猴子翻跟头——轻巧；就那么几下子
猴子给老虎拜年——送货上门
猴子滚绣球——滚的滚，爬的爬；连滚带爬
猴子会爬树——不用你教
猴子驾辕——不听那一套；不吃这一套
猴子见水果——欢天喜地
猴子教书——坐不住
猴子扇扇子——想学人见识
猴子上圈套——任人摆弄；由人来玩耍
后半夜走路——步步光明
后半夜做美梦——好景不长
后背对着脊梁——一个向东，一个朝西
后悔药——没有卖的
后脑壳上的头发——一辈子难见面
后脑勺戴眼镜——朝后看
后脑勺挂镜子——照见别人，照不见自己；照人不照己
后脑勺挂笊篱——置之脑后
后脑勺拍巴掌——背后整人
后脑勺上长疮——自己看不见，以为别人也看不见
后娘打闺女——揪辫子
后娘打孩子——暗里使劲；早晚是一顿
后娘的拳头——毒极了；辣手
后娘坟上哭鼻子——假伤心
后台的锣鼓——见不得大场面
后台的演员——上不了场
后主降魏——不知羞耻
厚纸糊窗——不透风
候车室里的挂钟——群众观点

hu

呼延庆打擂——奉命来的
囫囵啃石榴——先苦后甜
囫囵吞扁食（饺子）——不知啥滋味
囫囵吞刺猬——扎心
囫囵吞人参——不知其味
囫囵（整个儿）吞枣——难消化；食而不知其味；独吞
囫囵吞芝麻——满肚子点子；一肚子点子
囫囵吞笋——成竹在胸
狐狸拜年——用心歹毒
狐狸奔鸡窝——熟路；道熟
狐狸吃刺猬——无从下口
狐狸出去老鼠来——一代不如一代
狐狸打不着——反惹一身臊
狐狸打哈欠——怪里怪气
狐狸打马蜂——不知道厉害；不知死活
狐狸大夫给鸡看病——绝没好心
狐狸戴草帽——不算人
狐狸戴礼帽——假装正经；人面兽心
狐狸当猴耍——不害臊；不知臊
狐狸的尾巴——藏不住；夹不住
狐狸洞里扛扁担——窝里横
狐狸放屁——臊气
狐狸给鸡拜年——不怀好意；阴险歹毒；口甜心苦
狐狸精拖尾巴——现原形
狐狸精问路——没有好道道儿
狐狸看吃刺猬——下不了口
狐狸看鸡——越看越稀
狐狸哭兔子——假慈悲；假慈善
狐狸念经——假充圣人
狐狸尿撒在麻袋上——骚（臊）货
狐狸骑在虎背上——狐假（驾）虎威
狐狸入虎穴——不知死活
狐狸说教——旨在偷机（鸡）
狐狸与老鸦拜了把子——祸害当遭
狐狸遇上地老鼠——没办法
狐狸遇上小口瓶——插不上嘴
狐狸摘葡萄——手还不够长
狐狸做梦——想着投机（偷鸡）
胡豆地里出油菜——杂种
胡蜂撞进了蜜蜂窝——不得安生
胡姑姑假姨姨——乱认亲
胡椒拌黄瓜——又辣又脆（比喻话语又厉害，又干脆）
胡椒浸在醋里——辛酸得很
胡萝卜摆供——趁早收家伙
胡萝卜搬家——挪挪窝
胡萝卜拌白菜心——新鲜一阵
胡萝卜打马——越来越少
胡萝卜打鸟——该断
胡萝卜戴草帽——红人儿
胡萝卜掉进腌菜坛——泡着吧
胡萝卜疙瘩——上不了台盘；上不了席
胡萝卜叫鹰——越叫越远
胡萝卜就酒——嘎嘣儿脆；干脆
胡萝卜就烧酒——图个干脆
胡萝卜刻的小孩儿——红人
胡萝卜晒太阳——干脆；干干脆脆

胡萝卜竖旗杆——上下全是黄
胡萝卜拴驴——跟着跑了（比喻随合了过去）
胡萝卜煮豆腐——红白不分
胡琴里藏知了——弦外有音
胡琴与琵琶合奏——谈（弹）到一块去了
胡琴上吊铜铃——弦外之音
胡桃果肉——要敲出来吃
胡同儿捉驴——两头堵
胡同里扛竹竿——直来直去
胡同里跑马——难回头
胡同里推大炮——直来直去；回头难
胡同里演戏——口上热闹
胡须上的饭——饱不了人
胡子长疮——毛病
胡子上的饭，牙缝里的肉——没多大一点；不大点
胡子上挂霜——一吹就没了
胡子上拴秤砣——拉下脸
胡子上天——虚（须）飘飘
胡子上贴膏药——毛病
胡子套索索——谦虚（牵须）
壶里没水——白捎（烧）了
壶里伸进烧火棍——胡（壶）搅
壶里煮蚌——不好开口
壶里煮粥——不好搅
湖边的垂柳——随风摆
湖底的鱼——打不起来
湖面上的九曲桥——弯弯多
湖南人唱京戏——南腔北调
湖心落石——圈套圈
猢狲穿衣裳——像个人似的
猢狲戴帽子——学做人
猢狲的屁股——坐不稳
猢狲画像——一副猴相
猢狲骑山羊——抖威风
猢狲入布袋——进了圈套
猢狲扫地——光顾眼前；只顾眼前
猢狲耍把戏——老一套
猢狲照镜子——里外不是人
猢狲种树——摇摇晃晃
葫芦不破瓢——十足的傻瓜
葫芦掉井里——上不着天，下不着地；不成（沉）
葫芦蜂的窝——心眼多
葫芦架子一齐倒——分不清，理不明
葫芦结黄瓜——变种
葫芦锯了把儿——没嘴儿
葫芦壳挂在颈上——自找麻烦
葫芦壳挂在房梁上——上不着天，下不着地
葫芦里看天——不知所以
葫芦里卖药——不知底细
葫芦里装糯米饭——装进容易倒出难
葫芦里装水——为（喂）的是嘴
葫芦里捉蛐蛐——没跑；跑不了
葫芦落塘——摇摇摆摆；吞吞吐吐
葫芦蔓缠上南瓜藤——难解难分
葫芦瓢捞饺子——滴水不漏；连汤带水
葫芦藤上结南瓜——不可能的事；无奇不有
葫芦藤上开红花——没见过的事

葫芦头爬屋脊——两边滚
葫芦秧套南瓜秧——拉扯不清；胡搅蛮缠
煳锅巴雕灯影儿（指皮影戏中的人物剪影，用兽皮或纸板做成。）——交（焦）人
糊了纸的玻璃窗——看不透
糊涂虫当会计——混账
糊涂虫做媒——坏两头；两头挨骂
糊涂官判案——是非不清
糊涂老板糊涂账——难算；算不清
糊涂老婆——乱当家
糊涂庙里糊涂神——糊涂到一块了
蝴蝶飞进了花园里——难舍难离
蝴蝶落在鲜花上——恋恋不舍；难舍难离
蝴蝶群舞——花花世界
蝴蝶专往野地飞——拈花惹草
虎伴羊睡——靠不住；不可靠
虎踞高山，龙入大海——各有用武之地
虎口拔牙——好大的胆子
虎口里探头——找死；寻死；送死；自己找死
虎入中堂——家破人亡
虎生猪猡——又笨又恶
虎头上捉虱——寻着送死；找死（比喻自找倒霉）
虎头铡下服刑——一刀两断
虎窝里跑出一只羊羔——虎口余生
虎嘴上拔毛——好大的胆子（比喻胆量大）
虎坐莲台——假慈悲；假充善人
护城河的王八——混年号

hua

花棒棒打锣——有声有色
花被盖鸡笼——外面好看里头空
花布斜扯——歪道道多
花长虫——道不少
花绸被面做抹布——大材小用
花绸上绣牡丹——锦上添花
花绸子盖鸟笼——外面好看里边空
花绸子做尿布——屈才（材）；屈了材料
花大姐逛公园——花花世界
花旦唱戏——有板有眼
花旦戴胡子——没有那一套；一出也没有
花旦念道白——句句好听
花朵遇到狂风——毁掉了
花岗岩的脑袋——死不开窍
花岗岩雕人像——心肠硬
花岗岩下油锅——扎实（炸石）
花岗岩做招牌——牌子硬
花工师傅的把式（技术）——移花接木
花公鸡的能耐——就会叫那么几声
花公鸡的尾巴——翘得高
花公鸡上舞台——谁跟你比漂亮；显你漂亮
花骨朵碰在屠刀上——心碎
花果山的猴王——无（悟）空；不服天朝管；称王称霸
花果山的猴子——与世无争；无法无天

花果山的美猴王——个儿小本领强

花果山的日子——猴年猴月

花果山来了孙悟空——增寿（兽）

花和尚穿针鼻——大眼瞪小眼

花花轿子——不抬人

花花枕头装秕糠——外面好看里面空

花鲫鱼的拳头——刽（鳜）子手

花架下养鸡鸭——煞风景

花匠捧仙人球——扎手

花椒炒生姜——又麻又辣

花椒掉进大米里——麻烦（饭）了

花椒木雕孙猴——麻木不仁（人）

花椒树——浑身是刺

花椒树下种苞谷（玉米）——又麻又瞎

花椒水洗脸——麻痹（皮）

花椒水洗脑袋——头皮发麻

花椒煮猪头——肉麻

花轿到了家门口——喜气盈盈

花轿里的新娘——不露脸

花轿没到就放炮——高兴得太早了

花轿前的乐队——大吹大擂

花篮里装泥鳅——跑的跑，溜的溜

花狸猫卧房顶——活受（兽）

花里胡哨的吊灯——外面好看里面空

花脸戴花——笑死大家

花了眼的婆婆绣花——看不清

花落结个大倭瓜——看也看了，吃也吃了

花猫蹲在屋脊上——唯我独尊

花木梨脑袋——太呆板

花盆里栽松树——不能成材；成不了树（比喻没有多大出息）

花盆里种皂角——人家栽花咱栽刺

花盆里种庄稼——收获不大

花皮蛇遇见饿蛤蟆——分外眼红

花瓶里的花——没有结果

花瓶里的鲜花——一天不如一天

花前月下散步——触景生情

花钱买黄连——自讨苦吃

花钱买死马——得不偿失；尽干蠢事

花钱磨刀——只图快

花圈店失火——提前完成使命

花蛇过溪——弯弯曲曲

花生剥了壳——好赖算个人（仁）儿

花生地里开花——落地生根

花生壳、大蒜皮——一层管一层
花生壳里的臭虫——假充好人(仁);冒充好人(仁)
花生里钻进臭虫——不是好人(仁)
花生皮喂牲口——不是好料
花生去皮——红人(仁)
花手帕盖灯笼——外面好看里面空
花头鸡——惹事多
花蚊子咬人——盯(叮)住不放
花鞋踩在牛粪上——底子臭
花心萝卜充人参——冒牌货
花眼婆婆纫针——对不上眼;不对眼
花针对麦芒——奸对奸(尖对尖)
花纸糊灯笼——外面好看里面空
花籽喂牲口——不是好料
花子婆娘翻跟头——穷折腾
花子婆娘画眉毛——穷讲究;穷打扮
花子早起——穷忙
华容道上放曹操——不忘旧情
华山一条路——绝境天险
华佗的药丸——万应灵丹
华佗开药方——手到病除
华佗施医术——起死回生
华佗行医——名不虚传;名副其实
华佗摇头——没救了
华佗治病——妙手回春
滑了牙的螺丝帽——团团转
化了装的演员——油头粉面
化浓的疖子——不攻自破
化装表演——改头换面
划子(筏子)追快艇——老落后;落后了
画饼充饥——空喜一场;自欺欺人
画虎不成反类犬——弄巧成拙
画了黑脸照镜子——自己吓唬自己
画龙点睛——功夫到家了
画蛇添足——自作聪明;多此一举(比喻做多余的事,反而不恰当)
话儿把石头熔化——柔能克刚
话里揉进胡椒面——辣得很
话如绵里藏针——语气柔和,锋芒犀利
桦木扁担——吃不住劲

huai

怀抱火炉——热心
怀臭求芳——不可多得
怀揣苞米——不肯(啃)
怀揣冰棍——凉透心;冷透心
怀揣二十五只老鼠——百爪挠心
怀揣金子——心里负担太重
怀揣棉花弓——往心里谈(弹)
怀揣十五只小兔——七上八下
怀揣兔子——忐忑不安;惴惴不安
怀揣小拢子(齿小而密的梳子)——舒(梳)心
怀揣雪人——寒心
怀儿婆的口粮——两人一份
怀里抱冰——寒透心了(比喻失望、痛心)
怀里揣刀子——不存好心;居心不良
怀里揣的死娃——心里有鬼
怀里揣个漏勺——心眼儿不少
怀里揣个兔子——上下蹦蹬
怀里揣锅盔(较小的锅饼)——不肯(啃)

怀里揣镜子——心里明；肚里明
怀里揣铃铛——想（响）得美
怀里揣马勺——诚心；成（盛）心（比喻故意那样去做）
怀里揣棉花——暖人心；心儿软
怀里揣鸟儿——心里不安
怀里揣牛角——总是朝外顶
怀里揣琵琶——往心里谈（弹）；谈（弹）心
怀里揣天平——称（秤）心
怀里揣铁砣——心里沉重
怀里揣玉米棒——不肯（啃）
怀里揣笊篱——光劳（捞）那份心；心眼不少
怀里揣着个烧玉米——不肯（啃）
怀里的东西掉进靴子里——还是自己的
怀里的石头落地——放心
怀里的西瓜——包（抱）在我身上
怀娃婆娘吃老母猪肉——顾嘴不顾身
怀孕十个月——该升（生）了
怀孕媳妇街上走——人里看不出人
槐树下弹琴——苦中作乐
坏笤帚对烂畚箕（簸箕）——差对差；差配差

huan

欢心歌儿唱不尽——其乐无穷
獾狼下个小耗子——一代不如一代
换毛的斑鸠——飞不起，跑不动
换汤不换药——老一套
患的软骨症——没点刚劲

huang

荒山长高粱——野种
荒山里的破庙——冷冷清清
荒野的磷火——自然而然（燃）
荒野的墓地——死气沉沉
皇帝不称皇帝——孤家寡人
皇帝出朝——驾到
皇上戴眼镜——圣明
皇上卖豆腐——人强货不硬
皇上拍桌子——盛（圣）怒
皇上下令——一言为定
黄柏木做磬槌子——苦中作乐；外头体面里头苦
黄陂到孝感——现（县）兑（对）现（县）
黄表纸包饺子——露了馅儿
黄豆炒藕——无孔不入
黄豆地里带芝麻——点子多
黄豆碰上热锅——欢蹦乱跳
黄豆切细丝——功夫到家了；好手艺
黄豆芽上天——带尾巴的能豆子
黄豆煮豆腐——碰上了自家人；父子相会
黄飞虎的坐骑——一条怪牛
黄飞虎反五关——稀奇（西岐）
黄蜂绑在鳖腿上——有翅难飞
黄蜂的屁股——摸不得
黄蜂的尾巴——毒极了；最毒
黄蜂叮屁股——有痛讲不出口
黄蜂找窝——乱哄哄
黄蜂锥裤裆——干吃哑巴亏；苦衷难

诉；难出口
黄盖挨板子——心甘情愿
黄狗吃豆腐脑——闲（衔）不着
黄狗当马骑——胡来
黄狗等肉骨头——着急
黄狗过泥塘——到处丢脚印
黄狗头上出角——尽出洋（羊）相
黄瓜拌辣椒——各有所好；各人所好
黄瓜打狗——越打越短
黄瓜打锣——一锤子买卖；去了一大截
黄瓜当棒槌——越打越短
黄瓜拉秧——塌了架
黄瓜没毛——净刺
黄瓜尾巴——苦的
黄瓜做扁担——转肩咬一口
黄果树瀑布——冲劲大
黄汉升的箭——百发百中
黄河的水，长江的浪——源远流长
黄河的水——不清不白
黄河管不着长江——各顾各
黄河决了口——一泻千里；滔滔不绝
黄河里的水——难得清（晴、请）（比喻天气很少晴朗，或十分难请）
黄河里洗澡——洗不清；洗不净
黄鹤楼上看翻船——幸灾乐祸
黄花女想嫁人——不好开口
黄花鱼——溜边儿
黄花鱼下挂面——不用言（盐）
黄昏瞧影子——又长又瘦
黄昏时的群鸟——纷纷归巢
黄昏时的燕子——不想高飞
黄昏走到悬崖边——日暮途穷
黄酱掉在裤裆里——不是死（屎），也是死（屎）
黄金掉到水里——化不了
黄金能卖高价钱——物以稀为贵
黄烂泥跌在屎坑里——不是死（屎），也是死（屎）（比喻无可奈何地蒙受某种冤屈）
黄狼没打着——惹了一身臊
黄连拌白糖——同甘共苦
黄连拌成醋——又苦又酸（比喻日子过得十分艰难）
黄连拌苦胆——苦到家了
黄连拌生姜——辛苦了
黄连打官司——诉苦
黄连当茶叶——自找苦吃
黄连雕寿星——苦老头
黄连炖猪胆——苦不堪言
黄连甘草挑一担——一头苦来一头甜（比喻有苦有甜，苦乐不均）
黄连疙蔸（块根）当哨吹——苦中作乐
黄连锅里煮人参——从苦水中熬过来的（比喻经历过艰苦生活的磨难）
黄连烤酒——苦打成招（糟）
黄连木雕娃娃——苦孩子
黄连木做笛子——苦中取乐
黄连木做图章——刻苦
黄连酿酒——酷刑（苦形）成招（糟）
黄连泡瓜子——苦人（仁）儿
黄连树结蜜桃——苦中有甜
黄连树上搭苦瓜棚——苦作一堆

黄连树上的蛀虫——硬往苦里钻
黄连树上雕字——刻苦
黄连树上挂苦胆——苦相连；一个更比一个苦
黄连树上结苦瓜——一串串儿苦（比喻受苦的人很多）
黄连树上结糖梨——甜果都从苦根来
黄连树下唱大戏——苦中作乐；苦中取乐
黄连树下吃桂圆——苦中有甜
黄连树下埋苦胆——苦到底了
黄连树下种苦瓜——苦生苦长
黄牛背上的跳蚤——自高自大
黄牛拉磨——慢工出细活儿
黄牛犁地——有劲慢慢使（比喻有计划地发挥作用）
黄牛落泥塘——越陷越深
黄牛拿耗子——有劲使不上
黄牛撵兔子——没指望的事儿
黄牛学马叫——改不了声调
黄牛钻鸡窝——没门儿；无门
黄牛钻进象群里——还是个小弟弟
黄牛钻老鼠洞——行不通
黄貔子（黄鼬）唱山歌——没安好心
黄沙里掺水泥——合在一起干
黄鳝过沙滩——不死也落一身残
黄鳝斗泥鳅——滑头对滑头
黄鳝毛做棉絮——办不到；没法办
黄鳝泥鳅——不一样长
黄鳝爬犁头——狡猾（绞铧）
黄鳝晒太阳——假死
黄鳝张口——泥土气重
黄鳝钻洞——顾头不顾尾；顾头不顾腚
黄鳝钻进竹筒里——滑不脱
黄鼠冬眠——高枕无忧
黄鼠狼拜狐狸——一个更比一个坏
黄鼠狼给鸡拜年——来者不善；没安好心（比喻表面上亲热和善，实际上居心险恶）
黄鼠狼钻烟囱——越钻越黑（比喻越陷越深；或越来越难看）
黄鼠狼嘴下溜出的鸡——死里求生；好运气
黄鼠狼作揖——拜拜
黄鼠狼坐飞机——神气儿
黄土埋到嗓子眼儿——离死不远
黄土捏泥人——你中有我我中有你
黄杏熬北瓜（南瓜）——一色货；一样的货色
黄眼斑鸠——无恩情
黄羊的尾巴——长不了
黄羊跑到虎穴里——凶多吉少
黄鹰抓住鹞子的脚——难解难分
黄鹰捉小鸡——顺手拿
黄鱼晒干——白想
黄忠交朋友——人老心不老
黄忠叫阵——不服老；不甘示弱
黄忠抡大锤——老当益壮
黄忠射箭——百发百中
黄嘴麻雀——叼不得硬食
蝗虫打喷嚏——满嘴庄稼气

hui

灰堆吹喇叭——乌烟瘴气

灰堆里扒出个烧红薯——又吹又拍；吹吹拍拍

灰堆里藏芝麻——没处寻；难寻

灰堆里打喷嚏——触一鼻子灰；碰一鼻子灰

灰堆里的苍蝇——糊涂虫

灰堆里的泥鳅——滑不脱

灰堆里放屁——乌烟瘴气

灰堆里烧山药——混蛋

灰面（白面）捏面人——百依百顺

灰眼老番——鬼计多端

回光返照——不久长；难长久

回炉的烧饼——不香甜

hun

昏官判案——各打五十大板；审不清，断不明

婚后媒人秋后扇——没人理；没人问

浑身贴膏药——毛病不少

浑水池子——看不透

浑水里的泥鳅——反正变不了龙

浑水摸鱼——大小难分；想捞一把；都想占点便宜

浑水洗澡——越来越糟；干净不了

huo

豁唇骡子卖了个驴价钱——吃亏就在嘴头子上

豁牙啃西瓜——条条是道

豁牙子（牙齿残缺的人）拜师傅——无耻（齿）之徒

豁牙子吹火——漏风；一团邪（斜）气

豁牙子吹箫——漏气儿

豁牙子啃猪蹄——横扯筋；扯筋

豁牙子说话——含糊其词；含含糊糊

豁牙子咬牛筋——难嚼难咽

豁牙子咬虱子——遇了缘；碰上了；碰准了
豁子吵嘴——谁也别说谁
豁子吃凉粉——利汤利水
豁子吹灯——瞎搭一口气；瞎使劲
豁子吹号——堵不严
豁子吹火——格外费力
豁子喝凉粉——利利豁豁
豁子喝米汤——无耻（齿）下流
豁嘴吹箫——越吹越不响
豁嘴罐子打水——放任自流；任其自流
豁嘴过冬——唇亡齿寒
豁嘴说书——关不住风
活人能叫尿憋死——怪事一桩；怪事
活人跳进滚水盆——不死也得扒层皮（比喻伤势非常严重；或九死一生，十分危险）
活人跳进滚油锅——找死；送死
活羊拉到案桌上——离死不远了
活鱼掉进醋缸里——肉烂骨头软
活鱼丢在沙滩上——干蹦干跳
活鱼口里的水——有进有出
火把棍子当枪——打不响
火把换灯笼——明来明去
火柴把上绑鸡毛——胆（掸）子小
火柴棒剔牙——专找缝子钻
火柴棍搭桥——不成；难过
火柴盒里的苍蝇——处处碰壁
火柴盒做棺材——成（盛）不了人
火柴头遇上磷片——一触即发
火柴与火药——一碰就发火
火车站的铁轨——道道多（比喻主意、办法多）
火车站上的铁轨——道道多着哩
火车追兔子——有劲使不上；有力无处使
火鸡比天鹅——差远了；差得远
火鸡躲猎人——藏头露尾
火箭发射——青云直上
火箭筒射击——两头冒火
火烤蚂蚱——死到临头
火里烤糌粑——软货
火里撒盐巴——真热闹；热闹一阵儿
火镰对火石——一碰就冒火星
火燎猪肉皮——卷沿儿了
火炉靠水缸——你热他不热
火炉上靠毛竹——扳得过来
火炉子靠水缸——冷热结合；一面热
火炉子里浇油——火气太大
火轮船上拴鲫鱼——不自由（游）了
火炮轰苍蝇——不上算；不合算
火盆里的木炭——红得发紫
火盆里放泥鳅——活不久；活不长；看你往哪儿钻
火盆里栽花——白费工夫
火盆里栽牡丹——不知死活；死活不知
火盆里栽藕——连根烂
火钳打娃娃——一下当两下
火钳子上阵——算不得兵器
火钳子修表——难下手；下不了手；无法下手
火枪打兔子——一头子倒霉

火绒子脑袋——一点就着；点火就着
火上烘鸡毛——着了
火上加油——越烧越猛
火上屋顶——坐不稳；坐不住
火烧宝光寺——妙哉（庙灾）
火烧鞭炮——一触即发
火烧财主楼——活该；恶有恶报
火烧草料场——逼上梁山；没有救
火烧草山——没有救
火烧车轮——气崩了；气炸了
火烧猴屁股——急得团团转
火烧胡子——眼前就是祸；练（炼）嘴
火烧鸡毛——飞快
火烧金銮殿——没地（帝）位
火烧裤裆——痛不可言；坐不稳
火烧辣椒壳——够戗（够受的）
火烧栗子——气崩了；气炸了
火烧岭上捡田螺——没处寻；难寻
火烧螺蛳——肚里坏
火烧蚂蚁窝——四处逃散
火烧毛竹——节节响
火烧茅草——不死心；心不死
火烧眉毛——急在眼前；祸在眼前
火烧棉花铺——谈（弹）不成了
火烧牛皮——自己转弯
火烧屁股——慌了手脚；坐不住
火烧旗杆——长叹（炭）
火烧日历——没日子了（比喻人活到了尽头，没有几天活头了）
火烧寺庙——没有神；慌了神
火烧套马杆子——长叹（炭）

火烧乌龟——疼在心上
火烧蝎子洞——连窝端
火烧阎王殿——鬼哭神嚎
火烧战船——红火一片；满江红
火烧纸马店——迟早要归天
火烧钟馗庙——笑煞鬼
火烧猪头——面熟
火烧竹林——尽光棍；全是光棍
火烧竹筒——热心
火烧竹子——不变节
火神庙不放光——哪知神灵在
火神庙里着火——玩火者自焚
火神庙求雨——走错了门；找错了门
火神爷出征——有将无兵
火神爷待客——热情
火神爷的脾气——急躁
火神爷找龙王爷——成心闹别扭；专找别扭
火炭掉在头发上——火烧火燎
火炭吞下肚——心急如焚
火塘边睡的猫——伸伸缩缩
火塘边舞镰刀——明砍
火线上的战友——患难之交
火药库里玩火——万万不可
火药闷在铳膛里——不想（响）
火中取栗——反招来祸害
火种落进干柴堆——一点就着（比喻事情已经矛盾到一定程度了，再有一个事儿就会引起暴发）
火箸捅炉子——直进直出；直出直入
货郎摆摊——撂挑子了

货郎背包串乡——没挑的
货郎担洗手——撂挑子
货郎担子——两头祸（货）
货郎的背包——没挑
货郎的担子——要啥有啥；样样不缺
货郎的手鼓——闲摇
货郎鼓别腰里——没货了
货郎鼓儿——两边摇；两面挨打
货真价实的买卖——不掺假

J

ji

饥得粗食——不嫌

饥饿送口粮——帮了大忙

饥了吃粗糠——味也香

饥了吃花生——生吞活剥

机车的灯头——只照别人，不照自己

机帆船赶快艇——老落后

机帆船上装橹——配搭

机关枪打飞机——水平提高了；派错了用场；抬高自己，打击别人

机关枪打炮弹——口径不对

机关枪打兔子——小题大做；得不偿失

机关枪打鸭子——呱呱叫

机关枪的通条——直进直出；直来直去；直出直入

机关枪对炮筒——直性子对直性子

鸡抱鸭蛋——一场空

鸡抱鸭子——白忙活

鸡不尿尿——另有门道

鸡长牙齿蛋生毛——天下奇闻；无奇不有

鸡肠刮油——没多大一点；油水不大

鸡肠子上刮膏——没多大油水；油水不大

鸡巢里的凤凰——至高无上

鸡吃胡豆（蚕豆）——够戗（够受的）

鸡吃黄鼠狼——怪事一桩；怪事

鸡吃萤火虫——心里亮；肚里明

鸡戴帽子——官（冠）上加官（冠）（比喻官运亨通，连连晋级）

鸡蛋不生爪——天生这路种

鸡蛋长爪子——能滚能爬

鸡蛋炒韭黄——一色货

鸡蛋炒鸭蛋——混蛋

鸡蛋掉油缸——圆滑；又圆又滑

鸡蛋里面找骨头——百般挑剔

鸡蛋里淌水——坏蛋一个

鸡蛋里挑刺——无中寻有；没事找事

鸡蛋抹香油——圆滑得很；又圆又滑；圆滑

鸡蛋碰石头——不堪一击

鸡蛋上刮毛——痴心妄想；妄想

鸡蛋走路——滚蛋

鸡狗做邻居——老死不相往来

鸡骨头熬汤——没多大油水；油水不大

鸡骨头卡在喉咙里——张口结舌

鸡冠花——老来红

鸡脚杆上刮油——剥皮又抽筋；白费神

鸡脚爪烩豆腐——油水不大

鸡叫走路——越走越明（比喻前途越来越光明）

鸡笼里过日子——一身的窟窿（比喻欠债多，到处是债主）

鸡毛打鼓——不声不响；无声无息
鸡毛掸沾水——时髦（湿毛）
鸡毛点灯——十有九空
鸡毛掉井里——不声不响；无回音
鸡毛与蒜皮——微乎其微；没多少斤两
鸡毛遭风吹——身不由己；不由自主
鸡毛蘸水作画——轻描淡写
鸡毛做掸子——物尽其用
鸡梦见小米——尽想好事；想得倒美
鸡脑壳安在鸭颈上——不对头
鸡脑壳上磕烟灰——几（鸡）头受气
鸡碰到蜈蚣——死对头
鸡皮蒙鼓面——经不起重锤
鸡屁股里掏蛋——等不及；急性子
鸡屁股拴绳——扯淡（蛋）
鸡婆抱（孵）鸭子——舍己为人
鸡婆打摆子——又扑又颤
鸡群里闯进一只鹅——就你脖子长
鸡窝里打太极——摆不开架势
鸡窝里的凤凰——至高无上
鸡窝里的蚂蚱——死到临头；心惊肉跳
鸡窝里放棒槌——捣蛋
鸡窝里飞出金凤凰——异想天开
鸡窝里练拳术——伸展不开
鸡窝里拼刺刀——刺激（鸡）
鸡窝里塞棒槌——故意捣蛋
鸡爪上钉掌子——不对题（蹄）
鸡爪煮汤——油水不大
鸡爪子炒菜——七拱八翘；往外扒
鸡爪子抓泥——不是好手
鸡啄闭口蚶——白费工夫；白费口舌
鸡仔进米箩——这回不愁吃的了
鸡子儿（鸡蛋）跌跟头——完蛋
鸡子儿长爪子——滚的滚，爬的爬；连滚带爬
鸡子儿翻身——滚蛋
鸡子儿筐里搁石头——自找麻烦；自讨麻烦
鸡子儿碰碌碡——完蛋
鸡子儿拴绳子——扯淡（蛋）
鸡子儿下坡——滚蛋
鸡子儿澥（由稠变稀）了黄——坏蛋
鸡嘴里的食——都是捉（啄）来的
鸡嘴鸭嘴——家家有长短
积木搭高楼——一推就倒；一碰就倒
积木搭墙——一推就倒

积木砌房子——一碰就倒
畸形人做衣服——另搞一套
激流里的船——难回头；回头难
急火烙煎饼——一个劲地翻腾
急惊风碰着个慢郎中——干着急
急救车撞了救火车——急上加急（比喻特别紧急）
急刹车摔倒——身不由己
急水滩里的船——难停下
急水滩里的鹅卵石——磨掉了棱角
急水滩头的大鲤鱼——经过风浪
急水滩头放鸭子——一去不回头（比喻没有回音）
急水滩头停船——难
急性汉遇上慢郎中——你急他不急
急性子动手——说干就干
急性子喝热粥——烫嘴
急性子碰到慢性子——你急他不急
急性子做客——说来就来
急需的图章——刻不容缓
急雨打在水缸里——心里翻起了泡
急着讨债碰南墙——财迷转向
集上请个老灶爷——卷起来回家吧
集市上买东西——挑挑拣拣
蒺藜拌麦麸子——不是好料
蒺藜果——小刺儿头
蒺藜上弹棉花——越整越乱
蒺藜窝里睡觉——浑身不自在
几百年的老陈账——难算；算不清
几个扁担钩——挡不住路
几个胖子一块进门——不知谁让谁
虮子作揖——失（蜀）败（拜）
虮子坐席——失（虱）陪
挤虮子（虱子的卵）的血都要舔——吝啬鬼
挤牙膏——一点一点来
挤着眼睛瞧人——小看人
脊背长疮，胸口贴膏药——不顾后患
脊背上背鼓——找着挨锤；找锤
脊背上长眼睛——尽往后看
脊背上长嘴——尽背后说人
脊梁骨长茄子——多心；生了外心
脊梁上长桃子——另有心；起了心
脊梁上吊镜子——照见别人，照不见自己；照人不照己
脊梁上压碾盘——难翻身；翻不了身
脊上卧猫——活受（兽）
麂子（麂。一种小型的鹿，比鹿小，雄鹿有长牙和短角）给老虎拜年——没有好下场
麂子咬豹子——不怕死；死都不怕
麂子饮水——成双成对
记者到国外采访——出镜（境）
记者的皮包——内里有文章
妓女嫁人——从良
既保娘娘，又保太子——两全其美
既会杀猪，又会做饭——多面手
济公吃狗肉——不管清规戒律
济公出家——吃荤不吃素
济公当和尚——不吃素
济公的扇子——神通广大
济公的装束——衣冠不整

济公过日子——只讲吃不讲穿
济公和尚的毡帽——随便扣
济公和尚——疯疯癫癫
济公治病——主动上门
济公走路——疯疯癫癫
寄槽养马——爱占便宜
寄生虫享福——擎（享受）吃擎喝
鲫鱼得水——活蹦乱跳
鲫鱼喂猫儿——舍不得

jia

加急电报——刻不容缓
加减乘除——数学
加了盖的蒸笼——正（蒸）上气（汽）
加农炮打兔子——得不偿失
夹板上雕花——刻薄
夹道里摆酒席——口上热闹
夹道里截驴——没有回头的余地
夹道里推车子——直来直去；进退两难
夹火钳子——一头热
夹口袋赶集——凑热闹；凑凑热闹
夹裤改单裤——没理（里）儿
夹生饭——难吃
夹尾巴的山狸——害人
夹在两捆草料中间的驴子——打不定主意；拿不准主意
夹着尾巴做人——忍气吞声
夹子上的老鼠——没跑；跑不了
家蚕里的茧——私（丝）人（仁）
家狗上锅台——不识抬举
家狗上酒席——啥事也显着你
家家都有一本难念的经——各有难处
家里的破罐——甩掉
家里丢了磨——没法推；推不得
家里房子着了火——一无所有
家里请吹鼓手——名（鸣）声在外
家里死了人——耷拉（下垂）着脑袋
家门口的水塘——知道深浅；深浅我知道
家雀熬汤——没肉也香
家雀变凤凰——越变越好；尽想好事；想得倒美
家雀儿摆碟子请客——净是嘴
家雀儿吵嘴鸡打架——无人管
家雀飞进烟筒里——保命烧了毛
家雀飞了才放枪——错过良机
家雀进笼子——有翅难飞
家雀进窝——叽叽喳喳
家雀下鸡蛋——个小贡献大
家堂底下放鹞子——门风
家堂里的大门——不关
家有十五口——七嘴八舌
甲虫掉在粪坑里——越陷越深
甲鱼长胡子——不是个东西
甲鱼唱歌——别（鳖）调
甲鱼吃甲鱼——六亲不认
甲鱼吃木炭——黑心王八
甲鱼的肉——藏在肚里
甲鱼翻筋斗——四脚朝天
甲鱼跟着王八走——规（龟）行矩步
甲鱼破腹——心不死
甲鱼咬人——死不松口

甲鱼照镜子——龟相
贾宝玉爱林妹妹——好梦难圆
贾宝玉出家——看破红尘
贾宝玉的父亲——假正（贾政）
贾宝玉的通灵玉——命根子
贾宝玉结婚——不是心上人
贾宝玉看《西厢记》——戏中有戏
贾宝玉游魂——误入迷津
贾府的大观园——外强中干
贾府的后代——坐享其成
贾府门前的狮子——死（石）心眼儿
贾家姑娘嫁贾家——假（贾）上加假（贾）；假（贾）门假（贾）事（氏）
驾车登山——不进则退
驾驶员罢工——想不开
驾驶员倒背手——不服（扶）不行
驾辕的马驹尥蹶子——乱了套；乱套了
驾着辕杆儿开倒车——走回头路；倒退
架起铁锅等豆子——准备吵（炒）一吵（炒）
架起砧板就切菜——说干就干
架上的葫芦——挂起来；挂着
架上的葡萄——一连串；一串一串的
架上的丝瓜——越老越空
架梯子上天——痴心妄想；妄想
架着的锅；点着的火——样样现成
假李逵碰到真李逵——这回可遇着真的了；冤家路窄；原形毕露
假期做梦——休想
假银元买到猪婆肉——一个骗一个
嫁不出去的姑娘——成了老大难啦
嫁出的姑娘泼出的水——不由己
嫁出的女儿——人家的人
嫁出去的女儿泼出去的水——难收回；不由己
嫁给染匠的婆娘——贪色
嫁接的果树——节外生枝；横生枝节

jian

奸臣生逆子——天理昭彰
奸狼开店铺——没有好货
奸狼下了个贼狐狸——孬种；不是好种
奸商同骗子做生意——尔虞我诈
尖扁担挑水——心挂两头
尖担挑柴——两头滑脱
尖底箩筐——不稳当；不稳
尖底瓮儿——一推便倒；一碰就倒
尖尖筷子夹凉粉——滑头对滑头
尖尖鞋——前紧后松
肩膀上搭炉灶——恼（脑）火
肩膀上戴帽子——差一头
肩膀上放灯笼——恼（脑）火
肩膀上扛灯草——轻快得很
肩膀上生疮——担当不起；挑不起重担
肩膀头扛大梁——压趴了
肩膀头生疮——不敢担
肩扛石磨走天涯——任重道远
肩上戴帽子——矮了一头
肩头上放花炮——祸（火）在眼前
监狱门上的匾——悔之莫及；后悔已晚
煎熬过的中药——要不得；全是渣滓
煎过三遍的药渣——早该倒了

捡到的帖子——难做客
捡个孩子唱大戏——看你庆哪家的功
捡根铁棒当灯草——说得轻巧
捡鸡毛的上门——凑胆（掸）子
捡到巨款交失主——拾金不昧
捡到篮里都是菜——好歹不分
捡鸡毛扎掸子——凑数
捡来的媳妇——不美满
捡了芝麻丢了西瓜——因小失大
捡起铜钱穿线眼——现成
捡着黄铜当真金——不识货
剪不断，理还乱——千头万绪
剪开个蚕茧贴在眼上——满眼都是丝（私）（比喻极端自私自立）
剪了翅膀的八哥——看你还能飞上天
剪了翅膀的鸡——飞不起来了
剪了毛的绵羊遭雨淋——浑身哆嗦；直哆嗦
见到胡子就是爷爷——不辨真假
见到猫就害怕——胆小如鼠
见到肉的鹰——眼红；红眼
见到熟人握握手——你好我也好
见爹叫娘——乱称呼
见毒蛇就打，遇狐狸就抓——为民除害
见高就拜，见低就踩——势利眼
见惯了骆驼——看不出牛大来（比喻眼光太高）
见火的蜡——软了
见桀纣动干戈，遇文公施礼乐——投其所好
见了大官叫舅舅——想高攀
见了棺材不落泪——心肠硬
见了皇帝喊万岁——老规矩
见了火的蜡烛——软不拉耷；软瘫了；软作一堆
见了舅爷叫姨夫——看错了人；认错了人
见了骆驼说马背肿——少见多怪
见了麦苗叫韭菜——五谷不分
见了兔子才放鹰——有利才出征（比喻对自己没利的事不干）
见了王母娘娘喊岳母——想娶个天仙女（比喻想娶个美丽非凡的妻子）
见了王母娘娘叫大姑——攀高亲（比喻巴结比自己地位高的人）
见了蚊子就拔剑——大惊小怪
见了丈母叫大嫂——乱了辈分；昏头昏脑
见钱眼红——利欲熏心
见人先作揖——礼多人不怪
见生人说熟话——套近乎
见乌纱帽就摸头——官迷
见物手痒——利欲熏心
见钟不打铸钟敲——舍近求远
见着骆驼不说蚂蚁——光拣大的说
建昌的鸭子——好硬的嘴；嘴硬
贱陀螺——不打不转
毽子上的鸡毛——钻进钱眼里了
鉴真和尚东渡——传经送宝
鉴真和尚回国——探亲
箭穿鹰嘴——不可想象的事；难以想象
箭在弦上——一触即发

箭头离了弦——勇往直前
箭猪碰上刺猬——刺对刺
箭猪钻刺篱笆——刺对刺
箭竹棍当梁柱——自不量力；不自量

jiang

江北的胡子——贼凶
江边插杨柳——落地生根
江边的弄潮儿——喜欢赶浪头
江边开染房——大摆布
江边卖水——多此一举；没事找事
江边上洗萝卜——一个个来（比喻按次序地进行）
江河发大水——一浪高一浪；后浪推前浪
江河里长大水——泥沙俱下
江河里的小泡泡——渺小
江湖佬卖假药——招摇撞骗
江湖佬卖完狗皮膏药——该收场了
江湖佬耍猴子——名堂多
江湖佬耍戏法——说变就变；变化无常
江湖卖艺的——摊子不大，喊声连天
江湖骗子耍贫嘴——夸夸其谈
江湖人耍猴——名堂可多了
江里的浪花——不是吹的（比喻不是说大话所能办到的）
江里的木偶——随大流
江南的蛤蟆——难缠（南蟾）
江心补漏——无济于事；不济事
江心断了帆桅——转了向
江阴人耍龙灯——节节活（火）
江中的鲤鱼——油（游）惯了
江中浪上兜圈子——团团转
姜太公的钓鱼钩——直来直去
姜太公的坐下骑——四不像
姜太公钓鱼——愿者上钩；直钩
姜太公封神——一言为定；没有自己的位置
姜太公算卦——未卜先知；好准啊（比喻判断准确，预言灵验）
姜太公在此——哪有你的位置；没你的位置；诸神退位
姜子牙唱渔鼓——老调子；尽是老调
姜子牙穿马褂——老一套
姜子牙担着笊篱进城——没人买你的货
姜子牙钓鱼——怪刁（钓）
姜子牙火烧琵琶精——现了原形
姜子牙开饭馆——鬼都不上门
姜子牙开酒馆——卖不出去自己吃
姜子牙开算命馆——买卖兴隆
姜子牙卖灰面——倒担回家
姜子牙卖面——折本买卖；赔了本钱
姜子牙娶媳妇——老来喜
将军不下马——各奔前程（比喻各走各的路）
将军当农民——解甲归田
将军买马——两厢情愿
将门出虎子——一代更比一代强
僵蚕放在蚕簇上——一丝不挂
僵蚕做硬茧——不成功（宫）
讲话没人听，下令没人行——光杆司令

讲课还是老一套——屡教不改
讲评书的长口疮——难开口；口难开；不好开口
讲武堂里学打仗——纸上谈兵
讲演专家——出口成章
奖状绑在笤帚上——名誉扫地
蒋干保曹操——各为其主
蒋干盗书——将计就计；上当受骗；聪明反被聪明误
蒋干过江——尽干失着事；成事不足，败事有余；窥测动静
蒋干劝周瑜——有口难张
降不住猪肉降豆腐——欺软怕硬
酱菜店里的抹桌布——尝尽辛酸
酱菜缸里的秤砣——油盐不进
酱菜缸里泡石头——一言（盐）难尽（进）
酱醋厂里的斗篷——遮遮盖盖
酱坊里开除的伙计——闲（咸）人
酱缸里的瓜子——闲（咸）人（仁）
酱缸里的茄子——拣软的捏
酱缸里爬出个拉拉蛄——不是这里的虫
酱缸腌肘子——亲（咸）肉一块
酱瓜煮豆腐——有言（盐）在先
酱碗里的苍蝇——肮脏肉
酱油店里打架——争风吃醋
酱油瓶里倒醋——不知啥滋味
酱油铺里的伙计——爱管闲（咸）事
糨糊锅里煮扳不倒（不倒翁）——浑小子
糨糊盆里打滚——沾（粘）上了
糨糊洗脸——头脑不清

jiao

交警打手势——指条明路
交警站马路——受气
交警的棍子——指东指西
交易所的拿破仑——财棍
浇地扒垄沟——捅娄（漏）子
胶皮轱辘放炮——气炸了；气崩了
胶皮管里插铁棒——柔中有刚；软中有硬
胶皮笊篱——滴水不漏
胶鞋渗水——纰（皮）漏
胶粘石头——得不偿失
焦了尾巴梢子——绝后
焦赞与杨排风比武——处处挨打
嚼过的甘蔗——乏味；不甜
嚼过的橄榄——淡而无味
嚼过的馍馍——没味道（比喻老一套，没有什么改进）
嚼烂舌头当肉吃——自吃自；自欺欺人；自己哄自己
嚼着甘蔗上楼梯——节节甜，步步高（比喻形势越来越好）
嚼着黄连登泰山——不怕苦，不怕累
蛟龙翻大海——百姓遭难；四方遭灾
蛟龙困在沙滩上——难翻身；翻不了身；抖不起威风
蛟龙头上搔痒——溜须不要命
蛟龙造反——翻江倒海
饺子开口——露馅了
饺子烂了边——露馅儿

饺子露馅儿——伤了面皮
饺子皮太薄——难免要露馅
饺子破皮——露了馅（比喻事情暴露了）
饺子铺的酱油——白搭
饺子用水煮——不用争（蒸）
脚板底下长眼睛——没见过世面
脚板底下打火罐——下作（着）
脚板上钉钉子——寸步难行
脚板抹猪油——溜之大吉
脚板上长草——慌（荒）了手脚
脚板上长鸡眼——寸步难行
脚板上抹石灰——白跑
脚板上扎刺——存心不让走（比喻硬要留下来）
脚绑石头走路——求稳不求快
脚脖子上把脉——瞎摸
脚脖子上挂铜铃——走一路，响一路
脚踩棒槌，头顶西瓜——两头耍滑
脚踩棒槌——立场不稳
脚踩弹花槌——滚来滚去
脚踩火箭——一跃而上；一步登天
脚踩两只船——三心二意；左右为难（比喻犹豫不决或投机取巧）
脚踩棉花堆——不踏实；腾云驾雾
脚踩牛屎——一蹋（塌）糊涂
脚踩跷跷板——一上一下
脚踩蚯蚓吓一跳——胆子太小
脚踩西瓜皮——滑到哪里算哪里；溜啦
脚踩稀泥凼——不踏实
脚踩沼泽地——越陷越深
脚长鸡眼拔火罐——胡摆治
脚长鸡眼臀生疮——坐立不安
脚打锣，手敲鼓——两头忙
脚戴帽子头顶靴——不分上下；上下颠倒
脚登黄山，眼望峨眉——这山望着那山高
脚底板上绑大锣——走到哪里响到哪里（比喻念念不忘。或嗓门高）
脚底踩擀面杖——站不稳（比喻不稳妥、不把牢）
脚底长疮——寸步难行
脚底下踩棒槌——胡滚；立场不稳
脚底下长疮，头顶冒脓——坏到底了（比喻坏透了）
脚底下的皱皮——不肯（啃）
脚底下钉钉——寸步难行
脚底下使绊子——暗伤人；暗里伤人
脚夫的腿，说书的嘴——练出来的
脚跟拴石头——进退两难
脚后跟擦黄油——溜啦
脚后跟上的虱子——爬不到头顶
脚后跟拴藤条——拉倒
脚后跟扎刀子——离心远着哪
脚面上长眼睛——只知道往上看；自看自高
脚面上的露水——长不了
脚盆和面——不知香臭；闻不着香臭
脚盆里撑船——内行（航）
脚盆里洗脸——没上没下；小人；上下不分

脚上绑碓窝——站得住脚
脚上穿冰鞋——要溜
脚上穿袜，头上戴帽——老一套
脚上带鞭炮——走到哪儿响到哪儿
脚上的茧子——自个儿走出来的
脚上的泡儿——走出来的
脚上的袜子——走到哪跟到哪
脚上的鞋——谁穿跟谁走
脚上抹石灰——处处留迹
脚踏棒槌头顶西瓜——两头耍
脚踏车的链条——接连不断
脚踏车撵汽车——望尘莫及
脚踏两只船——左右摇摆；三心二意；一个也不落实
脚踏楼梯板——步步高升；步步登高
脚踏跷跷板——一上一下
脚踏蛇尾巴——反咬一口
脚踏梯子——步步高升
脚踏乌龟背——痛在心里
脚踏云梯——步步高升；步步登高
脚像钉耙，手像蒲扇——大手大脚
脚心上生疮——寸步难行
脚丫子上长蒺藜——站不住脚
脚丫子上的袜子——走到哪跟到哪
脚丫子抓痒痒——你算哪把手
脚沾石灰赶路——白走一趟
脚趾缝里长茅草——慌（荒）了手脚
搅拌机里的石子——上下翻滚；翻上倒下
搅浑清水的泥鳅——带坏了别人
叫花子比武——穷对打
叫花子拨算盘——穷有穷的打算
叫花子打了碗——倾家荡产
叫花子打瓢——穷开心
叫花子打伞——苦撑
叫花子打手锤——穷作乐
叫花子打死狗——有祸也不大
叫花子打野鸡——来菜了；穷开心
叫花子戴眼镜——穷讲究；穷阔气
叫花子当老板——阔啦；阔气了
叫花子得了癫痫病——穷极生疯
叫花子的打狗棒——穷棒子；穷棍
叫花子身上扯破片——没用处；无用
叫你上坡，你偏下河——成心闹别扭；专找别扭；故意捣乱
叫牛坐板凳——办不到；没法办
叫人吃砖头——难言（咽）
叫人拿缰绳当汗毛揪——说得轻巧；强人所难
叫铁公鸡下蛋——异想天开
叫铁匠做嫁妆——用人不当
叫兔子去拉磨——没有那一套
叫哑巴唱歌——强人所难
叫羊看菜园——靠不住；越看越光
轿前的吹鼓手——替人家张罗
轿子进了门，不见新媳妇——人财两空
轿子进门才放炮——晚了；迟了
教猴子爬树——多此一举
教牛上树——办不到
教堂关门——不讲道理
教娃娃读《圣经》——不看对象

jie

疖子开刀——一包脓

疖子上面生包包——多余；疼痛难忍；根底坏

接生婆摆手——不接了

接生婆动刀——要孩子的命

接生婆挽袖子——人里拔人

接着葫芦挖籽——挖一个少一个

秸秆儿扎的鸡——插翅也难飞

揭开宝盒压红心——明摆着

揭开庐山真面目——心中有数；肚里有数

揭开蒸笼不吃——气饱了

揭开蒸笼捡年糕——烫手

街上的传单——白给

街上的流浪汉——无家可归

街上流行红裙子——赶时兴；赶时髦

街上卖笛——自吹

街头的狗——谁有吃的就跟谁走

街头上耍把戏——说得多；光说不练

节节草拴西瓜——难缠

节日摆宴席——济济一堂

节日的礼花——万紫千红

节日放烟火——天花乱坠

节日里的鞭炮——一串一串的

结巴讲话——反反复复

结巴聊天——慢慢来

结巴碰上结巴——少说为佳；谁也不用急

结清了的账单——一笔勾销

截了大褂补裤子——取长补短

截了大褂做鞋面——大材小用

姐姐穿妹妹的鞋——一模一样

姐儿俩出嫁——各得其所；个人忙个人的

姐儿俩回娘家——殊途同归

姐儿俩守寡——个人知道个人的难处；一个滋味儿

姐儿俩绣牡丹——各使各的针，各用各的线

借钱不还——赖

借钱不治病——自己跟自己过不去

借钱还债——堵不完的窟窿

借钱买筛子——窟窿套窟窿

借钱做衣裳——浑身是债

借他的缰绳拴他的驴——将计就计

借汤下面——沾光；顺便

借新债还陈账——堵不完的窟窿

借债买藕吃——窟窿套窟窿

借着醉酒说胡话——别有用心

jin

今年竹子来年笋——无穷无尽

今日三，明日四——反复无常

今天栽树，明天要果子——办不到（比喻要求太急，不能实现）

金棒槌敲门——富啦

金璧掉井——有一定是有（比喻不管怎么说事情是存在的）

金蝉脱壳——溜啦；干脆利索；干净利索；溜之大吉

金弹子打麻雀——因小失大（比喻为了小的利益，造成大的损失）

金弹子打鸟——不惜代价；得不偿失

金刚打罗汉——硬对硬

金刚钻划豆腐——深刻

金刚钻钻瓷器——一个比一个硬；一个硬似一个

金刚钻钻缸瓮——大的没有小的能；小能降大

金瓜对银瓜——两个顶呱呱

金瓜换银瓜——越换越差

金龟子掉到酱缸里——糊涂虫

金壶偷酒——犯不着

金鸡配凤凰——天生的一对

金鲫鱼喂猫——舍不得

金戒指上镶宝石——好上加好

金壳郎（金龟子）赶牛——自不量力；不自量

金銮殿上告王子——自找苦吃

金銮殿上牵驴子——献丑；自己献丑

金漆的马桶——外面光，里面臭；外面好看里面臭

金碗盛稀饭——装贱

金银铜铁——无锡

金鱼的眼睛——突出

金鱼缸里的大鲤鱼——难养活

金鱼缸里钻泥鳅——看你怎么耍滑头

金鱼喂猫——不上算；不合算

金簪掉进井里——跑也跑不到哪里去

锦鸡进了铁笼——由不得你了

锦鸡配凤凰——天生的一对儿

锦鸡扑火——自取灭亡

锦上添花——好上加好

锦州的小菜——有点名气

妗子（舅母）改嫁——没救（舅）

近路不走走远路——弯弯绕

近视眼穿针——大眼瞪小眼

近视眼打鼓——近抬

近视眼戴墨镜——碍（爱）眼；各对各眼

近视眼观星——数不清

近视眼过独木桥——放不开步子；不敢抬头挺胸向前看；小心在意

近视眼看告示——迫在眉睫

近视眼看戏——越亲（近）越好

近视眼看斜纹布——思（丝）路不对

近视眼看月亮——好大的星星

近视眼配眼镜——解决眼前问题

近视眼瞧卒——不像个事（士）

近视眼生瞎子——一辈不如一辈；一代不如一代

近视眼下棋——失（识）不了足（卒）

近视眼捉蚂蚱——瞎扑腾
近视眼走路——光顾眼前；只顾眼前
近水楼台——先得月（比喻由于地位或关系近而优抚得到利益或便利）
进冰场穿冰鞋——马上就溜
进坟地吹口哨——自己给自己壮胆
进港的轮船——不怕风浪
进了套的黄鼠狼——没跑；跑不了
进了网的黄鱼——拼命地乱钻，离死不远了
进门喊大嫂——没话找话说；假熟识
进山不忘有老虎——时时警惕
进网的鲤鱼——拼命地乱撞
进网的兔子上钩的鱼——十拿九稳
进网的鱼——活不长
进网的鱼虾——慌了手脚；送死
进屋跳窗户——没门；门路不对
进学堂不带书——忘本
进站的火车——叫得凶；窝火又泄气
晋文公退避三舍——表示好意
晋襄公放败将——纵虎归山
浸了水的大鼓——打不响
浸湿的木头——点不起火
浸水的木鱼——敲不响
浸水的炮仗——不声不响；无声无息
禁止捞鱼虾——不可捉摸

jing

京戏走台步——慢慢挪；磨磨蹭蹭
泾渭合流——清浊分明
经霜的黄豆——四分五裂
经霜的青松——越久越坚
荆棘林里走路——步步难
荆轲刺秦王——图穷匕见
荆轲献地图——暗藏杀机
荆条当柱子——不是正经材料
荆条挂在身上——扯皮
惊弓之鸟——心有余悸；远走高飞
惊蛰后的青竹蛇——越来越凶
惊蛰后的蜈蚣——越来越凶
精雕的玉人——十全十美
精身穿裤子——转身大
精神病院的医生——不怕你发疯
井边担水河边卖——贱货
井底撑船——无路可走；不出小圈子
井底的壁砖——深厚
井底的蛤蟆被扔了一砖——闷腔了（比喻由于情况突变，一下子静了下来）
井底的蛤蟆——目光短浅
井底的蛤蟆上井台——大开眼界
井底的木棒——漂不远
井底雕花——深刻（比喻触到事情或问题的本质）

井底丢砖头——不懂（扑通）
井底蛤蟆爬上岸——方知天外有天
井底里放炮——有原（圆）因（音）
井底下看书——学问不浅
井底下写文章——学问不浅
井底下栽花——永无出头之日；难出头；根子深
井底下种花生——根底深
井底行船——处处碰壁
井底之蛙——见识短浅
井里长出一棵树来——根子深
井里撑船——四下无门；四路无门
井里吹喇叭——低声下气
井里打水往河里倒——瞎折腾；多此一举
井里的吊桶——任人摆布；由人摆布
井里的蛤蟆酱里的蛆——把你没看在眼里；算不了什么；自来的
井里的蛤蟆——没见过风浪
井里的蛤蟆——没见过碗大的天（比喻眼光短浅）
井里捞起又掉进塘里——躲了一灾又一灾；祸不单行
井里投砒霜——害人不浅
井水不犯河水，南山不靠北山——各过各的（比喻互不依赖，互不干扰，自顾自）
井水不犯河水——两不相干
井水管河水——犯不着
井水与河水——互不相干；两不相犯
井台上的辘轳——摇摇摆摆
颈窝上插蒲扇——走上风
景德镇的茶壶——词（瓷）好
景德镇的瓷器——名扬四海；瓷（词）好（比喻说得动听）
景德镇的大窑——净好词（瓷）儿
景山上的崇祯皇帝——挂起来；挂着
景阳冈上的武松——不是你死便是我活
景阳冈上贴告示——胡（虎）闹
镜台前照面——你是你
镜中花，水中月——空好看；可望而不可即
镜子里的饼——充不得饥；能看不能吃
镜子里的东西——看得见，拿不来（比喻可望而不可即）
镜子上抹灰——糊涂不明

jiu

九毛加一毛——时髦（十毛）
九牛爬坡——个个出力（比喻人多心齐，劲往一处使）
九牛一毛——微不足道（比喻小得不值得一提）
久旱逢甘雨——人人喜欢；个个喜爱
久旱无雨——水落石出（比喻事情的真相完全暴露）
久居监狱——不知春秋
韭菜拌豆腐——一青（清）二白（比喻非常清白）
酒杯里拌黄瓜——不是地方
酒杯里量米——小气（器）
酒杯里落苍蝇——扫兴
酒杯里洗澡——小人（比喻人格卑鄙的人）
酒缸边搭床铺——醉生梦死

酒缸里煮米——罪（醉）犯（饭）
酒鬼掉进酒池里——求之不得
酒肉朋友——不久长；臭味相投
酒肉朋友的交情——吃吃喝喝
酒坛里放炮——瓮声瓮气
酒坛子当夜壶——大材小用
酒醒不见烤牛肉——悔之莫及；后悔已晚
酒糟煎鸡蛋——吵（炒）个稀巴烂
酒渣倒地——一团糟
酒盅里拌黄瓜——施展不开；小气（器）
酒盅里洗澡——得罪（醉）小人
酒桌上的盘子——喋喋（碟碟）不休
酒醉说实话——醒了后悔
旧车断了轴——破烂不堪
旧抹布补新衣裳——配不上；不配
旧鞋踏狗屎——没法提；提不得；提不起来；别提了

ju

举世无双的珍宝——独一无二
举世无双——天下第一
举手放火，收拳不认——无赖
举手过头——超额
举重比赛——斤斤计较
举着灯笼照镜子——自我欣赏
举着棋子放不下——打不定主意；拿不准主意
锯掉腿的板凳——矮了一大截；矮了半截子
锯子解高粱秆——小题大做
锯子锯掉烂木头——摧枯拉朽
锯子缺齿——快不了

juan

卷好铺盖，买定草鞋——决心出走
卷起包袱离家——决心出走
卷舌头念文章——含糊其词；含含糊糊
圈里的肥猪——等着挨刀；早晚得杀；有数的
圈里养出的肥猪——天生的傻（杀）才

jue

撅（翘起）着屁股看天——有眼无珠
决堤的大水——不敢当（挡）
决了堤的河水——势不可当；滔滔不绝；横冲直撞
决了口的水渠——放任自流；任其自流

jun

军棋比赛——纸上谈兵
军师斗胜——纸上谈兵
军师皱眉头——计上心来；遇到难题了
君子不犯法坐班房（监狱或拘留所）——白挨
骏马掉进泥潭里——有劲使不上
骏马跑千里，银燕入云霄——远走高飞
骏马驮银鞍——两相配

jiao

校场坝的旗杆——光棍一条
校场里的土地——管得宽

K

ka

卡车的拖斗——老落后；落后了

kai

开场的锣鼓——想（响）到一块了

开船未解缆——原地不动

开春的冰雪堆——靠不住；不可靠

开春的柳絮——满天飞

开春的鸟儿——成双成对

开春的兔子——成帮结伙

开刀不上麻药——蛮干；硬干

开饭馆的不怕大肚汉——多多益善；越多越好

开飞机抛锚——欲速则不达

开封府的包青天——铁面无私

开弓不放箭——跃跃欲试；虚张声势

开弓的箭——永不回头；决不回头

开沟挖井——步步深入；层层深入

开了水的锅——沸腾起来

开了锁的猴子——得意忘形；无拘无束

开了闸的电灯——豁然亮堂

开了闸的河水——一泻千里（比喻文章或曲调的气势畅达、奔放）

开了闸的水库——滔滔不绝

开笼放鸟——各奔前程；有去无回

开门见山——有话直说；无遮无拦

开汽车按喇叭——靠边站；走到哪儿，响到哪儿

开山的镐——两头忙

开山放瞎炮——不想（响）

开水锅里揭奶皮——白费工夫；办不到

开水锅里捞肥皂——全凭手快

开水锅里露头——熟人

开水锅里伸胳膊——熟手

开水锅里煮空笼——不争（蒸）包子争（蒸）口气

开水煮白玉——不变色（比喻有胆量，或有骨气）

开水煮棉絮——熟套子

开着大门送财神——到手的钱财不要

开着电扇聊天——尽讲风凉话

开着收音机听戏——闻声不见人（比喻只听到名声，没有见到人）

kan

砍不倒大树——弄不多柴火（比喻做事不能怕困难，要看效果）

砍柴人下山——两头担心（薪）

砍柴忘带刀，刨地不带镐——丢三落四

砍刀遇斧头——针锋相对

砍倒苞谷（玉米）露野猪——藏不住

砍倒的芭蕉树——心不死；不死心

砍倒的柳树——死不甘（干）心

砍倒活树栽死树——自找麻烦
砍倒树做箩篓——枉费工
砍树吃橘子——不顾根本
砍树的砍树，劈柴的劈柴——各尽其责；各尽其职
砍树刨树蔸——连根收拾
砍树捉八哥——不得法
砍一斧头锯一锯——对不上茬；不对茬口
看家狗专咬叫花子（乞丐）——穷人好欺负
看人下菜碟——势利眼
看戏的掉眼泪——同病相怜
看戏流眼泪——有情人；假慈悲
看戏瞧玩猴——心不在焉
看戏挑媳妇——一头满意（比喻一方面心里满足）
看相先生改行——不讲情面
看衣服行事——狗眼看人
看准洞儿捉黄鳝——没跑；跑不了
看着地图摆阵势——纸上谈兵
看着上司的脸说话——眼高
看着天摸着地——眼高手低
看着天说话——不知眼多高（比喻要求的标准高）
看着星星想月亮——贪得无厌；贪心不足
看着账本聊天——说话算数

kang

康熙的脑袋——芋（御）头

糠里挤油——小抠
糠了的萝卜——没有辣气（比喻对手或敌人没有多大力量了，或不那么厉害了）
糠心儿的萝卜——蔫（不声不响地；悄悄地）坏
扛进弄堂的木头——难转弯；转不过弯来
扛磨盘游华山——苦尽心
扛枪打狼——不搭理兔子
扛渔网进庙堂——劳（捞）神
扛着风箱串门子——给别人添气受
扛着棍去挨打——自讨苦吃
扛着鸡毛换肩——不知轻重
扛着口袋牵着马——有福不会享
扛着碌碡（石磙）撵兔子——不分轻重缓急
扛着鸟枪上疆场——抵挡一阵
扛着牌坊卖肉——好大的架子（比喻高傲、装腔作势的作风）
扛着竹竿过马路——霸道
炕洞里的耗子——不怕训（熏）；灰溜溜的

炕上安锅子——改造(灶)

炕上的狸猫——坐地虎

炕上种南瓜——不可能的事;没人见过

炕头上生竹子——损(笋)到家了

炕屋里的鸡蛋——不攻自破

炕席上下棋——无路可走

kao

考场里皱眉头——遇到难题了

考上秀才想当官,登上泰山想升天——贪得无厌;欲无止境

考生看榜文——先看自己后看他人

考试不用笔——口试

烤煳的猪头——死皮赖脸

烤熟的母鸡下蛋——稀奇古怪

烤熟了的羊头——龇牙咧嘴

靠墙打狗——仗一面子势力

靠山吃山,靠水吃水——一方水土养一方人

靠小姨养孩子——指望不上

ke

坷垃缝里长青草——土生土长

瞌睡遇到枕头——正合心意;求之不得

磕完头撤供——不留神

磕一个头放三个屁——行善没有作恶多

蝌蚪变青蛙——面目全非;有头无尾

蝌蚪的尾巴——总要脱身;寿命不长

蝌蚪赶扁嘴——命憋着哩

蝌蚪跟着乌龟跑——硬充王八的孙子

蝌蚪害头痛——浑身都是病

蝌蚪聚合——尾巴多

蝌蚪上网——捉大头

蝌蚪找妈妈——看谁都不像

咳嗽闪了腰——赶得巧

可(尽)着屁股裁尿布——没宽裕;不宽裕

可着头做帽子——恰好;正好;恰到好处;精打细算;没宽裕;不宽裕

克隆白骨精——造鬼

客店里的臭虫——逢人就吃

客气碰着老实——虚情当成真意(比喻把假的当成了真的)

客厅里的木地板——任人践踏;由人踩

客厅里放盆火——满堂红

客厅里挂磨盘——不是实话(石画)

课堂上打瞌睡——心不在焉

课堂上玩弹弓——人在心不在

骒马嫁叫驴——只传一代

嗑瓜子吃核桃——不能不求人(仁)

嗑瓜子儿嗑出个臭虫来——什么人(仁)都有;冒充好人(仁)

嗑瓜子嗑出个臭的——什么人(仁)都不是

嗑瓜子嗑出虾米来——遇上了好人(仁)

ken

啃橄榄核儿——咂[仔细辨别(滋味)]点后味儿

啃瓜子皮儿的——没好份儿

啃生瓜吃生枣——难消化;消化不了

啃着鱼骨聊天——话中带刺

keng

坑老人，挖祖坟——净干缺德事

坑里的长虫——地头蛇

坑女婿，害闺女——自家人整自家人；于心何忍

kong

空城计退敌——反败为胜

空袋子——立不起来

空肚的柳树——没有主心骨

空肚子打饱嗝——硬装门面；假装

空棺材出殡——目（木）中无人

空姐上班——有机可乘

空酒瓶子——有口无心

空口说白话——何凭何据；无根无据

空笼屉上锅——不蒸馒头争（蒸）口气

空手打死八只老虎——英雄

空手进衙门——非输不可

空梭子织布——枉费心机

空箱里取物——无中生有

空心的大树——图虚名；外强中干

空心谷子——头仰得高

空心罗汉——无心肝（比喻没有心计，或没有感情）

空心萝卜绣花袍——中看不中用

空心萝卜——中看不中用（比喻外表看起来不错，但没有一点用处）

空心墙——不实在

空蒸笼上锅——争（蒸）气

空中踩钢丝——左右摇摆；摇摆不定

空中打拳——高手

空中打算盘——算得高

空中倒马桶——臭遍天下；臭气熏天

空中的雁，湖底的鱼——捞不着

空中掉馅饼——喜从天降

空中飞人——上不着天，下不着地

空中掌灯——高明

空着手回娘家——无理（礼）

孔夫子拜师——不耻下问

孔夫子搬家——净是输（书）；全是输（书）（比喻总是失败）

孔夫子背书箱——里面大有文章

孔夫子唱戏——出口成章

孔夫子推磨——难为圣人

孔夫子游列国——尽是理（礼）

孔明拜斗——自知要死了

孔明弹琴退仲达——沉着；沉得住气

孔明的计策——神机妙算

孔明给周瑜看病——自有妙方

孔明会李逵——有敢想的，有敢干的

孔明加子龙——智勇双全

孔明借东风——巧用天时

孔明借箭——满载而归

孔明哭周瑜——虚情假意

孔明夸诸葛——自夸

孔明练琴——老生常谈（弹）

孔雀拔了毛——看你咋美

孔雀戴凤冠——官（冠）上加官（冠）

孔雀的尾巴——翘得太高了（比喻特别骄傲）

孔雀开屏——翘尾巴；美不胜收
孔雀说成乌鸦——好坏不分；不分好坏
孔雀头上绑鸡毛——语（羽）双关（冠）
孔雀遇凤凰——比不上
孔雀展翅——卖弄自己

kou

抠到黄鳝，掉了芭笼（用竹篾编成的腹大口小的笼子）——因小失大
抠眼屎弄瞎了眼——因小失大
口朝下的咸菜罐——空谈（坛）
口袋里装绣针——露了锋芒
口袋里装针——处处冒尖；容易出头；个个想出头
口袋里装锥子——锋芒毕露（比喻锐气和才华）
口干舔露水——解不了渴
口干遇上卖瓜的——巧了；正合意
口干望海水——解不了渴
口含糍粑——难开腔
口含黄连脚踏苦胆——从头苦到脚；浑身是苦
口含黄连做事——苦干
口含乱麻团——难嚼难咽
口含木炭拉家常——尽讲黑话
口含盐巴拉家常——闲（咸）话不少
口含盐巴望天河——远水不解近渴
口嚼甘蔗渣——淡而无味
口嚼黄连唱山歌——苦中作乐；苦中取乐
口渴的牛犊望井底——解不了渴
口渴喝了酸梅汤——美滋滋的；对口味儿
口渴了才打井——来不及了
口渴碰到清泉水——正合适
口渴遇见卖茶人——正合适
口里长疮——一言（盐）难尽（进）
口里含蜜糖，肚里藏尖刀——嘴甜心毒
口里吞了个毛杏子——心里酸酸的
口吞萤火虫——心里亮；肚里明
口吞账本——心中有数；肚里有数
口咽黄连——苦在心（比喻内心痛苦）
口罩戴到鼻梁上——不要脸
叩头拜把子（朋友结为兄弟姐妹）——称兄道弟
扣在笼子里的兔子——乱撞乱碰
扣在筛子下面的麻雀——无法；没法；没办法

ku

枯井打水——劳而无功；一无所获
枯井里打水——白费工夫；白费劲；枉费工；徒劳无功；徒劳无益；一场空
枯木干葱——心不死
枯木刻象棋子儿——老兵老将
枯树根上浇水——白费工夫；白费劲；枉费工
枯树烂木头——无用之才（材）
枯树盘根——动不得
枯树上的知了——自鸣得意
枯藤缠大树——生死不离；生死相依
哭孩子得了个洋娃娃——破涕为笑

哭了半天不知谁死了——自作多情

窟窿眼里看人——小瞧

苦菜开花——密密麻麻

苦豆子煮黄连——一个更比一个苦（比喻痛苦一个比一个更深）

苦瓜虫——吃内不吃外

苦瓜攀苦藤——苦相连

苦瓜树上结黄连——一个更比一个苦

苦瓜蒸黄连——苦闷（焖）

苦鬼遇饿鬼——难兄难弟；没什么两样

苦海无边——回头是岸

苦水里面泡苦瓜——苦惯了（比喻已习惯了困苦的生活）

苦水里泡大的杏核儿——苦人（仁）儿

苦汤煮丁香籽——苦人（仁）儿

裤裆放屁——串通一气（比喻狼狈为奸）

裤腰带系在脖子上——错记（系）了

裤腰上挂死耗子——假充打猎人（比喻假充内行又不像）

裤子里进蚂蚁——坐立不安

裤子套着裙子穿——不伦不类

kua

夸父追日——自不量力；不自量

夸嘴的奸商——没有好货

夸嘴的郎中——没好药

挎着洋鼓捧着笙——自吹自擂

胯底下夹扫帚——伟（尾）大

kuai

快车进小站——直来直去；直进直出；直出直入

快刀出鞘一劈二——干脆利索；干净利索

快刀砍骨头——干脆；干干脆脆

快刀砍黄鳝——一刀两断

快刀砍水——难分开

快刀切豆腐——迎刃而解；干净利索；两不沾（粘）

快刀切西瓜——一刀见红白；迎刃而解；一分为二

快刀斩乱麻——干脆利索；干净利索；一刀两断（比喻坚决断绝关系）

快火煮豆腐——一个劲地咕嘟

快锯伐大树——拉倒

快马拉空车——轻松自在
快马追老牛——赶得上
快烧尽的木炭——红火不了几时
快要倒塌的房子——危在旦夕
快嘴婆婆——有口无心
会计拿算盘——算啦
筷子充大梁——不是这块料
筷子穿糯粑——甩不掉；甩不脱
筷子戳糍粑——稳拿；甩不脱；甩不掉
筷子搭桥——难过；路不宽
筷子的一生——吃了饭就睡觉
筷子掉油篓——又奸（尖）又猾（滑）
筷子夹骨头——光棍对光棍
筷子夹蒜薹——尽光棍；全是光棍
筷子夹豌豆——不可多得；一个个来
筷子纫（引线通过针鼻儿）针——难通过；通不过
筷子上穿线——无眼
筷子挑凉粉——滑头对滑头

kuan

宽钉耙搔痒——道道多

kuang

筐里的烂瓜——数它坏
筐里的烂杏——充数
筐中捉鳖——十拿九稳
筐子里堆乱麻——没有头绪
狂风中的海浪——不敢当（挡）
狂犬吠日——白费工夫；空汪汪；少见多怪
矿车过翻笼（翻斗，矿山使用的可倒卸矿物的机械）——倒个精光
矿工上班——最底层
矿工下井——头名（明）

kui

葵花秆子当大梁——支架不住
葵花秆当柱子——难撑难顶；不是正经材料
葵花结籽——心眼多；心眼不少
葵花籽里钻臭虫——算什么人（仁）呢

kun

昆仑山上的灵芝草——无价之宝
捆绑的夫妻——过一天算一天；难成双；长不了（比喻勉强的事情不能持久）
困鸟出笼——展翅飞翔

kuo

扩音器里打喷嚏——想（响）得远
阔别三十年回故里——面目全非

L

la

拉圾倒进粪池里——同流合污
垃圾堆里安雷管——乱放炮
垃圾堆里的八骏图——废话（画）
垃圾堆里的东西——废物
垃圾堆里的救生衣——不成器（盛气）
垃圾堆里的蒜皮子——无用之物
垃圾堆里的靰鞡——没脸没皮
垃圾堆旁聊天——满口脏话
拉长线放风筝——慢慢地来
拉车拉到路边边——使偏劲
拉大旗作虎皮——吓唬人；装面子
拉肚子吃补药——白搭；无济于事
拉弓射出的箭——不会拐弯；勇往直前
拉旱船的瞧活儿——往后看
拉胡琴打喷嚏——弦外之音
拉胡子过河——谦（牵）虚（须）过度（渡）
拉叫驴上市——冒充大牲口（比喻以小充大，以假充真）
拉开窗帘——扩大眼界；开眼界
拉来黄牛当马骑——穷凑合；穷凑
拉犁没牛马来替——乱套
拉痢疾打摆子（患疟疾）——躲了一灾又一灾；祸不单行
拉马不骑——玩谦（牵）哩
拉满了的弓——不得不发
拉磨的驴戴眼罩——瞎转悠
拉磨的驴——任人摆布；瞎转
拉磨驴断套——空转一遭
拉牛入鼠洞——行不通；走不通
拉琴的丢乐本——没谱儿了
拉上老牛当马骑——不行
拉石灰车遇到倾盆雨——心急如焚
拉屎扒地瓜，捎带扑蚂蚱——一举多得
拉屎放屁——有虚有实
拉屎啃鸡腿——亏他张得开嘴
拉屎啃猪蹄——香香臭臭
拉完磨子杀驴——恩将仇报；以怨报德
喇叭当烟囱——不对口径
喇叭当烟袋锅用——不对口径
喇叭佬娶媳妇——自吹
腊肉打汤——图新鲜
腊肉上席——不用多言（盐）；不带劲；
腊肉汤里煮挂面——有言（盐）在先
腊鸭子煮到锅里头——身子烂了，嘴头还硬（比喻身子受了苦，嘴上还是不肯说）
腊月打赤脚——心里有火
腊月打雷——少见；少有；反常
腊月的天气——动（冻）手动（冻）脚
腊月二十三的灶王节——离板了
腊月二十四的灶王爷——上天了

腊月喝凉水——点点记在心
腊月里打雷——空想（响）；罕见；少见
腊月里的镰刀——闲挂
腊月里的萝卜——动（冻）了心
腊月里生蛆——少见
腊月买纸扇——不识时务
腊月盼打雷——空想；不识时务
腊月十五的门神——热门货
腊月天里钓田鸡——白费工夫；白费劲；枉费工
腊月天找杨梅——难得；得之不易
腊月种小麦——外行
瘌痢头打伞——无法（发）无天
瘌痢头害脚癣——两头不落一头
瘌痢头上长疮——倒霉透了
瘌痢头上的虱子——无地容身；无处藏身
蜡封瓶口——一气不出
蜡铺的幌子——没信（芯）儿
蜡人玩火——害自身；自顾不暇
蜡台上无油——空费心；白费心
蜡制的苹果——中看不中吃；好看不好吃
蜡烛的一生——照亮别人，毁了自己
蜡烛燃烧——照亮了别人毁灭了自己
蜡烛玩火——害了自己
蜡烛做箫吹——油嘴光棍儿
辣椒炒豆腐——外辣里软（比喻人外表强硬而内心怯懦）
辣椒粉吹进鼻眼里——够呛（够受的）
辣椒烤火——热得够呛
辣椒棵上结茄子——红得发紫
辣椒面吃进鼻眼里——呛人
辣椒身上长柿子——越红越圆滑
辣椒一行，茄子一垄——有条不紊；井井有条；井然有序
辣椒与生姜——辣对辣
蝲蝲蛄（蝼蛄）穿大褂——硬充土绅士

lai

来俊臣审酷吏——请君入瓮
来了花轿去了姑娘——先喜后忧
来鼠逗猫——没事找事
来自赛马场的消息——奇（骑）闻
赖泥下窑——烧不成个东西（比喻能力差或本质不好的人办不成事）
赖婆子的头发——不理
癞蛤蟆爬香炉——碰一鼻子灰
癞 蛤 蟆 上 墙——巴（爬）不得（迫切盼望）
癞蛤蟆扒皮——心不死
癞蛤蟆没脖子——一肚子气
癞蛤蟆梦吃天鹅肉——痴心妄想
癞蛤蟆趴在鞭梢上——经不住甩打
癞蛤蟆爬上案板——硬装大块肉
癞蛤蟆爬上脚面——光吓人不咬人；踢不走
癞蛤蟆爬香炉——触一鼻子灰
癞蛤蟆爬在秤盘里——自称自（比喻自己称赞自己）
癞蛤蟆爬在脚面上——不咬人，倒吓人
癞蛤蟆披鸡毛——充当漂亮鸟

癞蛤蟆骑水老鼠——假充马队的

癞蛤蟆上马路——愣装军用小吉普

癞蛤蟆上葡萄树——粗人吃细粮

癞蛤蟆上蒸笼——气鼓气胀

癞蛤蟆生蝎子——一窝更比一窝毒（比喻一代比一代阴险、歹毒）

癞蛤蟆跳到热鏊（烙饼的器具。用铁做成，平面圆形，中心稍凸）上——蹦跶不了几下

癞蛤蟆跳进烟囱里——不死也要脱层皮

癞蛤蟆跳三跳——还要歇一歇

癞蛤蟆跳上金銮殿——登峰造极癞蛤蟆想飞——不是上天的料

癞蛤蟆遇田鸡——难兄难弟

癞蛤蟆张口——专吃自来食

癞蛤蟆装鞍子——奇（骑）怪

癞蛤蟆撞大树——干鼓肚

癞蛤蟆追兔子——一步跟不上，步步跟不上；一步赶不上，步步都紧张巴不得（迫切盼望）；求之不得

lan

拦河坝封水泥——滴水不漏；点滴不漏

栏杆上摆花盆——无地自容

栏杆上跑马——走险

栏里关的猪——蠢货

蓝天上的白云——自由自在；轻飘飘的；随风飘

篮子里挑花——越看眼越花

懒厨子坐席——不想给你吵（炒）

懒大嫂赶场——中间不急两头忙

懒姑娘头上的虮子（虱子的卵）——一串一串的

懒汉推胶轮车——不干活也不打气

懒汉学徒——不拨不动

懒鸡婆抱窝——守着摊儿过

懒家伙炸油条——没有劲

懒老婆坐轿——愿上不愿下

懒驴进磨道——自上圈套

懒驴上道——不拉就尿

懒驴上磨——屎尿多（比喻懒惰的人一到干正事，便寻找借口逃避）

懒驴子上套——打一鞭走一步

懒木匠的锯子——不错（锉）

懒鸟不搭窝——得过且过

懒牛懒马干活——屙了就尿；屎尿多

懒牛上套——不屙就尿；屎尿多

懒婆娘的包袱——窝窝囊囊；乱七八糟

懒婆娘的裹脚——又长又臭（比喻文章篇幅长，内容空洞）

懒婆娘的剪刀——不好开口；不常用

懒人干活路——应付支差（旧指支应差役）

懒人嗑瓜子——眼饱肚饥

烂板搭桥——不顶事

烂板子搭桥——白搭；难过

烂鼻子闻猪头——不知香臭；闻不着香臭

烂口袋滤豆腐——净是渣子

烂筐子上拴丝穗子——不相称

烂了根的树——经不起风吹

烂了脚丫子——该歇着
烂萝卜——没有头儿
烂麻袋滤豆腐——尽是渣滓
烂麻袋装珍珠——好的在里面
烂麻里掺猪毛——一团糟
烂木头刻戳儿（图章）——不是这块料
烂木头——做不了大梁
烂木头做大梁——不好用（比喻工作能力差不能重用）
烂木头做梁柱——难顶难撑
烂脑瓜戴上新毡帽——冒充好人；充好人
烂泥巴糊墙——扶（糊）不上去；外光里不光
烂泥巴垒墙脚——立场不稳
烂泥巴下窑——烧不成器；烧不成货
烂泥甘蔗揩一段吃一段——得过且过
烂泥里打桩子——越打越下（比喻不断受打击，受压迫，越来越严重）
烂泥里摇桩——越陷越深
烂泥路上拉车——越陷越深
烂泥坯子贴金身——胎里坏；坏了胎
烂泥土下窑——烧不成个东西（比喻不成材）
烂屁股蜘蛛——没事（丝）
烂蒲扇打人——无关痛痒；不痛不痒
烂汽车过朽桥——乘人之危
烂肉喂苍蝇——投其所好（比喻迎合人家的爱好，逗引它上钩）
烂伞遮日——半边阴
烂扫帚上市——分文不值
烂柿子换核桃——吃硬不吃软
烂柿子上船——软货
烂套包黄金——内中有宝
烂田里的石臼——永世不得翻身
烂田里翻碌碡——越陷越深
烂透的毒疮——不可救药
烂透了的老倭瓜——捧不起来了
烂土豆——小坏蛋
烂袜子改背心——小人得志（之）
烂网打鱼——一无所获（比喻什么也没有得到）
烂网遮日——半边阴
烂倭瓜擦屁股——没完没了
烂靰鞡套没底袜——差对差；差配差
烂西瓜——一肚子坏水
烂眼儿赶苍蝇——忙不过来；忙不开
烂药膏往别人脸上贴——存心害人
烂鱼倒进粪池里——又腥又臭
烂鱼扔粪堆——又腥又臭
滥竽充数——挂个空名

lang

郎中先生摆手——没治了
狼拜狐狸为师——学点鬼点子
狼吃东郭先生——恩将仇报；以怨报德
狼吃狼——冷不防（比喻突然，没有料到）
狼吃天——没处下口
狼叼来的喂狗——白享受
狼给羊献礼——没安好心
狼狗打架——两头害怕

狼借猪娃——有借无还；还不了（比喻有去无回）
狼看羊羔——越看越少
狼啃青草——装洋（羊）
狼哭羊羔——假仁假义；假慈善
狼群里跑出羊羔来——不可能的事
狼嘴里的羊羔——九死一生
狼嘴里逃出的小鸡——好运气
浪里撑船——看风使舵
浪头撞在礁石上——粉身碎骨
浪中行船——时高时低
浪子回头——金不换；改恶从善

lao

捞出水的鱼虾——没啥蹦头了；扑腾不了几下
捞出小米下杂面——赶汤趁热
捞到虾公还要鲤鱼——好了还要更好
捞虾的碰上条大鱼——意外
捞鱼鹳打前头——用嘴支着
劳模作报告——传经送宝
牢房里的囚犯——四面碰壁
牢房里赌博——一错再错
牢门口的匾——后悔迟
痨病鬼儿开药店——自己图方便；自卖自吃
老（最小的）儿子结亲——大事完毕
老八子拉车——谁敢（赶）
老白干泡砒霜——又毒又辣；毒辣
老百姓看皮影——后台有人
老包（包公）过阴——苦思冥（瞑）想
老包的脸虽黑——心里可清着哩
老包断案——认理不认亲；脸黑心不黑
老鸨子死了粉头——没指望了
老鳖吹号子——有原因（圆音）
老鳖的脑袋——伸头乎，缩头乎
老鳖掉进缸里——爬不上去了
老鳖跌跟头——翻了
老鳖吞秤砣——狠心王八
老鳖拖石碑——概（盖）不由己
老鳖找螃蟹——各有所爱
老裁缝做衣裳——不肥不瘦
老蚕吐丝——自己封自己
老蚕——一肚子事（丝）
老草鸡趴窝——没精神
老长虫——盘上了
老厨师品菜——酸甜苦辣都尝遍
老大哥拍胸脯——兄弟放心
老大懒惰老二勤——一不做，二不休
老大娘搬家——什么都拿
老太太上鸡窝——笨（奔）蛋
老大爷拉二胡——陈词滥调
老大爷拄拐棍——一杆子插到底
老大坐车，老二骑马——各走各的路；各行各的道
老掉牙的驴——顾（雇）不得
老儿子娶媳妇——大事完毕（比喻要办的大事都结束了）
老帆船赶快艇——老落后
老方丈打拳——出手不凡
老肥猪上屠场——挨刀的货（比喻某人是受惩罚的对象）

老猴掰玉米——专拣嫩的捏
老猴爬旗杆——不行罗（比喻多有本领的人，上了年纪也力不从心了）
老葫芦爬秧——越拉越长；越扯越长
老虎扮和尚——人面兽心
老虎背上拍苍蝇——找死；自取其祸；惹祸上身
老虎背上玩把戏——胆大心细
老虎背十字架——冒充耶稣
老虎打瞌睡——难得的机会
老虎逮耗子——有劲使不上；耍的什么威风
老虎的胡子——摸不得；拔不得
老虎照镜子——忘（望）着威风
老虎抓猴子——有劲使不上
老虎爪子蝎子心——又狠又毒
老虎追得猫上树——多亏留了一手
老槐树枯了心——外强中干
老皇历——翻不得
老黄牛过河——各蹚各的水
老黄牛拉车——慢慢吞吞；埋头苦干
老妈妈补衣裳——见缝插针
老麻雀喂嫩麻雀——喂大一个飞走一个
老马不死——旧性在
老马上碾道——屎尿多
老马拴在树上——跑不脱
老猫儿念经——假慈悲
老猫犯罪狗戴枷——无辜受罪；嫁祸于人
老猫房上睡——一辈传一辈
老猫教虎——留一手
老猫教徒弟——留一手
老媒婆——能说会道
老绵羊的尾巴——翘不起来
老绵羊锯了角——假充大头狗哩
老绵羊撵（驱逐；赶走）狼——拼老命
老棉花——谈（弹）不上
老面蒸馒头——发得快
老母鸡扒垃圾——找事（食）
老母鸡抱空窝——不简单（不见蛋）
老母鸡不在原处下蛋——挪了窝啦
老牛变鸡——不容易
老牛不怕狼咬——豁出去
老牛闯进瓷器店——破的破，烂的烂
老牛吃草——细细品味；吞吞吐吐
老牛吃嫩草——爱情（青）；想新鲜口味
老牛追骏马——撵不上；老落后
老牛追汽车——赶不上趟
老牛钻耗子洞——行不通；走不通
老鼠吃满了三斗粮——恶贯满盈
老鼠吃猫饭——偷偷干
老鼠吃猫肉——怪事一桩；怪事
老鼠穿牛角——越穿越紧
老鼠打摆子——窝里战
老鼠打洞——自找门道；找门路
老鼠戴笼头——强充大牲口
老鼠戴眼镜——自觉面子大
老鼠盗葫芦——大头在后面；大的在后头
老鼠的尾巴熬汤——没有什么油水

老鼠的住所——洞穴
老鼠掉到大海里——失足不浅
老鼠掉到饭坛里——闷死了
老鼠掉到锅里——溅得满锅腥
老鼠掉进醋缸——一身酸气
老鼠逗猫——没事（死）找事（死）
老鼠给猫祝寿——自送一口肉；送来的口食；送货上门
老鼠进风箱——两头受气
老鼠嗑瓜子——一张巧嘴
老鼠上了老鼠夹——死到临头；死在眼前
老鼠睡猫窝——送来一口肉（比喻没费力气，得来意外的收获）
老鼠睡在米坛里——不愁吃
老鼠抬轿子——担当不起
老鼠拖油瓶——好的在里面
老鼠钻油壶——有进无出
老太婆搽粉——不论（嫩）；爱老面子
老太婆搽胭脂——不知自丑
老太婆吃炒豆——慢慢嚼
老太婆吃炒面——闷了口
老太婆吃黄连——苦口婆心
老太婆吃麻花——要（咬）的那股劲
老太婆缝补丁——认起真（针）来
老太婆怕出门——腿脚不济
老太婆上台阶——步步高升；步步登高
老太太打补丁——穷凑合；穷凑；东拼西凑
老太太打飞脚——悬了
老太太扭秧歌——笨手笨脚
老太爷看告示——一篇大道理
老铁匠抡大锤——砸到点子上
老铁匠绣花——不是那份手艺
老王卖瓜——自卖自夸
老相识见面鞠一躬——有礼
老鹰抓小鸡——捧上天了；居高临下；一个喜来一个忧
老鹰追兔子——一个天上，一个地上
老鹰捉麻雀——一抓就来
老玉米里搀白面——粗中有细
老张的拳头捣老张的腿——自作自受
老丈母拉女婿——拖住不放
老蜘蛛的肚子——净是私（丝）
老蜘蛛跑腿——办私（丝）事
老中医把脉——慢慢地摸
老子哭儿——惨不忍闻
老子纳妾儿姘居——上梁不正下梁歪；一窝不正经
老子盘儿——看到钱分上
老子入团儿入党——一代比一代强
姥姥疼外甥——自然的事

le

乐山的大佛——老实（石）

lei

勒紧裤带过日子——岁月难熬；日子难过
勒紧裤带拉二胡——穷快活
勒紧腰带数日月——难过
勒腰蛤蟆——一肚子气

雷打芝麻——专拣小的欺
雷打庄稼——不留情
雷锋事迹——名扬四方；到处传扬
雷锋送大嫂上车——助人为乐
雷公打芝麻——专拣小的欺
雷公动怒——不同凡响；惊天动地
雷公喝酒——胡批（劈）
雷公和土地婆亲嘴——差太远
雷公劈城隍——以上压下
雷公劈蚂蚁——以大欺小；大的欺负小的；气势汹汹
雷声大雨点小——虚张声势；有名无实
雷雨天下冰雹——一落千丈
泪往肚里流——说不出的苦
擂槌铲锅巴——死硬
擂槌吹火——一窍不通
擂鼓奏唢呐——吹吹打打；又吹又打
擂台上比摔跤——抱成团
擂台上比武——凭的真本事
擂台上见高低——全凭真本事

leng

愣过铁路——越轨行为
冷不防拉弓——施放暗箭
冷冻库里放醋坛——寒酸
冷饭团发芽——天下奇闻；无奇不有
冷锅爆豆子——不声不响；无声无息
冷锅炒热豆子——越吵（炒）越冷淡；不大可能
冷锅里爆豆芽——天下奇闻；无奇不有
冷锅里长热豆——想不到
冷锅贴饼子——溜啦
冷灰里爆出热栗子——怪事一桩；意想不到
冷库里的五脏——心肠硬
冷了的炉膛——没货（火）
冷炉打铁——打不成
冷却了的钢锭——变不了形
冷水滴进油锅——炸开了；炸了锅了
冷水调米粉——不沾（粘）
冷水浇头——凉了半截
冷水泡茶——硬充（冲）；无味（比喻没有兴趣，没有意思）
冷水齐腰——凉了半截
冷水烫鸡——一毛不拔
冷水褪鸡——一毛不拔（比喻非常吝啬）
冷水煮鲤鱼——快活不久
冷天戴手套——保守（手）
冷天吞了热汤圆——身上暖烘烘，心上甜滋滋
冷铁打钉——硬锤
冷眼观螃蟹——看你横行到几时

li

狸猫窜屋脊——一会就不见了
狸猫耳朵——太短
狸猫换太子——以假乱真
狸猫装猫叫——想投机（偷鸡）
离地的火箭——飞黄腾达
离了水晶宫的龙——寸步难行
离了王屠户——也不能带毛吃猪（比喻

没有内行人，也难不倒谁）
离群的牛犊——不知往哪奔；孤孤单单
离山的猛虎——无能
离枝的鲜花——活不长
犁地不拿鞭子——光吆喝
犁地甩鞭——吹（催）牛
犁地淹死牛——伤（墒）透了
黎明的觉，半道的妻，羊肉饺子清炖鸡——难得的好处
李鬼的老婆搽胭粉——贼俏
李鬼的老婆飞眼——贼会勾
李鬼见李逵——贼形毕露
李逵穿针——粗中有细
李逵打宋江——过后赔不是
李逵大闹忠义堂——分不清真假宋江
李逵断案——强者有理
李逵裹脚——难缠；难办
李逵开铁匠铺——人强货硬
李逵骂宋江，过后赔不是——负荆请罪
李逵卖刺猬——人强货扎手
李逵卖煤炭——人黑货也黑
李逵上阵——身先士卒
李逵升堂判案——乱打一通
李逵绣花——心有余而力不足
李逵学绣花——试试看
李逵遇虎——斩尽杀绝
李逵遇着张飞——你痛快我干脆
李逵捉鱼——一条不得
李时珍看病——手到病除；妙手回春
李世民登基——顺应民心
李双双打离婚——没希望（喜旺）了
李双双的心上人——希（喜）望（旺）
李双双守寡——没希望（喜旺）
李铁拐的葫芦——不知卖的什么药
李自成进北京——好景不长
里手（内行；行家）赶车——没外人
理发的带补鞋——从头管到脚
理发的修脚——从头包到脚
理发店关门——不理你了；没头了
理发店收徒弟——从头来；从头学起
理发师的工夫——凭的是理
理发师的剃刀——刮人不刮己
理发师傅收摊子——没头了
理发师甩刀——不理
理发员的担子——一头热
鲤鱼蹦在灰堆里——越跳越糊涂
鲤鱼产卵——一撇一大片
鲤鱼吃水——吞吞吐吐

鲤鱼穿过千层网——越来越滑

鲤鱼的本领——专往软处钻

鲤鱼吞钓钩——为嘴丧身

鲤鱼下油锅——死不瞑目

鲤鱼咬钓钩——吞不下，吐不出

鲤鱼找鲤鱼，鲫鱼找鲫鱼——物以类聚

立春响雷——一鸣惊人

立冬的蛇——僵了

立夏后的葡萄——越结越多

利刀砍黄瓜——一刀两断（段）

利刀石上磨——精益求精

荔枝皮翻个儿——点子多；点子不少

痢痢头上打苍蝇——百发百中

痢痢头上的长疮——倒霉透了

lia

俩狗打架——你咬我，我咬你；以牙还牙

俩寡妇掉泪——不说都清楚

俩和尚打架——谁也抓不到谁的辫子

俩肩膀抬张嘴——不愁吃

俩蚂蚁拔河——没劲儿

俩猫上树——二虎

俩牛打架——硬顶；两败俱伤

俩牛相斗——顶顶撞撞；又顶又撞

俩螃蟹打架——纠缠不清

俩人掏蛐蛐——你听听我听听

俩山羊抵角——对头

俩狮子打架——不是你死，就是我亡

俩秃子打架——抓不到辫子

俩瞎子打架——对拍

俩小鬼成仇——死对头

俩小偷亲嘴——贼稳（吻）

俩哑巴说话——比比划划

俩哑巴睡一头——好得没法说；无话可说

俩孕妇拉手——彼此彼此

lian

连鬓胡子吃麻糖——纠缠不清

帘子脸儿——落下来了

莲梗打人——思（丝）尽情断

莲花池里下饺子——异想天开

莲藕炒粉条——无孔不入

莲藕生疮——坏心眼儿

莲蓬梗打人——思（丝）尽情断

莲蓬结子——心连心

廉颇背荆条——负荆请罪

鲢鱼吃草鱼粪——专吃自来食

鲢鱼头脑袋——又大又硬

镰刀割韭菜——不死心；心不死

镰刀卡在喉咙里——吞不下，吐不出

镰刀砍石头——硬碰硬

脸打肿了——充胖子

脸蛋上的痤疮——疙疙瘩瘩

脸蛋贴膏药——眼前就是毛病；破相

脸盆里撑船——内行（航）

脸盆里生豆芽——知根知底

脸盆里扎猛子——不知深浅

脸皮蒙手鼓——好厚的脸皮

脸皮像城墙——厚得吓人；厚颜无耻

脸谱大全——面面俱到

脸上带笑，肚里藏刀——假充好人
脸上含笑，脚下使绊子——暗伤人；暗里伤人
脸上糊锅底灰——不认人
脸上爬了条毛毛虫——满脸不自在
脸上贴狗毛——不知好歹；好歹不分
脸上写字——表面文章
练兵场上的靶子——众矢之的
练武术的不拿刀枪——赤手空拳

liang

良心都是肉长的——彼此彼此；彼此一样
凉白开沏茶——乏味
凉山有大小——一山更比一山高
凉水泡豌豆——冷处理
凉水淘米——清清白白
凉水碗里的筷子——能捞出什么味道来
梁红玉击鼓——贤内助
梁山伯看到祝英台——一见钟情
梁山伯与祝英台——生死相依；生死不离
梁山泊的王伦——不能容人；谁都容不下
梁山泊的吴用——足智多谋
梁山泊的弟兄——不打不相识；志同道合
梁山好汉喝酒——大腕（碗）
梁山好汉——重义气
梁山上的晁盖——一把手
梁山上的好汉——逼出来的（比喻被迫做某件事）
梁山上的王伦——嫉贤妒能
梁上插针——粗中有细
梁上挂暖壶——高水平（瓶）
梁上挂猪胆——哭（苦）哭泣泣（滴）
梁上君子——上不着天，下不着地；贼；悬在半空中
梁头上卖肉——架子不小；好大的架子
梁祝化蝶——死活对
粮仓里的老鼠——有损无益
粮店兼卖时装——有吃有穿
粮库里头颗谷——有你不多，无你不少
粮食装在布袋里——一个挨着一个（比喻数量很多，接连不断）
两口子拜年——不必
两口子唱《夫妻桥》——真真假假
两口子睡觉丢被窝——没有上心的人
两把号吹成一个调——想（响）到一块；一起响
两百钱买了个西洋镜——走着瞧
两耳塞豆——懵然不觉
两分钱的韭菜——一小撮
两分钱开店铺——穷张罗
两分钱买个羊蹄子——横扯筋；扯筋
两分钱买了一包花生米——吃不了兜着走
两分钱买一篮子菜——不是好货；不是好东西
两分钱一个猪头——脸面不值钱
两个巴掌打人——左右开弓

两个鼻子眼儿出气——息息相关
两个臭鸡蛋——一个味儿（比喻一个样）
两个槌敲一面锣——想（响）到一块了
两个风筝一起飞——胡搅蛮缠
两个鼓槌——一对儿
两个怪叫驴——拴不到一个槽上
两个肩膀扛一个脑袋——人到哪脑袋就到哪
两个肩膀扛张嘴——走到哪吃到哪
两个叫花子拜堂——穷凑合
两个进士落井——双管（官）齐下
两个喇叭一个调——想（响）到一块了
两个老汉三根胡——又稀又少
两个琵琶一个调——弹（谈）到一块去了（比喻想法一致，心投意合，话能说到一起）
两个钱买一个糖人——玩了没吃的
两个人穿一条裤子——步调一致
两个人打排球——推来推去；互相推脱（托）
两个人盖一床被子——顾了这头顾不了那头
两个人推磨——你推我让
两个人玩猴——你上来就没有我耍的了
两个人舞龙——有头有尾
两个人做买卖——缺一不可
两个山头上的斑鸠——一唱一和
两个狮子打架——不是你死，就是我亡
两个娃儿抬水——到（倒）了
两个兄弟吵分家——各顾各
两个哑巴吵架——不知谁是谁非
两个哑巴打电话——从哪里说起
两个哑巴见面——没说的（比喻使人满意，挑不出什么毛病）
两个哑巴说话——指手画脚
两个指头卜卦——拿不稳
两个指头拿个米——十拿九稳
两根筷子夹骨头——三条光棍
两根绳上拴五个蚂蚱——接二连三
两公婆拜年——多此一举
两狗咬架——以牙还牙
两姑嫂骑马——公（共）安（鞍）
两股道上的车——撞不上；走的不是一条路；碰不到一块
两股脏水汇一起——同流合污
两虎相斗——必有一伤；自相残杀
两鸡打架——斗嘴
两架破飞机——对不起
两口子拜年——多此一举；不必
两口子不称心——将就着过
两口子——不分你我
两口子唱《西厢记》——真真假假
两口子唱戏——一唱一和
两口子吵嘴——难断是非；说不清的理；不知谁是谁非
两口子床上奏喇叭——对着吹
两口子台上扮夫妻——真真假假
两块钱买去个猪头——便宜了他
两块银元做眼镜——睁眼就是钱
两狼山中的杨老将——身入绝境

两匹马并排跑——同奔前程；并驾齐驱

两匹马赛跑——各奔前程

两亲家打架——为儿女的事

两勤夹一懒——一不做，二不休

两人穿一条裤子——不分你我

两人打排球——推来推去

两人盖床小被子——顾了这头顾不住那头

两人一条心——黄土变成金

两人拥抱——外国洋理（礼）

两扇磨磨面粉——缺一不可

两手插在口袋里——什么事也不管

两手打屁股——光打光

两手进染缸——左也难（蓝），右也难（蓝）（比喻左右为难）

两手抹糨子（糨糊）——粘上了

两手捏兔子——稳拿

两手捧寿桃——有理（礼）

两手提两篮——左也难（篮）来右也难（篮）

两手托刺猬——碰到棘手事；棘手

两手攥（握）仨大钱——一是一，二是二

两天打鱼，三天晒网——本末倒置

两条河里的船——总碰不到一块

两条腿的凳子——站不住脚（比喻理由不充分）

两条下水道见面——同流合污

两响炮升天——想（响）到一块了

两眼无珠——不识泰山

两眼一眨，老鸡婆变鸭——说变就变；转眼就变；变化无常

两样布做夹袄——表里不一

两爷子打捶——胡豆（斗）

两张麻纸画个驴头——好大的脸皮

两张嘴——一个说这一个说那

两只耳朵——碰不到一块儿

两只风筝一块飞——胡缠；胡搅蛮缠

两只公鸡打架——难解难分；互不相让；谁也不让谁；难分难解

两只黄鼠狼衔一根油条——毛色相对

两只老虎打架——劝不得

两只老鹰打架——空战

两只麻雀一同飞——分不出先后

两只手拿仨大钱——一是一二是二

两只眼盯着一个小钱——见钱眼开

两种芝麻一锅炒——黑白不分

亮月下点灯——空挂名（明）

亮月下耍大刀——胡砍

晾衣竿钩月亮——差太远

liao

《聊斋》上的文章——鬼话连篇

料槽旁的马——不愁吃

撂鞭子牛——生分

撂下拐棍作揖——老交情

撂下田鸡捉麻雀——因小失大

lie

咧着嘴吃梅子——看你那个酸相

列车上放广播——道听途说

劣马装麒麟——露马脚

烈火干柴——一点就着
烈火添干柴——越烧越旺
烈日下的糖人儿——瘫倒了
烈士陵园的碑文——记生记死
猎狗的鼻子——灵得很；真灵
猎狗追狐狸——盯梢（骚）
猎人出门遇上兔子出窝——巧得很；巧极了
猎人家闯进只黄羊——送上门的肉
猎人抓兔——不见兔子不撒鹰
裂嘴的包子——露馅儿

lin

邻家的鸡——轰出去
邻家失火——不救自危
林冲棒打洪教头——看破绽下手
林冲买宝刀——中了诡计；哪知是计
林冲上梁山——逼出来的；走投无路
林冲误闯白虎堂——单刀直入；上当受骗
林黛玉的脾气——爱使小性子
林黛玉的身子——弱不禁风
林黛玉进贾府——谨小慎微
林黛玉看《西厢》——入神
林黛玉葬花——情悲意冷；自叹命薄
林教头的棍棒——虚晃一下
林教头发配沧州——一路风险
林子大了——什么鸟儿都有
林子里的斑鸠——一对儿
林子里的蘑菇——到处都是

临到上轿穿耳朵眼——来不及了；匆匆忙忙；早没准备
临嫁的姑娘——满面春风
临渴才掘井——干着急；怎么来得及
临老当和尚——半路出家
临老得了摇头病——身不由己；不由自主
临老学吹鼓手——力不从心；心有余而力不足
临老学绣花——晚了
临上轿才缠脚——临时忙

临上轿找不到绣花鞋——心里急
临时抱佛脚——来不及；晚了
临死挨了一巴掌——死不要脸
临死才忏悔——迟了
临死打哈欠——白张嘴
临死的蛤蟆——蹬三蹬
临下水学游泳——有何（河）过不去
临刑唱大曲——视死如归
临刑唱歌——视死如归
临阵磨枪——不快也光
淋了雨的稻草——点不着
淋了雨的熟石榴——合不拢嘴；咧开了嘴
吝啬鬼串亲戚——两手空
吝啬鬼过日子——一分钱攥出汗来
吝啬鬼天天拾金子还嫌少——贪得无厌；贪心不足
蔺相如出使秦国——完璧归赵
蔺相如回车避廉颇——冤家路宽

ling

拎破篮吹唢呐——装相
灵前酒壶——斟干止
灵透孩子买东西——骗不得
岭头上唱山歌——调子太高
岭头上对歌——唱高调
凌冰缝里捞鱼吃——辛苦挣来快活吃
铃铛掉了舌头——不想（响）；没想（响）头了
羚羊挂角——无迹可寻
菱角碰粽子——尖对棱；奸（尖）对奸（尖）
另搭台子另唱戏——从头来；从头学起

liu

溜冰场上打太极拳——圆滑；又圆又滑
溜直的树木——先被砍
刘阿斗——扶不起
刘邦攻项羽——反败为胜
刘备白帝城托孤——试探别人的心
刘备编草鞋——内行
刘备当皇叔——时来运转
刘备的儿——无能之辈
刘备的江山——哭出来的（比喻来之不易）
刘备的兄弟——红黑都是对的
刘备登上黄鹤楼——胆战心惊
刘备对孔明——言听计从
刘备访贤——三顾茅庐
刘备借荆州——有借无还
刘备取成都——不得已
刘备三请诸葛亮——诚心实意；思贤心切
刘备三上卧龙岗——就请你这个诸葛亮（比喻请的就是你）
刘备杀人——心慈手软
刘备摔阿斗——收买人心；做个样子
刘备的舅子——孙权
刘备遇孔明——如鱼得水；无话不说
刘备种菜——这是一计
刘伯温的八卦——神机妙算
刘禅乐不思蜀——忘本
刘关张（刘备、关羽、张飞）拜把子（朋友结为兄弟姐妹）——生死之交
刘海打跟头——钱在头里人在后头

刘海儿拉着孟姜女——有哭有笑
刘姥姥进大观园——洋相百出；看得出神了（比喻由于看到新奇事物精神过度集中而发呆）
刘姥姥进荣府——眼花缭乱
刘姥姥坐席——出洋相
流浪汉坐远洋轮——四海为家
流水簿子做袍子——满身都是账
留种的黄瓜——挂起来
琉璃瓶上安蜡扦——又奸（尖）又猾（滑）
琉璃瓦搭猪圈——屈才（材）；屈了材料
琉璃瓦盖鸡窝——大材小用
硫黄脑袋——一点就着
柳树抽芽——自发
柳树出身——立场不稳
柳树的花——只开花不结果；无结果
柳树雕的娃娃——木头人
柳树上落凤凰——早晚要飞
柳树叶子——尖出头
柳条穿泥鳅——一路货
柳条穿螃蟹——勾勾搭搭
柳条穿青蛙——一个是一个
柳条穿王八——一溜黑货
柳条篮子打水——一场空
柳条篮子摇元宵——滚蛋
六尺跳板要过八尺涧——搭不够
六点钟的分时针——顶天立地
六耳猕猴充悟空——冒牌货
六个指儿抓痒——多一道子
六个指头擦背——加一奉承
六个指头给人抓痒——格外巴结
六个指头划拳——出了新花招
六个指头掐卦——挨不着你
六个指头搔痒——多出一道子
六个指头上菜——格外巴结
六七八九——没食（十）
六十甲子轮流转——老一套；接连不断；周而复始
六十年的干姜——老滋味
六十岁搽粉——盖不住老粗
六十岁生娃娃——好事难盼
六十岁学吹打——心有余力不足
六十岁学吹鼓手——赶时兴；赶时髦
六堂河的蚊子——伸嘴吃人
六月斑鸠——不知春秋
六月穿皮袄——自找罪受；自找难受
六月戴棉帽——不识时务；不合时宜
六月的暴雨——猛一阵
六月的粪缸——越搞越臭
六月的泔水桶——又酸又臭
六月的荷花——众人共赏
六月的火炉——谁凑和你（比喻没有人愿意接近或亲近）
六月的麦子——黄了；一天变个样
六月的日头——毒得很
六月的杉木——定了型；定型了
六月的闪电——眨眼不见
六月的扇子——借不得；家家有
六月的天——说变就变；变化无常
六月的云，八月的风——不好捉摸；难捉摸
六月的云，少女的心——变化多端

六月的债——还得快
六月的庄稼——直往上蹿
六月间的庙堂——鸦雀无声
六月间狗吐舌头——热出来的
六月间做棉袄——早做准备
六月里吃薄荷——凉透心；好良（凉）心
六月里吃生姜——伏辣（服啦）；热乎乎
六月里穿皮袄——反常（比喻跟正常的情况不同）
六月里戴手套——保守（手）（比喻因循守旧，不求进步）
六月里的冬瓜——越大越不值钱
六月里的火腿——走油了
六月里的梨疙瘩——有点酸
六月里的剩稀饭——倒掉
六月里冻死羊——说来话长；屈天屈地
六月里借扇子——等着吧
六月里送炭——不领你的情

六月里贴对联——还差半年
六月六看谷穗——出了头
六月天穿棉袄——不是好人；乱了季节
六月天的冷饭——抓不拢
六月天孵小鸡——坏蛋
六月天晒裂了瓦——坏胚（坯）子
六月天烧烘笼——怪事一桩；怪事
六月天身发抖——不寒而栗
六月天下雨——猛一阵子；有回数
六指头拨琵琶——乱弹琴
六指头上菜——加一奉承；格外巴结
六指头挖鼻孔——光出岔（杈）子；净岔（杈）子

long

龙背上放茶壶——一张好嘴
龙背上刮鳞——痴心妄想；妄想
龙船上装大粪——臭名远扬
龙船装狗屎——又臭又长
龙灯的胡须——没人理
龙灯耍得好——靠头
龙宫里造反——慌了神
龙门刨上的工件——直来直去
龙门石窟里的佛像——老实（石）人；靠山硬
龙门阵缺了人——摆不起来
龙袍当蓑衣——白糟蹋
龙头不拉拉马尾——用力不对路（比喻力气或功夫没用在点子上）

龙王摆筵席——净是海鲜
龙王吹喇叭——好神气
龙王的胡子——不理
龙王发脾气——翻江倒海；兴风作浪
龙王爷掉在海里——不消劳（捞）
龙王管土地——管得宽
龙王开茶馆——神乎（壶）其（沏）神
龙王靠边——人定胜天
龙王爷搬到陆上住——厉害（离海）
龙王爷出海——兴风作浪；翻江倒海
龙王爷打盹——百姓遭难；四方遭灾
龙王爷的后代——龙子龙孙
龙王爷的军队——虾兵蟹将
龙王爷的脾气——摸不透
龙王爷的前站——瞎（虾）精
龙王爷掉河里——回老家了
龙王爷发脾气——别（鳖）急了
龙王爷放火——改行
龙王爷放水——正办
龙王爷亮相——张牙舞爪
龙王爷面前挑水——敢想敢干；有斗龙的胆量
龙王爷招亲——水里来，水里去
龙行雨——本行
龙须菜炒韭菜——乱七八糟
龙眼核擦屁股——各有本领；各靠各的本事
龙嘴上拔胡须——送死
砻糠搓绳索——起头难；开头难
笼里斑鸠——不知春秋
笼里边抓窝窝头——手到擒来
笼里的鸽子——放了还回来
笼里的鸟——随你逗；有翅难飞
笼里的鸭子——放了还回
笼里捉鸡——没跑；跑不了；十拿九稳
笼屉的盖子——受气的家伙
笼屉上抓馒头——稳拿
笼中兽，网中鱼——命难逃
笼中小鸟——飞不了
笼中之虎——总是受人摆布
笼子里的八哥——只会说不会干
笼子里的肥鸭——早晚得杀
笼子里的老虎——抖不起威风
笼子里的鸟儿——有翅难飞（比喻坐困牢笼，无计可施）
笼子里关蚂蚁——来去自由
笼子里过日子——睁眼净窟窿
笼子里拿家雀——十拿九稳
聋佬烧炮仗——散啦
聋哑人吹喇叭——不知吹的啥调
聋哑人打官司——说不清，听不明
聋子拜客——不闻不问（比喻不搭理，或比喻毫不关心）
聋子不怕雷——胆子大
聋子参加赛歌会——一无所获
聋子吹笛——摸不着谱
聋子打电话——大嗓门；形式主义；有说的没听的
聋子打翻了哑巴的油瓶——说不清，听不明
聋子戴耳机——充耳不闻
聋子的耳朵——爱打岔；摆设；装装门面

聋子耳朵——配搭（比喻充当配角或陪衬）
聋子放花炮——看着散了
聋子见哑巴——不闻不问
聋子看戏——凭眼力；有形无声；只饱眼福
垄沟决口——放任自流；任其自流

lou

娄阿鼠（昆剧《十五贯》中人物）测字——做贼心虚
娄阿鼠唱戏——贼声贼气
楼窗上走人——门外汉
楼顶上的警报器——事出有因（音）
楼上摆盆景——无地自容
搂草打兔子——顺手；一举两得
搂着金条睡觉——守财奴
漏洞百出的文告——经不起推敲
漏斗盛水网兜风——一无所获
漏房偏遇连阴雨——倒霉透顶
漏盆里洗澡——快活不了多久
漏网捕虾——白捞
漏网之鱼——死里逃生；溜了
漏夜（深夜）捉贼漏夜解——马上行事；事不过夜

lu

露水夫妻——无情无义
露头的钉子——挨敲打的货
卢沟桥上石狮子——数不清
卢生享荣华——黄粱美梦
卢生做梦——一枕黄粱
芦柴秆做门闩——难撑
芦花做棉絮——不是正胎子
芦苇墙上钉钉子——不牢靠
芦苇塞在竹筒里——空对空
芦席上翻到地上——不分高低
炉边的柴火——骚（烧）货
炉火上泼水——奄奄一息（熄）
炉里的生铁——见火就软
炉前的耙子，装钱的匣子——够抠门儿（吝啬）了；抠门儿
炉膛里筑坝——考（烤）验（堰）
炉子底下的废物——残渣余孽（热）
炉子翻身——倒霉（煤）
炉子里的木炭——热不了多久
炉子里烤山芋——拣熟的拿
炉子旁的捅条——倒霉（捣煤）的家伙
鲈鱼探虾毛——没安好心肠
卤水点豆腐——一物降一物；一行管一行
卤水当酒喝——嫌命长了
卤水煮寒鸭子——肉烂嘴不烂；好硬的嘴；嘴硬
鲁班的儿子学木匠——一代传一代；不用拜师
鲁班的斧子——准得很
鲁班的锯子——不错（锉）
鲁班的手艺——巧夺天工
鲁班门前卖手艺——忘了自个儿姓名；班门弄斧
鲁班门前弄大斧——自己献丑；充内行

鲁班手里调大斧——得心应手
鲁班皱眉头——别具匠心
鲁达拳打镇关西——打他个鼻塌嘴歪
鲁肃伐荆州——空手而去，空手而回
鲁肃上了孔明船——错了；任人摆布；尽办糊涂事
鲁肃讨荆州——空手而去，空手而回
鲁肃宴请关云长——暗藏杀机
鲁提辖拳打镇关西——抱打不平
鲁智深出家——花和尚
鲁智深大闹野猪林——粗中有细
鲁智深当和尚——半路出家
鲁智深倒拔垂杨柳——好大的力气；蛮劲十足
鲁智深买肉——挑肥拣瘦
碌碡（石磙）打月亮——自不量力；不自量
路边的长虫——地头蛇
路边的鼓——挨打的货
路边的茨茨草——看不上眼
路边的钱——人家的
路边捡私生子——非亲非故
路边上的狗屎——不值一文（闻）
路灯照明——公道
路见不平，拔刀相助——打抱不平
路警摆手——不管这一段
路口挖陷阱——坑害人
路旁的车前子——轧不死
路旁的甘蔗渣——没用处
路上再见——分道扬镳
路上找不到问卦人——前途未卜
路中间的螃蟹——横行霸道
辘轳（安在井上绞起汲水斗的器具）串当眼镜——各投各眼；各对各眼
辘轳打水——一个劲地往上拽
辘轳断了轴——玩不转
鹭鸶捕鱼——得而复失
鹭鸶吃河蚌——作（啄）乐（裂）
鹭鸶脚上挂蚂蚱——飞不了你，跑不了它
鹭鸶腿上劈精肉——无中生有；没多大油水

luan

孪生的娃娃——没大没小
孪生的羊羔——不分彼此
乱坟堆里划拳——一鬼作乐
乱坟堆里找人——都是死硬货
乱坟岗上卖布——鬼扯
乱加砝码——不公平
乱麻疙瘩——理不清
乱麻韭菜缠一起——难收拾；不可收拾
乱线团掉刺窝——难理清
乱葬坟里放鞭炮——吓鬼；闹鬼
乱葬坟里掷骰子（shǎi zi 色子）——净是鬼点子；鬼点子多
乱葬坟上跳舞——鬼迷心窍

lun

轮船开往亚非拉——外航（行）
轮船靠码头——稳而不动
轮船上泼水——随波逐流

轮船上装粪——臭名远扬
轮船上装橹——摆设
轮胎打气——有进无出
轮胎上的气门芯——里外受气（比喻受夹板子气）
轮转没有轴——玩不转

luo

罗成的回马枪——祖传
罗成的绝招——回马枪
罗锅（驼背的人）穿背心——出洋相；洋相百出
罗锅立正——直不了（比喻就那样了，成不了材或比喻值不了多少钱）
罗锅上树——钱（前）缺
罗锅睡到碓窝（duì wō 石臼）里——再合适不过了
罗锅子上树——钱（前）缺
罗锅子伸腰——高出二尺
罗汉的肚腹——假大空
罗汉的肚子——假大空
罗汉过水——各显神通
萝卜长了杈——多心
萝卜大——在辈（背）上
萝卜当棒槌——不识货
萝卜地里栽韭菜——各人心里爱
萝卜开花——空心
萝卜两头切——首尾不顾
萝卜青菜——各有所爱；各人所爱
萝卜上坟——哄鬼；骗鬼；哄死人
萝卜烧猪肉——揩油；沾油水
锣鼓对着街上敲——叫人听的
锣鼓喇叭一齐上——吹吹打打；又吹又打
锣鼓两叉——想（响）不到一块；想（响）得不一样
锣鼓响器（唢呐）一起上——大吹大擂
锣筐盛石灰——处处留痕迹（比喻每个地方都留下了印记）
锣齐鼓不齐——高潮不在点上
箩筐里捡桃子——挑花眼睛
箩筐里装乱麻——没有头绪
箩筐盛石灰——处处留痕迹
箩头（箩筐）粪杈子——都是家子
骡和驴打架——不认亲
骡马挠痒痒——全凭一张嘴；全仗嘴
骡子不下（生）儿——理所当然
骡子吃灰面——白嘴
骡子打滚——四脚朝天
骡子尿血——没法治；没治了
骡子陪考——比劲大
螺丝帽上劲——尽绕圈子；绕圈子；弯弯绕
螺蛳拜蚌壳——假（甲）碰假（甲）
螺蛳不吃泥巴——除非不开口
螺蛳壳里摆擂台——踢打不开
螺蛳壳里睡觉——摸不清方向
螺蛳壳里做道场——团团转；打不开场面
螺蛳屁股——转弯多
裸体穿皮袄——凉了半截
洛阳的牡丹——人人喜欢；个个喜爱；

名不虚传
骆驼挨鞭子——忍辱负重
骆驼安鼻子——装相（象）
骆驼背火球——烧包（比喻取得一点成绩得到什么利益，就得意忘形，到处显示，生怕别人不知道）
骆驼吃豆芽儿——小菜一碟；小菜儿
骆驼吃蚂蚁——小收拾
骆驼吃牡丹——有多少才够哩
骆驼吃青盐——咸苦在心里
骆驼穿针眼——不行
骆驼打滚儿——翻不过身来
骆驼打滚——难翻身；翻不了身
骆驼打架——歇够了再干
骆驼戴风镜——傻了眼
骆驼的鼻子——棍儿别着
骆驼的脖子，鸵鸟的脚——各有所长
骆驼的脖子仙鹤的腿——各有所长
骆驼的脊背——两头翘
骆驼的脑袋——高昂
骆驼的头——仰着脸
骆驼的下颏——耷拉嘴儿
骆驼蹬蹄——没法治；没治了
骆驼放屁——想（响）头不低
骆驼观天——眼朝上；眼向上看；眼高
骆驼过独木桥——步步有险；一步三分险
骆驼进鸡窝——没门；无门
骆驼进牛棚——门路不对
骆驼进羊群——非常突出
骆驼看天——眼高
骆驼撵兔子——白费工夫；白费劲；枉费工
骆驼尿尿——往后使劲
骆驼上车——就剩一下乐儿了
骆驼上墙——大笨贼
骆驼身上拔根毛——无足轻重；无伤大体；无关大体
骆驼生驴子——怪胎
骆驼睡觉——两头不靠实（比喻事情两头都没有着落）
骆驼睡在板桥上——两头不着实
骆驼蹄上挑刺——大题（蹄）（比喻把大事情当作小事情来处理）
骆驼跳舞——不像样子
骆驼下岭——不敢回头
骆驼下驴驹——退化
骆驼想吃隔山草——痴心妄想；妄想
骆驼在沙漠里断了水——进退两难
骆驼站在羊群里——太显眼了
骆驼走路——昂首阔步；稳重
骆驼走路——一步一个脚印
骆驼钻针眼——没门
骆驼钻针眼——异想天开
落榜听见喜鹊叫——惨不忍闻
落潮的大虾——蹦跶不了几天；没几天蹦头
落成的雕像——定了型；定型了
落在陷阱里的骏马——寸步难行
落到沸汤里的豆荚——东旋西转
落到麻雀窝里的花鹊子——长不了（比喻暂时停留，很快就要离开）

落地的柿子——软瘫了；软作一堆
落地的桃子——熟透了
落蒂的香瓜——熟透了
落锅的虾子——红透了
落花流水——有去无回
落花满地红——多谢
落进热汤的王八——手忙脚乱
落进热汤锅的王八——没跑；跑不了
落井下石——乘人之危
落井下石——坑害人
落了锅的虾公——钩心（身）
落了三年黄梅雨——绝情（晴）
落山的太阳——没多大亮
落水的鸡毛——飞不了
落水的桃花——随波逐流
落网的虾米——没几天蹦头；蹦跶不了几天
落网的鱼——难脱身；脱不了身；命难逃；跑不了
落雪天过冰大坂（bǎn 山坡；斜坡）——从头凉到脚
落雨躲进山神庙——轮（淋）不着
落雨立院中——轮（淋）到头上
落雨收柴草——手忙脚乱
落雨天出彩云——假情（晴）
落雨天打土坯——没好的
落雨天打砖——坏胚（坯）子
落雨天担禾草——担子越来越重
落雨天扛棉花套——越背越重
落在陷阱里的骏马——寸步难行

lü

驴背上看书——走着瞧
驴唇对马嘴——不符合
驴掉水沟——乱弹一气
驴肚里下驴——一个心肠
驴粪蛋擦粉——外面光
驴粪蛋盖层霜——表光里脏
驴粪蛋滚白糖——表面甜
驴粪蛋上包锡纸——冒充元宝
驴粪蛋上插花——臭美
驴粪蛋下棋——没好子儿
驴跟马跑——一步赶不上，步步都紧张
驴脚踢在石头上——碰了题（蹄）啦
驴驹子和牛犊子抵头——用脸拼
驴嚼豌豆——嘴上功夫；全凭嘴劲
驴拉磨转圈圈——没头没尾；没尽头
驴拉碾子牛耕田——各行其是（事）
驴脸比母猪头——一个比一个难看
驴毛堵住耳朵——听不见
驴皮贴墙上——不像话（画）；不成话（画）
驴皮煮胶——慢慢熬
驴屁股上的苍蝇——乱哄哄
驴睡觉——一眨眼就行
驴踢房檐——谈（弹）不上
驴头摆供——脸长半尺
驴头不叫驴头——长脸
驴头插龙角——四不像
驴头马面——一路货色
驴头上长角——怪事一桩；怪事
驴头伸进马食槽——插不上嘴；难插嘴

驴头羊身子——怪物
驴尾巴吊棒槌——不是正亲
驴咬草帘——全靠一张嘴
驴子吃灰面——一张白嘴
驴子打滚——四脚朝天
驴子戴眼罩子——听喝
驴子掉进阴沟里——乱谈（弹）
驴子断了套——空跑一趟
驴子赶到磨道里——不愿转也得转（比喻不愿意做的事也得去做）
驴子见了狼——抬不动腿
驴子拉磨牛耕田——各走各的路；各干一行
驴子拉磨——转来转去还是老地方；走的老道儿；任人摆布
驴子听相声——茫然不懂
驴子下（生）只象——怪胎
驴子削了耳朵——假马
吕布拜董卓——认贼作父
吕布见貂蝉——迷上了
吕布杀董卓——大义灭亲
吕布戏貂蝉——上当受骗；英雄难过美人关
吕洞宾打摆子（患疟疾）——占先（颤仙）
吕洞宾讲故事——神话
吕洞宾推掌——出手不凡
吕太后的筵席——福祸不测；不是好吃的
旅店里的臭虫——吃客
旅馆里租被子——另搞一套
旅店里的老鼠——吃客
旅客上火车——各就各位
屡教不改的扒手——爱偷；贼心不死
屡教不改的后生——没多大奔头
律师受贿——知法犯法
绿绸衫上绣牡丹——锦上添花
绿豆换米——各有一喜
绿豆里找红豆——难得；得之不易
绿皮萝卜——心里美（比喻内心感到美满幸福，外表朴素，里面精彩）
绿皮南瓜——嫩着哩
绿时着火烤——非黄不可
绿头苍蝇下蛆——专找缝子钻
绿头苍蝇坐月子——抱屈（蛆）
捋（用手指顺着抹，使之顺溜或干净）
着胡子坐摇篮——装孙子
捋老虎的胡子——冒险

M

ma

妈妈的姐——大意（姨）
妈妈的姊妹好几个——多疑（姨）
麻包里装钉子——露头
麻布补西装——土洋结合
麻布袋，草布袋——一代（袋）不如一代（袋）
麻布袋里的菱角——硬要钻出来
麻布袋绣花——底子太差（比喻基础不好）
麻布片绣花——白费劲；粗中有细；底子差
麻布片做大褂——不是这块料
麻布下水——拧不干
麻布鞋上镶绸子——不成体统
麻袋里装稻秆——大草包
麻袋里装面粉——浪费太大
麻袋盛牛角——个个想出头
麻袋装刺猬——锋芒毕露
麻风病人长恶疮——毒上加毒
麻风吃鹅——想烂到底
麻风佬打拳——自己知手脚
麻秆搭桥——难过（比喻不容易过活）
麻秆打老虎——不痛不痒
麻秆搭架子——难顶难撑
麻秆搭桥——把人跌闪得好苦；担当不起（比喻胜任不了；不敢当）
麻秆打狼——两担怕；两头担心
麻秆的屋梁——无用之材
麻秆拐棍——倚靠不得
麻秆手杖——靠不住
麻秆支蒙古包——不是这块料
麻秆子刻人——不是正经材料
麻秆做床腿——难撑
麻秆做笛子——吹不得；别吹了
麻花儿上吊——脆鬼
麻花下酒——干脆；干干脆脆
麻酱拌小菜——人人都喜爱
麻茎当秤杆——没个准星
麻脸姑娘掉井里——坑人不浅
麻脸媳妇拜见歪嘴婆——彼此一样丑
麻柳树解板子——不是正经材料
麻婆照镜子——自找难看；个人观点
麻雀熬汤——无肉也香
麻雀搬家——叽叽喳喳
麻雀背老鹰——想得高
麻雀吵架——叽叽喳喳
麻雀吃蚕豆——咽不下去；享不了这份福
麻雀吃桑葚——等不到老
麻雀吃天鹅肉——痴心妄想；妄想
麻雀搭窝——各顾各

麻雀打鼓——俏(敲)皮
麻雀当家——七嘴八舌
麻雀的内脏——小心肝儿；心眼狭小
麻雀叼石磙——嘴上功夫
麻雀掉到面缸里——糊嘴
麻雀掉到水缸里——毛湿了嘴还硬
麻雀斗公鸡——自不量力；不自量
麻雀肚里找蚕豆——根本没那回事
麻雀肚子鸡子眼——吃不多，看不远
麻雀肚子——小心肝
麻雀蹲在梁头上——东西不大，架子不小
麻雀剁了身子——光剩嘴
麻雀儿吃酒糟——云里雾里啦
麻雀儿吃了酒——昏头转向
麻雀儿虽小——五脏六腑俱全
麻雀放屁——一阵风
麻雀飞大海——没着落
麻雀飞到旗杆上——鸟不大，架子倒不小
麻雀飞进炉膛里——毛都没了哪还有命
麻雀飞进烟囱里——凶(熏)死了
麻雀飞进照相馆——见面容易说话难
麻雀跟着蝙蝠飞——白熬夜
麻雀骨头——没多大个榫；小架
麻雀鼓肚子——好大的气
麻雀喝醉酒——腾云驾雾
麻雀和鸽子争食——喧宾夺主
麻雀嫁女——叽叽喳喳；细吹细打；小打小闹
麻雀开会——细商量
麻雀看见稻花子——空欢喜
麻雀落在房梁上——架子不小；好大的架子
麻雀落在牌坊上——东西不大，架子不小
麻雀跑到玻璃房里——非(飞)碰壁不可
麻雀碰在鼓壁上——吓大了胆的
麻雀入了瞎猫口——不死也要脱层皮
麻雀入笼——飞不了
麻雀入烟囱——有命也没毛
麻雀生鹅蛋——没有的事；硬逞能
麻雀虽小——肝胆俱全(比喻小而齐全，具有典型意义)
麻雀抬轿——担当不起
麻雀跳到泥沟里——无出路；没有出路
麻雀头包饺子——尽是嘴
麻雀误入泥水沟——无路可走
麻雀洗澡——团团转
麻雀想和鹰打架——不是对手
麻雀想学凤凰鸣——枉费心机
麻雀养蚕——越养越完
麻雀饮河水——干不了
麻雀炸窝——阵脚大乱
麻雀找食——找到一点吃一点
麻雀住房檐儿——一代传一代
麻雀抓蚤子——只顾嘴
麻雀追飞机——白费工夫
麻雀啄鸡子儿(鸡蛋)——捣蛋
麻雀啄米汤——只糊得嘴
麻雀啄食——只顾得嘴
麻雀子想生鸡蛋——怎开得了口

麻雀走路——不扎根；一蹦三跳
麻雀钻到竹筒里——安居乐业
麻雀嘴里的粮——靠不住；不可靠
麻绳绊脚——够缠
麻绳穿绣花针——难通过；通不过
麻绳穿针眼——过得去就行
麻绳穿针——钻不进
麻绳串豆腐——提不起来
麻绳打毛衣——乱联系；乱牵扯
麻绳上安电灯泡——搞错了线路
麻绳蘸盐水——越来越紧
麻线搓绳——合在一起干
麻丫头照镜子——点子不少
麻油拌凉菜——有点香
麻油拌小菜——人人喜爱
麻油炒豆腐——不惜代价；下了大本钱
麻子出血——点破
麻子打灯笼——观点鲜明
麻子打架——看脸
麻子的脸——尽是缺点
麻子掉枯井——坑人不浅
麻子管事——点子多（比喻有主意，办法多）
麻子开会——群众观点
麻子脸抹粉——填平补缺
麻子脸上戳一刀——点透了
麻子敲门——坑人到家了（比喻为非作歹，害人已极）
麻子跳伞——天花乱坠
麻子推磨——转着弯儿坑人
麻子洗脸——擦不干净
麻子照相——点子稠（丑）；脸上不好看
马鞍子备在牛背上——乱搭
马背上的剧团——载歌载舞
马背上跌跤，牛背上抽鞭——错上加错；迁怒于人
马背上钉掌——离题（蹄）太远；不贴题（蹄）
马背上记账——回头算
马背上接电话——奇（骑）闻
马鞭打牛——忘本
马鞭当帐杆——差得远
马脖子上的毛——其中（鬃）
马脖子上的铜铃——走到哪儿想（响）到哪儿
马槽里没马——驴当差
马槽里伸出个驴头——多嘴多舌
马长犄角骡下驹——怪事一桩
马车滚进泥水沟——拉不转
马车过沼泽地——此路不通
马车上加头驴——拉帮套
马吃白灰——一张白嘴
马打架——看题（蹄）
马打架用嘴顶——顾不得脸面
马大哈被盗——贼走关门
马大哈作报告——废话连篇
马刀底下跳神——凶多吉少；乐得不顾命
马到悬崖不收缰——死路一条
马儿戴笼头——让人牵着走
马儿护虎儿——不可能的事
马放南山，刀枪入库——天下太平

马粪球，羊屎蛋——外光里不光；表面光
马蜂的儿子——歹（带）毒
马蜂的屁股——独（毒）门；摸不得
马蜂叮屁股——痛不可言
马蜂丢翅膀——没了绝招
马蜂过河——歹（带）毒
马蜂窝，蝎子窝——一窝更比一窝毒
马蜂蜇秃子——没遮没盖（比喻没有可掩饰的了）
马蜂蜇蝎子——以毒攻毒
马蜂针，蝎子尾——惹不起
马高镫短——上下两难；上下为难
马褂改裤衩儿——大材小用
马过独桥——难拐弯
马后炮——来不及了
马虎（民间传说中形象丑陋、吞食小孩的怪物）看小孩——不放心；放心不下
马伙里的臊马——害群之马
马驹拉犁——不成行
马驹子拉磨——不顺手
马驹子怕狗惊了车——少见多怪
马嚼子戴到牛嘴上——胡来（勒）
马嚼子吊起当锣打——穷得丁零当啷
马嚼子往牛脖子上戴——错了位了
马拉车尥蹶子——乱了套；乱套了
马拉车牛驾辕——不合套
马拉独轮车——说翻就翻；翻了
马拉九鼎——拽不动
马拉汽车——是个新鲜事
马兰峪的猴儿——串气儿跟头
马脸比母猪头——一个比一个难看
马蹽后腿——逞强
马尥蹶子——乱了套
马列主义装在电筒里——光照别人不照自己
马铃薯下山——滚蛋
马笼头给牛戴——生搬硬套
马路边上的痰盂——人人呸
马路不拐弯——正直公道
马路不叫马路——公道（①比喻公正；②公平、合理）
马路旁的电杆——靠边站
马路上安电灯——光明大道
马路上的传单——白给
马路上开车不拐弯——走得正，行得直；行得正，走得端
马路上跑火车——不合辙
马路上挖井——坑害人
马路上装暖气——徒劳无益
马路新闻——道听途说
马棚里伸腿——请你出题（蹄）
马皮拧绳绳拴马，牛皮做鞭鞭打牛——忘本
马屁股上的苍蝇行千里——借别人的力
马屁精拍了马腿——倒挨一脚
马圈里的骡子——听喝的
马群里的骆驼——大高个儿；突出
马群里少了一匹马——看不出来
马上打瞌睡——迷迷糊糊过时光；眼开眼闭；信马由缰

马上耍杂技——艺高胆大
马勺打个把——是个嫖（瓢）头子
马勺当锣打——穷得叮当响
马勺里淘菜——水泄不通
马勺里淘米——滴水不漏
马勺碰锅沿——常有的事（比喻屡见不鲜）
马勺掏耳朵——不深入；深不下去
马食槽边点盏灯——照料
马食槽不许驴插嘴——独吞
马屎表面光——里面一包糠
马士才的眼睛——捉摸不定
马谡用兵——言过其实
马蹄长瘤子——无关痛痒
马蹄刀劈柴——不是正经家伙
马蹄刀瓢里切瓜——滴水不漏
马跳水浪——奔波
马铁掌踩石板——硬对硬；硬碰硬
马桶倒进臭水沟——同流合污
马桶改水桶——臭味还在；臭底子；底子臭；根子不正
马桶拼棺材——臭了半辈子还装人
马桶上插花——只图表面好看
马桶蒸饭——好看不好吃
马桶做锅盖——不是正经材料
马头上长鹿角——四不像
马脱缰绳鸟出笼——永不回头；决不回头
马王爷照镜子——长脸
马王爷坐大殿——官儿不大脸长
马尾巴拌豆腐——捣乱
马尾巴搓绳——合不了股儿
马尾巴提豆腐——串不起来
马尾巴做琴弦——谈（弹）不拢；不值一谈（弹）
马尾绑马尾——你踢我也踢，你打我也打
马尾绷琵琶——不值一谈（弹）
马尾穿酥油——没法提
马尾捆鸡蛋——难缠
马尾箩扣钉子——非扎破不可
马尾拴菜团子——提不起来；提就露馅了
马尾拴饺子——露馅儿
马武营的知了——飞出去难飞回来
马戏团的猴子——任人耍；由人玩耍
马陷淤泥——进退两难
马歇尔计划——难以实现
马抓痒——全凭一张嘴；全仗嘴
马捉老鼠——不务正业；不干正经事
马走日字象走田——各有各的路

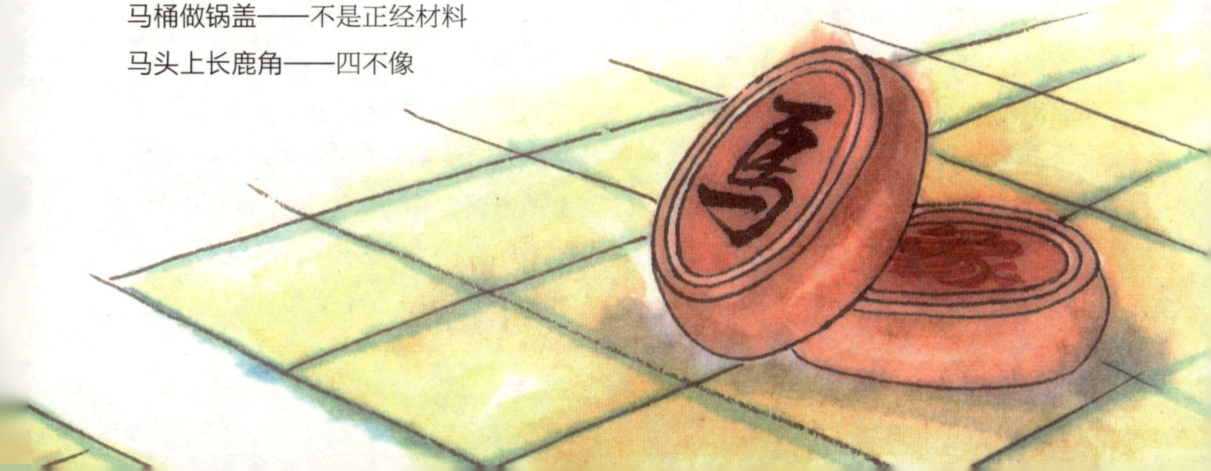

码头上的吊车——能上能下
码子前面添零——不算数
蚂蟥的身子——软骨头
蚂蟥见血——叮（盯）住不放（比喻集中视力看）
蚂蟥趴在牛尾上——甩不掉；甩不脱
蚂蟥吃萤火虫——心里亮；肚里明
蚂蟥叮了鹭鸶脚——摆不开
蚂蟥叮虱子——咬住就不放
蚂蟥叮住螺蛳脚——两下里着急；揪住不放
蚂蟥叮住水牛腿——寸步不离
蚂蟥过水——没痕迹
蚂蟥爬上水鸡脚——生死同飞
蚂蟥闻到血腥味——赶紧叮上
蚂蟥吸血——不跑不放口
蚂蟥钻进牛鼻孔——难解脱
蚂虾（小虾）剁馅子——少头无尾
蚂虾尥蹶子——小踢蹬
蚂虾搂着豆芽睡——各受各的勾头罪
蚂蚁搬秤砣——白费工夫
蚂蚁搬家——倾巢出动（洞）；刁（叼）蛋；大家动口；不是风，就是雨（比喻事先有了预兆）
蚂蚁搬磨盘——枉费心机
蚂蚁搬碾砣——小命都押（压）上
蚂蚁搬泰山——都来闹运输；下了狠心；瞎逞能
蚂蚁搬田螺——假充大头鬼
蚂蚁长毛——不可能的事；没人见过；没有的事
蚂蚁戴眼镜——没有那么大的脸
蚂蚁挡道儿——颠不翻车（比喻无关大局）
蚂蚁的腿，蜜蜂的嘴——闲不住；一天忙到晚
蚂蚁的嘴——吃里爬外
蚂蚁掉进擂钵里——条条是道；路子多
蚂蚁掉在磨盘里——尽是路
蚂蚁掉在热锅里——麻了脚了
蚂蚁跌进茅厕——开不得口
蚂蚁叮脚板——一动也不动
蚂蚁抖腿——小踢腾
蚂蚁肚里摘苦胆——难办
蚂蚁关在鸟笼里——门道很多
蚂蚁过河——抱成一团；下了狠心
蚂蚁过垄沟——觉得是一江
蚂蚁害个脑蛆疮——脓水不大
蚂蚁撼大树——自不量力；纹丝不动
蚂蚁喝水——点滴就够啦
蚂蚁和大象相比——高低悬殊
蚂蚁讲话——碰头（比喻见面、相遇）
蚂蚁进牢房——自有出路
蚂蚁看天——不知高低
蚂蚁扛蚕头——力小任重
蚂蚁扛大树——自不量力；不自量
蚂蚁扛曲蟮——够呛（够受的）
蚂蚁磕头——哪个见过
蚂蚁啃骨头——干着大事情；精神可嘉
蚂蚁啃碾盘——嘴上有劲，腰上无力
蚂蚁啃旗杆——吃不消；攻不倒
蚂蚁啃气球——痴心妄想

蚂蚁拉车——拽不动；自不量力
蚂蚁拉火车——纹丝不动
蚂蚁拉石磙——力不能及；力不从心；心有余而力不足
蚂蚁爬到树梢上——升到顶了
蚂蚁爬到猪背上——不显眼；显不着你
蚂蚁爬皮球——无边无沿
蚂蚁爬上放大镜——身价（架）百倍
蚂蚁爬上树——预示着天下雨
蚂蚁爬树——七上八下；接连不断
蚂蚁爬树梢——到顶了；好高骛远
蚂蚁爬泰山——力小志气大
蚂蚁碰上鸡——活该
蚂蚁上枯树——顺杆爬
蚂蚁上炉子——待不住
蚂蚁上墙——巴（扒）不到（倒）
蚂蚁上热锅——乱爬
蚂蚁身上长疖子——浑身是病
蚂蚁身上砍一刀——浑身是伤
蚂蚁生疮——小毛病
蚂蚁说成大象——言过其实
蚂蚁抬虫子——个个使劲；齐心合力
蚂蚁拖耗子——心有余而力不足
蚂蚁拖鸡——惹是生非
蚂蚁拖禽——留有后备
蚂蚁拖死猪——抬不动
蚂蚁拖猪尾巴——大难在后头
蚂蚁妄想搬掉参天松——自不量力
蚂蚁窝里爬出个土鳖子——庞然大物
蚂蚁下碾槽——罪该万死
蚂蚁下塘——不知深浅
蚂蚁掀泰山——不量力
蚂蚁衔秤砣——牙劲不小
蚂蚁心大——胀暴了腰
蚂蚁摇大树——白搭
蚂蚁咬虫子——齐心合力
蚂蚁咬了脚指甲——无关痛痒；无关大体
蚂蚁咬书——识字不多
蚂蚁缘槐夸大国——小见识
蚂蚁筑长城——慢慢来
蚂蚁装到葫芦里——乱碰
蚂蚱蹦到油锅里——不想活了
蚂蚱吃高粱——顺杆子爬
蚂蚱打喷嚏——好大的口气；满嘴庄稼味
蚂蚱打食（找食）——紧顾嘴
蚂蚱斗公鸡——送上嘴的食；自不量力
蚂蚱抖腿——小踢腾
蚂蚱飞到药罐里——自讨苦吃
蚂蚱遇上鸡——活到头了
蚂蚱拽了一条腿——照样跳几跳
骂了皇帝骂祖先——不忠不孝
骂人挖祖坟——欺人太甚；太欺负人
骂县官打小孩——欺上压下

mai

埋好的地雷——一触即发
买把韭菜不择——抖起来了
买把琵琶没上弦——谈（弹）不得
买炮仗叫别人放——只听响；不值得
买豆腐花了个肉价钱——上当不浅

买椟还珠——取舍失当；不识货
买干鱼放生——不知死活
买个灯笼不安蜡——你想咋着
买个鸡子拴到门槛上——里外叼
买个喇叭不带哨——别吹了
买个喇叭不透气——实心眼
买个老驴不吃草——毛病不少
买个母牛不长尾巴——活现丑
买个暖壶不带塞——沉（存）不住气
买个兔子不剥头——留着面子
买花生不要秤——抓一把
买花生找不着秤——乱抓
买黄豆芽作风——乱抓
买回彩电带回发票——有根有据
买酱油不打醋——各干一行
买金的遇见卖金的——正合适
买镜子买了个铁圈圈——照见别人，照不见自己；照人不照己
买来的秀才——不通
买了个牲口咬人——毛病不少
买了麻花不吃——要的就是这个劲儿
买了马牵着走——没棋（骑）
买了相因（便宜）柴，烧了夹生饭——想占便宜反吃亏
买麻花不吃——为的看这股扭劲儿
买马不骑——谦（牵）啦
买马上扬州——试试足劲
买卖人的匾——财源茂盛
买门神不买挂线儿——捉弄自己
买面的进了石灰店——走错了门；找错了门
买牛得羊——失望
买匹布裹脚——宽备窄用；宽打窄用
买头瘦驴老掉牙——自骑自夸
买咸鱼放生——徒劳无功
买香囊掉泪——睹物伤情
买眼药进了石灰店——走错了门
买猪头讨个胆——自讨苦吃；自找苦吃
买砖头砌窑——专（砖）款专（砖）用
麦草管吹火——小气
麦茬地里磕头——戳眼
麦场上挂马灯——照常（场）
麦秆吹火——小气；气不大
麦秆当秤称人——把人看轻了；把人看得太没斤两
麦秆顶门——白费力
麦秆里睡觉——细人
麦秆子顶石磙——头重脚轻
麦秆子上插针——节外生枝；横生枝节
麦秸堆里装炸药——乱放炮
麦秸秆枕头——草包
麦秸秆做电杆——不是正经材料；不是这块料
麦糠搓绳——搭不上手；接不下茬
麦克风的兄弟——传声筒
麦粒掉到太平洋里——沧海一粟
麦芒穿针眼——难得；得之不易
麦芒戳到眼睛里——又刺又痛
麦苗当成韭菜割——胡拉乱扯
麦苗韭菜分不清——不像个庄稼人
麦牛子爬到面缸里——舒坦了还想舒坦
麦田里的韭菜——难分色

麦田里的乌龟——逃不了
麦田里撒豌豆——杂种
麦田里捉龟——十拿九稳
麦田捉田鸡——手到擒来
麦子不割砍高粱——专找硬茬
麦子地里扎草人——吓麻雀
卖鞭炮的炸了手——自作自受
卖冰棒的进茶馆——一冷一热；忽冷忽热
卖冰棒的折本——心凉了
卖钵头瓦盆的——一套一套的
卖不出去的狐狸皮——骚（臊）货
卖布不带尺子——存心不良（量）；胡扯
卖菜的不用秤——论堆
卖菜的上了香椿树——又高又贵
卖茶汤的回家——没面了
卖醋的死在路上——酸死了
卖醋卖糖——各管一行
卖大碗茶的看河水——有的是钱
卖东西拿钱——理应如此
卖豆腐带种河滩地——水里来，水里去
卖豆腐的带拖车——架子不小
卖豆腐的扛马脚——生意不大架子大（比喻本事不大，架子却不小）
卖豆腐的——一拉一块
卖豆腐挑着床——架子倒不小
卖豆芽挨着钉鞋的——你知道我的根，我也知道你的底
卖豆芽的不带秤——乱抓
卖儿招女婿——倒腾人
卖饭的——不怕大肚汉
卖房卖地置嫁妆——下尽本钱
卖膏药折了本——不摊（贪）
卖狗皮膏药的出身——到处招摇撞骗
卖狗肉的挂羊头——假招牌
卖古董的——识货
卖棺材的跺脚——恨人不死
卖棺材的听说病危——暗喜；暗喜欢
卖罐的跌跤——倾家荡产
卖孩子唱大戏——庆的什么功
卖红薯的丢干粮——硬啃
卖花棒的教师爷——骗吃混喝
卖花的，说花香；卖菜的，说菜鲜——各有一套
卖花圈的咬牙——恨人不死
卖花生的不用秤——估堆
卖灰面遇大风——倒霉透了；真倒霉
卖鸡蛋的跌跤——捣（倒）蛋；完蛋；滚蛋
卖鸡蛋的拿个秤——专门吊蛋
卖鸡蛋的摔跟头——一个好的也没有
卖鸡的同卖鸭的——大伙同行
卖鸡子的跌筋斗——滚蛋
卖糨糊的敲门——糊涂到家
卖饺子的磨麦粉——别开生面
卖老婆捐知县（花钱买官做）——官迷心窍
卖了白面买笼屉——不争（蒸）馒头争（蒸）口气
卖了大褂买裤衩——短得见不了人
卖了儿子招女婿——胡折腾；瞎折腾
卖了鸡公买鸡母——看淡（蛋）了

卖了裤子买镯子——穷讲究；穷打扮
卖了生姜买蒜吃——换换口味
卖了媳妇抽大烟——太上瘾了
卖了衣服买酒喝——顾嘴不顾身
卖绿豆掺珍珠——不合算
卖萝卜的跟着盐担子走——尽管闲（咸）事；操闲（咸）心
卖麻花的不赚钱——不知哪股筋扭着
卖馒头的掺石灰——面不改色
卖帽子的喊卖鞋——头上一句，脚下一句
卖煤的跟个狗——净吃闲饭
卖门神的被抢——人多不顶用
卖米不还升——居心不良（量）
卖面具的被人抢了——丢脸
卖木脑壳（木偶）被贼抢——大丢脸面
卖泥人的碰见劫道的——人多不办事
卖牛卖地娶回个哑巴——没话可说；无话说
卖牛肉的扛牌坊——架子不小
卖牛肉的面孔——斤斤计较
卖螃蟹的上戏台——角（脚）色不少，能唱的不多
卖盆的出身——一套一套的
卖切糕的掉井里——人死架子在
卖切糕的游地狱——临死不倒槽
卖肉的切豆腐——不在话下
卖肉的人杀猪——内行
卖沙锅的摔跤——砸锅
卖山药不过秤——凭快（块）
卖烧饼的不带干粮——吃货
卖烧鸡拉二胡——游（油）手好闲（弦）
卖石灰碰见卖面的——谁也见不得谁
卖水的看大河——尽是钱（比喻脑袋里想的是钱，眼睛看的是钱，一切为了钱）
卖水萝卜的——不拆把儿
卖汤圆的跌跟头——家产尽绝
卖糖葫芦的——串串红
卖糖人的出身——吹出来的；靠吹
卖糖人的开张——吹鼻子瞪眼
卖糖人的——连吹带捏
卖糖人的敲当当——瞎吹
卖糖人的手艺——光靠吹；连吹带捏
卖糖稀（含水分较多的麦芽糖）的盖楼房——熬出来的
卖瓦盆的不喊——光敲打
卖瓦盆的进货——一套一套的
卖瓦盆的摔跤——乱了套；乱套了
卖瓦盆的——要一套有一套
卖完了小鱼——净抓瞎（虾）
卖碗又卖盆——一套一套的
卖窝头的翻了箱子——眼儿朝上
卖西瓜的磨刀——傻（杀）瓜
卖西瓜的碰到卖王八的——滚的滚，爬的爬；连滚带爬
卖虾米不拿秤——抓瞎（虾）
卖小人书的打烂船——人财两空
卖鸭子儿的换筐——倒（捣）蛋
卖盐逢雨，卖面遇风——不顺当；背时
卖羊油的挑子——一半假
卖窑货的被汽车轧了——家破人亡

卖艺的练拳脚——连踢带打
卖油的梆子——挨敲打的货
卖油的不打盐——不管咸（闲）事
卖油的敲锅盖——好大的牌子
卖油条的拉胡琴——游（油）手好闲（弦）
卖鱼不使秤砣——勾嘴
卖鱼的不拿篮子——勾嘴
卖鱼的洗澡——去去腥气
卖杂货的洗手不干——撂挑子
卖杂碎的收摊了——不用提心吊胆了
卖只鼻子给你——不愿闻
卖猪肉的关门——净剩架子了
卖嘴的先生——没什么好药

man

蛮子唱京戏——南腔北调
馒头开花——气大了；气鼓气胀
馒头里包豆渣——旁人不夸自己夸
馒头做枕头——不愁吃
鳗鱼死在汤罐里——冤屈（圆曲）死了
满巴掌的茧——磨炼出来的
满地丢西瓜，撅（翘）腚（臀部）捡芝麻——不知轻重
满地竹子——根连着根
满肚直肠——不打弯儿
满肚子话说不出——有口难言
满姑娘（最小的姑娘）的荷包——花样多
满姑娘坐花轿——头一遭
满口的新名词——不念故旧
满口黄连——说不完的苦（比喻苦处多）
满口金牙——开口就是谎（黄）（比喻处处撒谎）
满口镶金牙——嘴里漂亮
满面鸡虱子乱爬——脸上尴尬
满脑壳长疮钻刺窝——自讨苦吃
满山跑的兔子不回窝——野惯了
满树的青梅——一个也不熟
满堂儿孙——后继有人
满天的星星——顶不过一个月亮
满天飞乌鸦——漆黑一片
满天浮动的云霞——经不起风吹雨打
满天挂渔网——遮不住太阳
满天抹糨子——唬（糊）天
满头稻花子——土里土气；土气大
满园的牡丹——讨人爱；爱煞人
满园果子——就数（属）你红
满园落地花——多谢
满园竹子——根连着根
满月儿听霹雳——惊得骨头碎

满月猪儿——不开口
满族的头发——往顶上数（梳）
满嘴假牙齿——吃软不吃硬
漫地儿（空旷的地方）里烤火——一面热
漫地里的骆驼——野象
漫山的杜鹃——一片红火；红火一片
漫天地里叫姐夫——野舅子
漫天挂渔网——遮不住太阳
漫天云里打麻雀——放枪不得鸟
漫野地里老鼠——外号（耗）

mang

邙山看黄河——远水不解近渴
忙中拾得一包针——谁顾得数你
盲驴拉磨——瞎转一气
盲驴下河——瞎扑腾
盲人骑瞎马——乱闯乱碰；寸步难行；瞎上加瞎
盲人扔手榴弹——瞎轰
盲人上大街——目中无人
盲人耍把式（杂技）——硬逞能；瞎逞能
盲人睡觉——不分昼夜
蟒蛇缠犁头——狡猾（绞铧）
蟒蛇缠身——挣不脱
蟒蛇进鸡窝——完蛋

mao

猫抱琵琶——乱弹琴
猫不偷吃——假做作
猫不抓老鼠——爱偷东西吃
猫吃刺猬——无处下嘴
猫吃狗屎——不对味；不是味儿
猫吃鸡肠子——越拉越长
猫吃鸡食——捞现成
猫儿踏翻油瓶盖——一场空
猫儿踏破油篓盖——一场欢喜一场空
猫儿谈情——怪叫
猫儿捉鼠狗看门——各守本分（比喻分内事，各人守各人的职责）
猫给耗子拜年——没安好心；来者不善
猫给老鼠吊孝——假仁假义；虚情假意
猫狗打架——世代冤家
猫急上房——狗急跳墙
猫见咸鱼——垂涎欲滴
猫教老虎——留一手
猫教老虎上树——天下奇闻；无奇不有
猫教徒弟——自己留一手
猫看老鼠——死对头
猫啃尾巴——自吃自；自咬自
猫哭老鼠——假慈悲；假慈善；假伤心
猫脑袋——虎头
猫爬树梢——到顶了
猫爬屋脊——到顶了
猫披虎皮——抖威风；好了不起
猫请老鼠做客——假情假意
猫守老鼠洞——不动声色
猫鼠交朋友——不足信；没人信；信不得
猫不吃鱼——毛病大得很
猫教老虎的手艺——留得那么一手
猫啃老虎鼻梁——你张口我上诉（树）
猫同狗打架——不是对手

猫钻狗洞——容易通过

猫钻耗子洞——藏头露尾；难进；行不通；走不通

猫钻鼠洞——通不过

猫钻灶坑——触一鼻子灰；碰一鼻子灰

猫嘴里的老鼠——没跑；跑不了；剩不下啥

毛玻璃眼镜——模糊不清；看不清

毛玻璃做灯罩——半明半不明

毛豆烧豆腐——原是一家人；碰上自家人

毛猴子的屁股——坐不住

毛驴子拉车——埋头苦干

毛毛虫钻灶——凶多吉少

毛笋脱壳——节节高；节节上升

毛袜套毡袜——不分彼此

毛竹扁担做桅杆——担风险

毛竹筷子——莫认真（针）

茅草里杀出个李逵——措手不及

茅草棚里摆沙发——配不上；不配

茅草洒汽油——一点就着

茅厕里摆摊——臭架子；摆臭架子

茅厕里吃油饼——亏你张得开嘴

茅厕里打电筒——找死（屎）；寻死（屎）

茅房顶上装烟囱——臭气熏天

mei

眉毛上挂帘子——不显眼

眉毛上挂炮仗（爆竹）——急在眼前；眼前就是祸；祸在眼前

眉毛上挂扫把——扫脸

眉毛上挂钥匙——开眼

眉毛上挂炸弹——祸在眼前

眉毛上挂猪胆——苦在眼前

眉毛上面吹火——燃眉之急

眉毛上面挂棒槌——爱上这么个调（吊）调（吊）

眉毛上失火——眼红；红眼

眉毛上涂水彩——有眼色

眉毛遮住了眼——遮眼法（发）

梅兰芳唱旦角——拿手好戏

媒婆的嘴巴——会讲；能说会道

媒婆丢了婚帖子——没话可说；无话说

媒婆迷了路——没说的

媒婆说亲——两头说好话；牵线

媒婆提亲——净拣好听的说

媒婆子的嘴——能说会道；天花乱坠

煤窑里放瓦斯——害人不浅

煤油炉生火——心眼多；心眼不少

霉烂的冬瓜——一肚子坏水

霉烂的栗子——黑心；黑了心

霉烂的莲藕——坏心眼

美女嫁痴汉——凑合着过；混着过

美髯（rán）公哈气——自我吹嘘（须）

美食家聊天——讲吃不讲穿

美玉埋在狗屎堆里——可惜；真可惜

媚眼做给瞎子看——没人领情；不领情；自作多情

men

门板上画个鼻子——好大的脸皮

门板上贴门神——一个向东，一个向西

门板支罗锅（驼背的人）——胡折腾；瞎折腾
门背后的扫帚——专拣脏事做
门背后耍拳——暗角落里伸手
门洞里敲锣鼓——里外响
门缝里夹鸡子儿（鸡蛋）——完蛋
门缝里看大街——眼光狭窄
门旮旯里伸拳头——暗里使劲；使暗劲
门后的垃圾——不错（撮）
门槛上的砖头——踢进踢出
门槛上剁萝卜——一刀两断
门槛上砍绳索——一刀两断
门槛上面切藕——藕断丝连
门槛上推车——进退两难
门槛下的砖头——踢进踢出（比喻谁都不愿意要，推来推去）
门角安电扇——背地里扇
门角里藏着诸葛亮——暗算；暗中盘算
门角里晾衣裳——阴干
门角里耍拳——摆不开架势
门角落里的秤砣——死（实）心眼
门口喜鹊叫——红运将至
门框脱坯子（砖坯）——大模大样
门里放鞭炮——名（鸣）声在外
门联倒贴——反对
门牌上画鼻子——好大的脸面
门前发大水——浪到家啦
门上贴春联——一对红
门神店里失火——人财两空
门神里边卷灶爷——话（画）里有话（画）
门神里卷灶神——话（画）里有话（画）
门神揍灶神——自家人打自家人；自打自
门头沟打官司——没（煤）的事
门头沟的财主——摇（窑）头
门头上的电灯——高明
门头上挂席子——不像话（画）
闷葫芦盛药——内情不清楚
闷头桩在水里——不露头
闷心人做事——暗里使劲；使暗劲

meng

猛虎闯羊群——一团混乱
猛虎抖毛——使威风
猛虎上了软索——使不出犟劲
猛虎下山——势不可当
猛火烤烧饼——不出好货
猛将军出征——不获全胜不收兵
猛将军骑马——一跃而上
猛将军上阵——勇往直前
猛张飞舞刀——杀气腾腾
猛张飞遇到黑李逵——不留脸面
蒙在被子里放屁——自作自受
蒙在鼓里听打雷——弄不清东南西北（比喻摸不着头脑，弄不清方向）
蒙住眼睛走路——不走正道；光走歪道
孟获归降——口服心服
孟获见孔明——俯伏在地；口服心服
孟姜女的门前——冷冷清清
孟姜女拉着刘海儿——有哭有笑
孟母三迁——望子成龙
梦见鸡蛋上楼梯——奇而又奇；奇事

梦里办喜事——白欢喜；空欢喜；空喜一场
梦里吃仙桃——差太远
梦里打牙祭（偶尔吃顿丰盛的饭）——想得香
梦里戴凤冠——尽想好事；想得倒美
梦里吊颈——想死
梦里见黄连——想苦了
梦里讲的话——不知是真是假
梦里讲新郎——空喜一场
梦里结婚——好事不成
梦里聚餐——嘴馋
梦里啃甘蔗——想得倒甜
梦里失火喊救命——虚惊一场；一场虚惊
梦里拾钞票——财迷心窍；财迷
梦里拾钱——白欢喜；空欢喜；空喜一场
梦里坐飞机——想得高；想头不低（比喻想法脱离实际，实现不了）
梦里做皇上——快活不多久
梦中见阎王——虚惊一场；一场虚惊
梦中看牡丹——尽想好事；想得倒美
梦中吞象——野心勃勃；野心太大
梦中游苏杭——好景不长
梦中游太空——想入非非（飞飞）
梦中捉贼——枉费心机

mi

弥勒佛的肚子——圆胖
弥勒佛的脸蛋——笑眯眯

弥勒佛请客——笑脸相迎
迷路人遇上骆驼队——有靠了
迷失方向的帆船——随波逐流
迷途的羔羊——无家可归
迷途望见北斗星——绝处逢生
猕猴精冒充孙大圣——假的见不得真
米仓里的老鼠——不愁没吃的
米尺量太阳——光芒万丈
米醋做冰棍——寒酸
米店卖盐——多管闲（咸）事
米粉包饺子——只能蒸不能煮
米锅刚开抽柴火——关键时刻不讲合作
米花糖泡水——散了
米臼里的泥鳅——无路钻
米克的眼睛——识相（象）
米箩里出烟——淘气
米箩里跳到糠箩里——越来越糟
米满粮仓人饿倒——舍命不舍财；爱财舍命
米筛里睡觉——浑身是眼
米筛装水——漏洞多
米筛子打水——漏洞百出；漏洞多；一场空
米筛子当玩具——耍心眼
米筛子筛豆子——格格不入
米筛子筛芝麻——白费神；空劳神
米少饭焦——难上加难；难上难
米汤炒莲藕——糊了眼
米汤锅里洗澡——稀里糊涂；糊涂人
米汤浇身——糊涂人
米汤里和盐——含含（咸咸）糊糊
米汤淋头——糊涂到顶了
米汤泡稀饭——亲（清）上加亲（清）
米汤洗脚，糨子（糨糊）搽脸——糊涂一生；一世糊涂
米汤洗头——糊涂到顶了
米汤煮芋头——糊糊涂涂；糊里糊涂
米粥里煮花椒——麻烦（饭）
眯缝着眼看斜纹布——思（丝）路不对
密封舱里放炮——闷声闷气；闷声不响
密封船下水——开口是祸；随波逐流
密封的饮料——滴水不漏
密封罐头——无缝可钻
密林里耍大刀——瞎干
蜜蜂采花——不为自己
蜜蜂采黄连——苦结果
蜜蜂的窝——窟窿多
蜜蜂的住房——门小户大
蜜蜂叮在玻璃上——看到光明没出路；没有出路
蜜蜂飞进百花园——满载而归
蜜蜂见了花儿——拼命往里钻
蜜蜂没嘴——屁股伤人
蜜蜂屁股——碰着就不轻
蜜蜂散伙——没望（王）了
蜜蜂蜇人——逼急
蜜饯黄连——同甘共苦
蜜饯石头子儿——吃不消；好吃难消化
蜜糖罐子打醋——不知酸甜
蜜糖抹在鼻尖上——看得到，吃不着
蜜糖嘴巴刀子心——阴毒

mian

绵里藏针——柔中有刚；软中有硬；暗伤人；暗里伤人

绵羊绑在案板上——任人摆弄

绵羊的屁股——委（尾）员（圆）

绵羊的尾巴——翘不起来；油水多；大概（盖）

绵羊进狼窝——抬不起头来；自投罗网

绵羊跑到驴群里——充大个

绵羊下个牛犊子——生下一个莽撞货

绵羊炸群——乱糟糟

绵羊走到狼群里——胆战心惊；战战兢兢；进得去，出不来

棉袄改被子——两头够不着

棉包落在水里头——软的也不服（浮）

棉花包进的针——暗中伤人

棉花槌打鼓——没音

棉花地里长辣椒——红人

棉花地里套种子——另来一手

棉花地里种芝麻——一举两得

棉花店打烊（yàng）——不谈（弹）了

棉花店里出丝绸——无稽之谈（弹）

棉花堆里藏珍珠——内中有宝

棉花堆里裹刺——锋芒不露；不露锋芒

棉花堆里整人——软收拾

棉花堆上散步——不踏实

棉花对柳絮——一个比一个软

棉花垛里跌死人——舒服死了

棉花耳朵——耳朵软；缺乏主见；爱听谗言；经不起吹

棉花换核桃——吃硬不吃软

棉花棵上结板栗——就数它硬

棉花里藏针——柔中有刚（钢）；软中有硬（比喻软的手段和硬的手段都有）

棉花铺失火——谈（弹）不得；无法谈（弹）

棉花人救火——自身难保

棉花塞住鼻子——憋得难受

棉花摊在蒺藜窝——难收拾；不可收拾

棉花套上晒芝麻——自讨麻烦；自找麻烦

棉花絮敲空缸——不声不响；无声无息；不响

棉粮增产——丰衣足食

棉袍捣腾成夹袄——越来越短

棉纱线牵毛驴——不牢靠

棉桃里挑胡桃——专拣硬的敲

棉条打鼓——没多大响声；不响；不想（响）

棉线牵毛驴——不牢靠

棉絮包脑袋——撞到哪里算哪里

棉絮店里失火——莫谈（弹）了

棉絮裹剑——柔中有刚（钢）

面店里跌筋斗——粉身碎骨

面店里踢一脚——分（粉）散

面粉掺石灰——密不可分

面疙瘩掉在肉锅里——昏（荤）啦；混（荤）蛋

面糊的耳朵——太软

面糊糊手——碰到啥都沾一点

面糊里磨镜——糊糊涂涂；糊里糊涂

面筋放在油锅里——越大越空
面筋粘知了——没跑；跑不了
面口袋改套袖——宽备窄用；宽打窄用
面汤锅里洗澡——糊涂人
面汤里搅黄面——好糊涂
面汤里煮灯泡——说你混蛋还有一肚子邪火
面汤里煮皮球——说你混蛋还有一肚子气
面条锅里下笊篱（zhào lí）——想捞一把；捞一把
面条里拌疙瘩——混着干
面团儿炸成果子卖——全是虚货
面团滚芝麻——多少沾一点
面子当鞋底——好厚的脸皮；厚脸皮；脸皮厚

miao

描金的马桶盖得再严——臭气总会出来
描金的马桶——看起来真是漂亮
庙后丢了土地爷——失神
庙里的金刚——样子神气；大显神威
庙里失火——慌了神
庙中的五百罗汉——各有各的地位

mie

乜斜眼打麻将——观点不正
灭火踢倒油罐子——火烧火燎；火上浇油
灭烛看家书——公私分明
蔑钉子钉豆腐——专拣软的欺
蔑条拴竹子——自己人整自己人
篾匠的货——自己编的
篾丝儿做灯笼——原谅（圆亮）
篾条穿豆腐——没法提；提不得；提不起来；别提了
篾竹师傅劈毛竹——直直落落

min

民国三十年的毫子——用不得
民航局开张——有机可乘

ming

名牌货便宜卖——物美价廉
名牌牙刷——一毛不拔
名医开处方——对症下药
明鼓对明锣——明打明

mo

摸不着把柄，抓不到辫子——何凭何据；无根无据
摸不着尿壶就小便——乱撒
摸到好牌不吱声——暗算；暗里盘算；暗喜
摸黑儿打耗子——到处碰壁
摸着光头逗乐——耍滑头
摸着石头过河——踩稳一步，再迈一步；稳当些（比喻做事小心谨慎，稳妥可靠）
摸着阎王爷的脚趾——死到临头；死在眼前
模板里的水泥——定了型；定型了
模范找英雄——一对红
摩天岭上的珍宝——高贵

摩天岭上放焰火——天花乱坠
摩托车拖坦克——白费劲
磨刀师傅打铁——不识火色；看不出火候来；不会看火色
磨刀水洗头——脑筋生锈
磨道的驴子——听喝的；走不出圈套；打出来的
磨道放屁——臭一圈
磨道里捶瞎驴——转圈挨死打
磨道里弹琴——给驴听
磨道里的驴——跑不了；忙得团团转；转圈子
磨道里的驴子断了套——空转一遭；瞎转悠
磨道里卸驴——越说越下道了
磨道里找蹄印——步步有点；有的是；多的是
磨道里走路——净走回头路；没头没尾；没尽头
磨道上转圈——没头没尾
磨豆腐买了江边田——水里来水里去
磨坊里的驴——叫往哪儿转就往哪儿转；听吆喝；转圈子
磨剪刀的说梦话——快了
磨快了锥子——尖锐
磨米不放水——干挨
磨盘里的窟窿——有眼无珠
磨盘里的米——粉碎
磨盘没把握——推脱
磨盘眼——不知安的什么心
磨扇里的窟窿——有眼无珠
磨上睡觉——转向了
磨完了面杀驴子——不计前功
磨细的麻绳——不久长；难长久
磨眼里的豆子——随便擀（碾）
磨眼里放碗片——推辞（瓷）
磨眼里冒青烟——严（研）过火了
磨子撞碓窝（duì wō 石臼）——实（石）打实（石）
魔鬼找妖怪——坏到一块了
魔术表演——全是假的
魔术师表演——弄虚作假；说变就变
魔术师穿长袍——里边大有文章
魔术师的道具——尽是秘密
魔术师的帕子——变化多端；无中生有
魔术师的手法——暗箱操作；无中生有
魔术师演戏——变化多端
抹布擦腚（dìng 臀部）——不利索
抹黑脸照镜子——自己吓唬自己；自找难看

抹墙的麻刀——千头万绪

抹上唾沫当眼泪——假慈悲；假慈善

抹桌子的布——专拣脏活儿干

茉莉花喂骆驼——无济于事；不济事；那得多少

茉莉花喂牲口——不上算；不合算

陌路相逢谈恋爱——一见钟情

陌生人吊孝——死人肚里明白

墨斗弹出两条线——思（丝）路不对

墨里藏针——没处寻；难寻；难找寻

墨水吃到肚子里——一身透黑

墨鱼肚肠河豚肝——又黑又毒

墨鱼肉入口——没刺儿可挑

墨汁里加石灰——瞎掺和；乱掺和

墨汁煮元宵——漆黑一团

mu

母鸡飞上树——不是好鸟

母鸡叫夜——也要逞英雄

母鸡上树——不是好鸟；不是正经鸟儿

木板上钉钉子——个个算数；说一句是一句（比喻说话算数）

木棒插进炭篓子——倒霉（捣煤）

木船赶汽车——老落后

木吊桶落在井里——上不上，下不下

木耳豆腐一锅煮——黑白分明

木耳烧豆腐——黑白分明

木猴子——靠鞭子打

木夹里的老鼠——两头受挤

木匠挨板子——自作自受

木匠打老婆——有尺寸

木匠打人——一斧头

木匠打算盘——说一句（锯）算一句（锯）

木匠打铁——不在行；改行；不识火色；看不出火候

木匠的斧头——单面砍

木匠的记号——自己知道

木匠的家具——自造

木匠的墨斗——有限（线）

木匠的刨子——抱（刨）打不平

木匠的凿子铁匠的锤，裁缝的皮尺厨子（旧时指厨师）的刀——各有一套

木匠的折尺——能屈（曲）能伸

木匠吊线——睁只眼，闭只眼；正直

木匠顶棺材——羞（修）死人

木匠赌博——不务正业；不干正经事

木匠进山林——尽是材料

木匠拉风箱——柔能克刚

木匠刨木料——有尺寸（比喻做事有分寸）

木匠铺里拉大锯——你来我去

木匠师傅跑四方——走到哪儿，干到哪儿

木匠使锯子——不错（凿）

木匠收家什——不干了

木匠手里夺斧子——砸人饭碗

木匠推刨子——打抱（刨）不平；专管不平事；直来直去（比喻为人直爽，说话不拐弯抹角）

木匠摇墨斗——连轴转

木匠做家具——有尺寸；心中有数；肚里有数

木刻的苦罗汉——难得一点笑容
木框里的算盘珠子——由人摆布；任人摆布；拨拨动动
木兰从军——女扮男装
木棉开花——红极一时；朵朵红；越老越红
木棉树——越老越红
木脑壳唱戏——装模作样；装样子
木脑壳流眼泪——假仁假义；虚情假意
木脑壳跳舞——幕后操纵
木偶不叫木偶——傀儡
木偶打狗——拿你不当人
木偶打架——身不由己
木偶戴乌纱帽——小人得志
木偶的服装——另搞一套
木偶吊孝——无动于衷
木偶进当铺——把你不当人；拿你不当人
木偶流眼泪——假仁（人）假义；虚情假意
木偶上戏台——幕后有人操纵；幕后自有牵线人
木偶跳得欢——靠的是牵线人；总有牵线人
木偶跳塘——不成（沉）
木偶跳舞——幕后操纵（比喻出面的人受别人操纵指挥）
木偶戏表演——装腔作势；由人摆布；任人摆布
木偶戏的脑壳——任人耍；由人玩耍
木偶戏——幕后操纵
木偶小旦做戏——装模作样；装样子
木偶演悲剧——有声无泪
木排过险滩——顺流而下
木排上跑马——蹩脚
木排上捎信——靠不住；不可靠
木勺炒豆子——同归于尽
木虱钻进葵花子——假充好人（仁）；冒充好人（仁）
木炭上的油脂——熬出来的
木桶脱掉铁箍——散架子了
木头叉卡嗓子——喘不上气；上气不接下气
木头耳朵——说不通
木头鸡——呆头呆脑
木头脑袋——呆头呆脑；难开窍；不开窍；四六不懂
木头敲鼓——普（扑）通
木头人长疮——无关痛痒；不痛不痒
木字写成才——还差一笔
牧民的糌粑——捏着吃
苜蓿（mù xu 牧草和绿肥作物）地里刺金花（黄花苜蓿）——旁人不夸自己夸；人家不夸自己夸
穆桂英出征——威风凛凛；马到成功
穆桂英打杨宗保——严守军令
穆桂英大破天门阵——阵阵少不了（比喻事事都受不了）
穆桂英挂帅——威风凛凛
穆桂英会杨宗保——明里交锋暗投降
穆桂英上阵——女将一员

N

na

拿白纸包狗屎——骗不了谁

拿别人的屁股来做脸——不害臊；不知臊

拿别人拳头打狮子——充硬汉；充硬手

拿别人崽打赌——不心痛

拿钞票揩屁股——胡作非为

拿大顶（拿顶。用手撑在地上或物体上，头朝下而两脚腾空）看世界——一切颠倒

拿刀子逗小孩——不是玩意儿

拿得手，抓得髻——证据确凿

拿豆腐挡刀——招架不住（比喻支撑不了）

拿根高粱秆当扁担——挑不起重担；难挑担

拿狗屎当麻花——香臭不分；香臭难分

拿锅盖戴头上——乱扣帽子

拿禾苗当草锄——不像个庄稼人

拿鸡毛当令箭——轻举妄动、小题大做

拿空心草看人——小瞧

拿筷子做标枪——不知长短

拿了秤杆忘秤砣——不知轻重（比喻支撑不了）

拿木偶打狗——拿你不当人

拿尿盆当帽子——走一路臭一路；走到哪臭到哪（比喻到哪都使人厌恶、憎恨）

拿尿盆往头上扣——自讨没趣；自找没趣

拿起鞭杆当笛吹——没空（孔）

拿起鸡毛当令箭——没得名堂

拿头去碰刀——找死；送死；寻死；自己找死

拿住荷杆摸到藕——抓根本

拿着棒槌当萝卜——不识货

拿着棒槌当针纫（rèn，引线穿过针鼻儿）——一点心眼儿也没有；没心眼儿；缺少心眼儿

拿着棒子叫狗——越叫越远

拿着草帽当锅盖——乱扣帽子（比喻对人或事不经过调查研究，仔细分析，就轻率地加上现成的不好的名目）

拿着车票进戏馆——对不上号

拿着存折上吊——舍命不舍财；爱财舍命

拿着对虾换烟抽——水里来火里去

拿着钝刀抹脖子——杀不死也痛

拿着擀面杖当箫吹——实心没眼儿

拿着孩子当熊耍——愚弄人

拿着和尚当秃子打——冤枉好人（比喻没有事实根据，给人加上罪名）

拿着鸡蛋走滑路——特别小心；小心翼翼
拿着鸡毛当令箭——小题大做（比喻把小事当成大事来处理）
拿着铁锹当锅使——穷极了
拿着兔子当牦牛使——乱套
拿着香油果子蘸（zhàn）尿吃——不知香臭；闻不着香臭
拿着野鸡做供品——家财难言
拿着钥匙满街跑——当家不主事；有职无权
拿着竹竿当马骑——幼稚可笑
哪山唱哪歌——到哪说哪
纳鞋底不用锥子——真（针）好
纳鞋底戳了手——真（针）气人
纳鞋底的货——不是好料
纳鞋底扎不动——真（针）不好

nai

奶妈抱孩子——人家的
奶奶的鞋子——老样子
奶牛的咂头儿（奶头）——受人排挤
奶娃娃的脸——一天十八变
奶娃娃张口——光等吃
奈何不得冬瓜，只把茄子磨——欺软怕硬
奈河桥上碰见鬼——躲闪不开

nan

男大当娶，女大当嫁——不由人愿；由不得人
男人奶头喂小孩——长不大
男人做饭——减轻负（妇）担
南北大道——不成东西
南北俱全——没东西
南瓜菜就窝头——两受屈
南瓜长在坛子里——拿不出来
南瓜长在瓦盆里——没出息
南瓜地里栽山芋——扯来扯去
南瓜地里种豆角儿——绕过来扯过去
南瓜苗掐尖——出岔子；光出岔（杈）子；净岔（杈）子
南瓜命——越老越甜
南瓜藤爬电杆——高攀
南瓜秧攀葫芦——纠缠不清
南郭先生吹竽——滥竽充数；不懂装懂
南海燕子——选高门做窝
南极寿星，太上老君——各有千秋
南极洲的冰——日积月累
南京路上的霓虹灯——五光十色；光彩夺目
南来北往——不是东西
南泥湾开荒——自给自足
南墙的蝙蝠——白天不敢露头
南山的豹，北山的蛟——狠的狠，凶的凶
南山滚石头——实（石）打实（石）
南山上的猴子——见啥学啥
南山上的松柏——四季常青
南天门的土地——管得那么宽
南天门的旗杆——直通通的；直杠杠的；光棍；光棍一条

南天门挂灯笼——高明；四方有名（明）

南天门上长大树——顶天立地

南天门上放哨——警惕性高；高瞻远瞩

南天门上请客——高朋满座

南天门上捅窟窿——塌天大祸

南天门上演说——高调；高谈阔论

南辕北辙——越走越远；背道而驰

楠木脑袋——不开窍

楠木做马桶——用才（材）不当

nang

囊里盛锥——冒尖

齉鼻儿（nàng bír 说话时鼻音特别重的人）吃臭肉——一窍不通

nao

挠出来的疮——自讨麻烦；自找麻烦

挠痒爬子挠痒痒——硬手

脑袋藏在裤裆里——羞死了

脑袋长瘤子——后面负担重

脑袋成了葫芦——头昏脑涨

脑袋顶上长疮，脚底下流脓——从头坏到脚

脑袋顶上推小车——走投（头）无路

脑袋瓜不够二两重——漂浮

脑门上长瘤子——突出；额外负担（比喻多余的事）

脑门上长眼睛——净向上看；眼朝上；眼向上看

脑门上戴眼镜——眼高

脑门上钉门板——好大牌子（比喻倚仗权势来吓唬人。或名目冠冕堂皇，实际不是那么回事）

脑门上抹黄连——苦到头了

脑门上抹糨子（jiàng zi 糨糊）——糊涂到顶了

脑门上贴邮票——由（邮）不得人；走人了

闹市区做生意——买卖兴隆

闹钟打哈哈——自鸣得意

ne

哪吒抱个太阳——神通（童）广大

哪吒发火——耍孩子脾气

哪吒闹海——惊天动地

哪吒再世——三头六臂

哪吒战小龙——抽你的筋，剥你的皮

nei

内科郎中医痔疮——外行

nen

嫩豆腐——好办（拌）

嫩苗苗——根底浅

嫩竹扁担——挑不起重担；难挑担

嫩竹扁担挑起大箩筐——后生可畏

嫩竹扁担挑瓦罐——担风险

嫩竹拱土——冒尖

嫩竹子做扁担——挑不了重担；出力过早

neng

能干他娘半夜哭——能干死啦

能字添四点——熊样

ni

尼姑的木梳——多余

泥巴匠砌砖——后来居上

泥巴捏的小人——没骨气

泥巴人洗脸——越洗越难看

泥巴团扔到江里——泡着吧

泥地上跑马——一步一个脚印

泥孩子洗脸——越洗越小

泥匠送礼——拿不出手；伸不出手来

泥窟窿里掏螃蟹——没跑；跑不了

泥马过河——自身难保

泥捏的老虎——样子凶

泥捏的娃娃——看着像人不是人

泥牛入海——无消息；架子不倒

泥水匠粉墙——抹平了事

泥水匠无灰——专（砖）等

泥水塘里洗萝卜——拖泥带水

泥瓦匠不砌墙——专（砖）等

泥瓦匠出身——和稀泥

泥瓦匠干活——抹稀泥；拖泥带水

泥瓦匠收拾家什——不干了

你吃多了猪肉——一张油嘴

你吃鸡鸭肉，我啃窝窝头——各人享各人福

你吹喇叭我吹号——各吹各的调

你打我一拳我踢你一脚——谁也不让谁

你给我个初一，我给你个十五——互不相让；谁也不让谁

你去南极我去北极——各走一端

你是曾老九的弟弟——真（曾）老实（十）

你有秤杆我有砣——配得起你

你走你的阳关道，我走我的独木桥——互不相干；各不相干

你做生意我教书——人各有志

逆风点火——自焚

逆风放火——惹火烧身；引火烧身

逆风逆水行舟——顶风顶浪

逆水赛龙舟——力争上游

逆水行舟——不进则退

逆子拗（niù 固执；不驯顺）妻——无药可治

溺（nì）死鬼找替代——拉人落水；拉人下水

nian

蔫（niān 瘪；不饱满；凹）肚蚊子——要叮人
黏豆粥煳锅——难产（铲）
黏米煮山芋——糊糊涂涂
年初一——日新月异
年富力强挑大梁——正逢时
年糕掉进石灰坑——难收拾；不可收拾
年过花甲不成才——虚度年华；枉活了大半辈子
年过花甲得子——老来喜
年画上的春牛——离（犁）不得
年近古稀嗅觉低——老鼻子啦
年轻人扛大梁——后生可畏
年轻娃娃扛碌碡（liù zhou 石磙）——正在劲头上
年三十逼债——催命鬼
年三十晒衣裳——今年不干明年干
年三十讨口——丢人现眼
年三十晚上逮个鳖——有它过年，无它也过年
年三十晚上投井——活不到明年
年三十夜的年糕——人有我有
年尾打山猪——见者有份
鲇鱼吃炸药——苦大嘴
鲇鱼打喷嚏——自我吹嘘（须）
鲇鱼找鲇鱼，王八找王八——物以类聚；一色找一色
撵（niǎn 追赶）狗进巷——必有一伤
碾杆心断了半截——做不了主
碾盘碰磨扇——实（石）打实（石）
碾盘轧碾子——实（石）打实（石）
碾子磨——实（石）对实（石）
念九九表——说话算数

niang

娘不正经——热（爹）多
娘儿俩嫁人——各有一喜
娘教闺女——说在嘴上记在心里
娘俩做媳妇——各人忙各人
娘胎里长胡子——未老先衰
娘疼闺女——实心实意

niao

鸟铳（一种打鸟用的旧式火器）轰蚊子——派错了用场
鸟出巢，兽出窝——必有所为
鸟飞山顶，石沉大海——到顶了
鸟类吃食——不得不低头
鸟笼里拉弓——小架势
鸟枪打兔子——睁只眼，闭只眼
鸟枪换炮——越变越好；越来越好；抖起来了（比喻神气起来了）
尿鳖子镶金边——臭讲究
尿布当手帕——不害臊；不知臊
尿壶掉井里——吞吞吐吐
尿壶镀金箔——外面光，里面脏；外头好看里面臭
尿壶里打酒——错了；搞错了
尿泡打人——虽然不痛，臊气难闻

尿泡当秤砣——压不住分量
尿盆里炒鸡蛋——不对味儿；不是味儿
尿盆里起雾——臊气
尿盆里栽牡丹——臭底子；底子臭；根子不净

nie

捏鼻子吃葱——忍气吞声（生）
捏鼻子捂嘴巴——不闻不问
捏了头的苍蝇——乱蹦乱撞
捏起鼻子喝水——一声不响
捏死手中鸟——轻而易举；容易得很
捏着鼻子过日子——不知香臭；闻不着香臭
捏着鼻子哄眼睛——自欺欺人；自骗自；自己哄自己
捏着鼻子潜水底——忍气吞声
捏着拳头过日子——心里憋气（比喻心情不痛快）
捏着一分钱能攥出汗来——会过日子

ning

拧着耳朵挤鼻涕——反使劲

niu

妞儿梳头——不必（篦）
牛背上翻跟头——有点硬功夫
牛背上放马鞍——乱套了
牛奔草原羊上山——各找门路
牛鼻上穿绳——牵着走的货
牛鼻绳落人手——身不由己；不由自主
牛鼻子穿环——让人牵着鼻子走
牛鼻子上的跳蚤——自高自大
牛鞭（牛阴）敬神——神也得罪了，人也得罪了
牛不喝水——干倒沫
牛踩乌龟壳——痛在心里
牛长鳞，马长角——不可能的事；没人见过；没有的事
牛吃苞谷秆——大草
牛吃薄荷——勿辨味道
牛吃草来狗吃屎——各有各的口味；各对口味
牛吃草帽儿——满肚子是圈圈
牛吃房上草——哪有这么长的脖子
牛吃赶车人——无法无天
牛吃荆条——瞎编
牛吃卷心菜——各有所爱；各人所爱
牛吃南瓜——无处下口
牛吃破草帽——满肚子的坏圈圈；一肚子坏圈圈
牛吃桑叶——结不成什么茧；结不成啥茧；不吐丝
牛打架——死顶
牛戴夹板儿——不要样（鞅）了
牛刀杀鸡——大材小用；小题大做
牛顶架——劲儿憋足啦
牛犊抵火车——自不量力；不自量
牛犊拉车——乱套
牛犊拉犁刚上套——没经验
牛犊子捕家雀——心灵身子笨

牛犊子长了犄角——不是好惹的；碰不得
牛犊子吃奶——乱顶撞
牛犊子叫街——懵（měng 懵懂，不清楚）门了
牛犊子拉车——乱了套；乱套了；拽不动；强挣扎
牛犊子拉犁——不在行
牛犊子拉犁耙——不打不走；不在行
牛犊子扑家雀——心灵身子笨
牛犊子撒娇——顶顶撞撞；又顶又撞
牛犊子陷进泥窝里——有力无处使
牛犊子学耕田——上了圈套；让人牵着鼻子走
牛儿吃桑叶——结不成个啥蚕
牛耳朵上弹琴——没用处；无用；没得用
牛绳穿针——不入耳
牛屎堆宝塔——一触即垮
牛屎上插牡丹——不配
牛瘦骨不瘦——底子好
牛死日也落——躲了一灾又一灾；祸不单行
牛尾巴赶苍蝇——左右摇摆；摇摆不定
牛尾巴拍苍蝇——凑巧了；赶得巧；正好
牛尾打牛身——无关痛痒；不痛不痒
牛眼看人——大个儿；高瞧了你
牛羊入圈鸟落窝——各得其所
牛羊上山——圈里空空
牛追马——赶不上
牛嘴上套篾篓——难开口；口难开；不好开口
扭紧了发条的闹钟——憋得足足的
扭秧歌的打腰鼓——旁敲侧击
扭着脖子想问题——净是歪道理

nong

农村的老黄牛——苦了一辈子
农夫救蛇——好心不得好报
农人说谷，屠夫说猪——干一行爱一行
弄把戏的作揖——没咒念
弄堂里跑马——题（蹄）难出
弄着煤灰当粉搽——自找难看
弄堂里扛木头——直来直去；直进直出；直出直入

nu

奴才见主子——百依百顺；唯唯诺诺
怒目金刚出征——杀气腾腾
怒目金刚——样子凶

nuan

暖房里做冰棒——冷热结合
暖瓶里装冰棍——没话（化）
暖水袋搭心口——置之度（肚）外
暖水瓶爆裂——丧胆
暖水瓶——表面冷，心里热
暖水瓶里装开水——外冷里热
暖水瓶里装星图——胆大包天

nuo

糯米粑粑掉地上——难收拾；不可收拾
糯米糍粑（cí bā）——软货
糯米饭掉在灰堆里——洗不净
糯米粉就糍粑——粘上了
糯米换地瓜——不上算；不合算
糯米换红薯——明显吃亏
糯米面包饺子——捏就成

nü

女大十八变——越变越好看
女儿拜寄娘——亲上加亲
女儿国招驸马——一厢情愿
女儿哭娘——真心实意
女驸马进洞房——一个喜来一个忧；喜的喜，忧的忧
女驸马招亲——不明真相
女高音唱歌——净唱高调
女鬼偷汉——死不要脸
女人纳的鞋底——千真（针）万真（针）
女娃娃缝尿布——虑事太宽
女婿不认得丈人——有眼不识泰山
女妖痛打唐僧——精打光

O

ou

偶像面前磕头——毕恭毕敬

藕炒豆芽——内外勾结；勾勾搭搭

藕炒黄豆——钻空（孔）子

藕粉煮糍粑（cí bā）——糊糊涂涂；糊里糊涂

藕丝炒豆芽——勾勾搭搭

藕丝炒韭菜——清清（青青）白白

藕眼里的泥——洗不清；洗不净

沤烂的花生——不是好人（仁）

沤烂的木头——难成才（材）

沤烂的土豆——黑了心

P

pa

扒手遇见贼打劫——见财分一半
趴在磨子上睡觉——想转了
趴在屋顶上瞧人——把人看矮了
爬到旗杆上放炮——就怕别人听不着
爬到屋梁上拉屎——臭架子；摆臭架子
爬竿比赛——看谁上得快
爬楼梯绊跤子——登高必跌重；爬得高，跌得重
爬山的冠军——捷足先登
爬山虎的本领——会巴结
爬上岸的乌龟——缩头缩脑
爬上马背想飞天——好高骛远
爬上山顶打铜锣——站得高，想（响）得远
爬上山顶纳凉——走上风；尽走上风
爬上塔顶吹笛子——高调
爬上屋脊的螃蟹——横行到顶了
怕死碰见鬼子兵——在劫难逃
怕死碰见送葬的——倒霉透了；真倒霉
怕死又碰上送葬的——在劫难逃

pai

拍大腿吓老虎——一点没用
拍马屁拍到了大腿上——拍的不是地方；让它尥了一蹶子
拍马屁拍到马嘴上——倒被咬一口
拍拍屁股就走——不管了
拍一下肩膀屁股痛——浑身是病
拍一下脑壳脚底动——灵透了
拍照片不上卷——没影子
排队梳辫子——一个一个来
排骨抛饿狗——有去无回
排骨烧豆腐——有硬有软
排球比赛——推来推去；互相推托
牌楼下躲雨——暂避（站壁）一时

pan

潘家湾的锣鼓——各打各的
潘金莲的裹脚布——臭货；肮脏货
潘金莲的脚指头——一个好的没有
潘金莲的信条——宁在花下死，做鬼也风流
潘金莲的竹竿儿——惹祸的根苗
潘仁美会严嵩——一对奸臣
盘古开天地——很早的事
盘古王摇拨浪鼓——老天真
盘山公路上开车——弯弯绕；要善于转弯
盘子里摆鸡蛋——有数的几个
盘子里生豆芽——根底浅
盘子里养花——扎不下根

盘子里养鱼——一清二楚
判官错点生死簿——糊涂鬼
判官当军师——鬼点子多
判官当郎中——鬼正（诊）经
判官的肚腹——鬼心肠
判决书做衣裳——浑身是罪
盼望长空裂大缝——异想天开
盼望出太阳的姑娘——想情（晴）人
盼月亮从西出——没指望

pang

庞统做知县——大材小用
螃蟹不忘横着爬——专走邪（斜）道
螃蟹不咬——专家（夹）
螃蟹吃高粱——顺着杆子往上爬
螃蟹出洞——横行
螃蟹穿在柳条上——难解难分；难分难解
螃蟹打洞老鼠住——劳而无功；有劳无功
螃蟹的肉——藏在肚里
螃蟹的眼里——一切都是横的
螃蟹洞里打架——窝里横
螃蟹断了爪——横行不了几天
螃蟹下锅——红脸了
胖大海掉进黄连水——苦水里泡大的
胖婆娘骑瘦驴——牵肥搭瘦
胖子乘车——碍着两边的人
胖子打架——抱成一团
胖子的裤带——不打紧
胖子排横队——齐头并进
胖子系裤带——不要紧

pao

抛彩球招亲——碰运气
抛出去的绣球——难收回；收不回来
抛了锚的汽车——寸步难行
抛球招亲——未必如意
狍子落了套——有去无回
炮打老帅——将军；将了军
炮台上的麻雀——吓破了胆
炮筒里的炮弹——一触即发
炮筒里装针——细心；心细
炮筒子里放炮弹——直来直去；直进直出；直出直入
炮筒子脾气——一触即发
炮仗跌进河里——没响
炮仗炸碾盘——稳而不动
袍子改袄——弄巧成拙；越来越小
袍子改汗衫——绰绰有余
跑步比赛——你追我赶
跑掉了一只鞋——举足轻重
跑昏的兔子——好捉
跑了耗子捉狐狸——一个比一个刁
跑了鳅鱼——泥里盘
跑了虾公捉到鲤鱼——理更好；格外好
跑了羊修圈——还不算晚；亡羊补牢；防备后来（比喻在事情失败之后，想办法去补救）
跑马吃烤鸭——这把骨头不知往哪儿扔
跑马使绊子——存心害人

跑着养猪——看在钱份上
泡菜坛里的黄瓜——酸溜溜的
泡菜坛里抓海椒(辣椒)——想捞一把;捞一把
泡泡糖粘住糯米饭——扯也扯不开
泡软了的豆子——不干脆
泡桐树锯菜板——心虚
泡透的土墙——不久长;难长久

pen

喷火器的脾气——张口就发火
喷雾器放屁——毒气冲天
盆菜摊上的样品——七荤八素
盆里的洋葱——装蒜
盆子里摆鸡蛋——有数的几个
盆子里摆山水——假景;清秀

peng

嘭嘭响的西瓜——熟透了
彭祖遇到老寿星——各有千秋
彭祖遇寿星——各有千秋
膨胀的皮球——一肚子气
捧土加泰山——不起作用
捧着金碗当乞丐——高兴得发傻;何必求人;装穷叫苦
捧着空盒上寿——无理(礼)
捧着泥鳅玩——耍滑头
捧着书本骑驴——走着瞧
捧着鲜花坐飞机——美上天了
捧着胸口进当铺——你要当心
碰到南墙不回头——倔强;死心眼
碰翻了五味瓶——酸甜苦辣咸都有

pi

披大氅(chǎng 外套)偷烟袋——文明人不做文明事
披虎皮的驴子——外强中干
披虎皮上山——吓唬人
披麻袋上朝——难登大雅之堂
披麻救火——惹火烧身;引火烧身;自讨苦吃
披蓑衣的被狗咬——穷人好欺负
披蓑衣救火——惹火烧身;引火烧身
披蓑衣救人——惹祸(火)上身
披蓑衣啃麻饼——不看吃的看穿的
披蓑衣钻篱笆——东拉西扯;勾勾搭搭
披西装穿草鞋——不相称;假洋鬼子
披着狗皮的东西——不算人;不是人
披着虎皮进村——吓唬老百姓
披着破被子上朝——穷尽忠
披着蓑衣啃红薯——穿没穿啥,吃没吃啥
披着雨衣打伞——多此一举
砒霜拌大葱——又毒又辣;毒辣
砒霜拌姜汁——毒辣
砒霜加生姜水——又毒又辣;毒辣
砒霜里浸辣椒——毒辣透顶
砒霜水加生姜水——又毒又辣
皮包商发洋财——无本生意
皮包商做生意——沾手三分肥
皮匠不带锥子——真(针)行
皮匠的扁担——两头俏(翘)

皮匠栽跟头——露了嘘（揎）头
皮球打蜡——圆滑；又圆又滑
皮球掉进面茶里——说他混蛋，他还一肚子气
皮球掉油缸——又圆又滑
皮球掉在米汤里——混蛋；糊涂蛋
皮球敲鼓——空对空
皮球上戳了一刀——泄气了；没气了
皮球上戳眼——瘪了
皮球上扎一刀——硬不起来；软下来了；气消了
皮球踢到墙壁上——顶回来了
皮软骨头硬——表面和气
皮条打人——软收拾
皮鞋打蜡——一时光
皮影表演——顺着人家的线跑
皮影戏开场——有人撑后台
皮影子（指皮影戏所用的皮制的人物形象）作揖——下毒（独）手
蚍蜉（pí fú 大蚂蚁）撼大树——自不量力；不自量；可笑不自量
琵琶断了弦——谈（弹）崩了
琵琶找二胡——知音相求
屁股插芦花——假充大公鸡
屁股长疮脚扎刺——坐立不安
屁股坐到针毡上——忐忑（tǎn tè 心神不定）不安；惴惴（zhuì zhuì 又发愁又害怕的样子）不安
屁股坐在鸡蛋上——一塌糊涂
屁股坐竹凳——底子空

pian

片儿汤里放排骨——软里带硬；柔中有刚；软中有硬
偏刃的斧头——一面砍
偏头看戏——怪台歪
骗孩子吃药——一会儿甜，一会儿苦
骗子赌钱——耍手腕
骗子碰到骗子——尔虞我诈
骗子说话——五吹六拉
骗子遇扒手——你哄我，我哄你

piao

漂白布掉染缸里——永世洗不清
漂白布落在油锅里——永世洗不清
漂亮姐的耳环——光会钻空子
飘上天的气球——轻浮
瓢把上记账——见水就拉倒
瓢底写字——水上漂

pin

拼死吃河豚（卵巢、血液和肝脏有剧毒的鱼）——不怕死；死都不怕；犯不着；一命搏一命
贫血病人——脸上无光

ping

乒乓球打七板子——推三挡四
平坝头躲壮丁——无地容身；无地藏身
平地不走爬大坡——自讨苦吃；自找苦吃

平地的骡子——不懂坎儿
平地老虎浅水龙——抖不起威风
平地里起坟堆——无中生有
平地里挖坑——叫人栽跟头
平房门前不漏雨——有言（檐）在先
平光镜——八面光
平路不走钻刺窝——自讨苦吃；自找苦吃
平民百姓见玉帝——一步登天
苹果掉在箩筐里——乐（落）在其中
苹果树上开梨花——特殊化（花）
屏风马坐死悬河炮——以逸待劳
屏风上贴门神——话（画）中有话
瓶口封蜡——滴水不漏；点滴不漏
瓶子里的苍蝇——没有出路

po

泼出去的水——难收回来
泼妇打架——劝不得
泼妇骂架——不讲理；不像话；耍无赖
泼妇撒野——没好话
泼妇说脏话——不入耳；难入耳
泼泔水拿着箩——会过日子
泼油救火——越帮越忙；帮倒忙；灾上加灾
泼在地上的水——难收拾；不可收拾
婆婆穿花袄——老来俏
婆婆穿花鞋——赶时兴；赶时髦
婆婆给爹爹做鞋——老样子
婆婆太多——媳妇难做
婆婆嘴吃西瓜——滴水不漏；点滴不漏
婆媳吵架儿子劝——左右为难
婆媳睡一床——没工（公）夫
鄱阳湖里起春水——一浪高一浪；后浪推前浪
笸（pǒ）箩里睡觉——卑躬（背弓）屈膝
迫击炮打飞机——瞎轰一气
迫击炮装手榴弹——口径不对
破被子裹元宝——好的在里面
破表——没准儿（比喻不准确、不把握）
破饽饽——露馅儿
破茶壶掉进水里——几头进水
破船沉在死水沟——无出路；没有出路
破船过江——人人自危
破船装太阳——度（渡）日
破袋装西瓜——直来直去；直进直出
破堤的洪水——来势凶猛
破风帆——抖不起来
破风筝——抖不起来；不见起
破釜沉舟——只进不退
破拐杖——靠不住；不可靠
破罐甩在洋灰地——稀巴烂
破罐子破摔——自暴自弃；豁出去了
破夹袄上绣牡丹——只图表面好看
破饺子——溜边了
破开乌贼肚——黑心肝；心肠黑
破喇叭——吹不响
破凉伞——好骨子
破笼屉——泄气；不成器（盛气）
破锣嗓子唱山歌——不入调；不入耳；难入耳

破锣嗓子——没好声
破麻袋装宝——有内才（财）
破麻袋做裙子——不是这块料
破马蹄表——没准儿
破帽子——露头
破棉袄——里外孬；里外都不好
破棉袄套绸衫——装百子
破皮球，烂轮胎——到处泄气
破皮鞋缝帽子——不成器（盛气）
破筛子贴膏药——千疮百孔
破土的春笋——拔尖
破袜子补帽檐——一步（布）登天
破箱子烂麻袋——露底
破鞋帮——露底
破椅子——靠不住；不可靠
破渔网——千疮百孔
破蒸笼蒸馒头——浑身是气；气不打一处来

pou

剖腹藏珍珠——舍命不舍财；爱财舍命
剖腹献肝胆——死尽忠心（比喻为国为民一证忠心）
剖开墨鱼肚——一副黑心肠
剖鱼得珠——格外珍贵；喜出望外（比喻意想不到的高兴）

pu

扑灯的蛾子——不怕死
铺衬（碎布头或破布片）里面卷珍珠——好的在里面
葡萄架上挂葡萄——一串又一串
葡萄架上结瓜——不可能的事；没人见过；没有的事
葡萄架下乘凉——舒适舒适
葡萄汁充花露水——不是那块香料
蒲扇打锣——面面俱到
蒲扇两边摇——两面讨好；两头落好
普希金与情诗——做一行爱一行

Q

qi

七八月的高粱——红透了
七月的荷花——红不久；一时鲜
七月的生柿子——难啃；啃不动
七月七牛郎会织女——一年一度
七月七生的——巧儿
七月十五吃月饼——赶先（鲜）
七只桨划船出海——颠三倒四
漆匠师傅调颜色——花样多
骑兵打胜仗——马到成功
骑兵掉河里——人仰马翻
骑兵队长打冲锋——一马当先
骑兵追击——马不停蹄
骑单车下坡——不睬（踩）
骑快马催债——急着要钱用
骑老虎背——没有好下场
骑老母猪挎草叶——看你这套人马刀枪
骑老牛追快马——望尘莫及
骑驴背口袋——白费劲
骑驴不用赶——道熟
骑驴看唱本——走着瞧
骑驴扛布袋——自搭这份好心肠；都在驴身上；弄巧成拙
骑驴瞧账本——走着看；到了算；穷算计
骑驴去上坟——惹老人生气
骑驴上房顶——不可能的事
骑驴望着坐轿的——比上不足，比下有余
骑驴下山——一步跟不上，步步跟不上
骑马扶墙——求稳
骑马观灯——走着瞧；不深入
骑马逛草原——没完没了；无穷无尽
棋盘中的子儿——捻一下动一步
旗杆顶上绑鸡毛——好大的胆（掸）子
旗杆顶上贴告示——天晓得；天知道
旗杆尖上拿大顶——艺高胆大
旗杆上吹号角——高明（鸣）
旗杆上的猴子——到顶了
起重机吊灯草——轻而易举
起重机吊钢板——拿得起，放得下
起重机吊鸡毛——轻拿；大材小用
起重机吊竹篮——不值一提
起坐不安——心中有事
气管子顺在嘴里——咽不下这口气
气焊枪焊玻璃——接不上
气枪打飞机——差得远；差远了
气球上天——远走高飞；轻飘飘；不攻自破
气球上扎窟窿——泄气
气死周瑜去吊孝——假仁假义；虚情假意

气象台的风动仪——随风转
弃美玉而抱顽石——糊涂到顶了

qia

掐了脑袋的苍蝇——东一头西一头
掐了头的树苗——节外生枝
掐头苍蝇——不知死活；死活不知
掐头蚂蚱——无头蹦了

qian

千层底儿作腮帮——好厚的脸皮
千个师傅千个法——各有各的门道
千斤鼻子四两嘴——不好开口
千斤担子肩上搁——负担太重
千斤担子一人担——重任在肩；压趴了
千斤重的种猪——肥头大耳
千里搭长棚——没有不散的筵席
千里打电话——两头通；遥相呼应
千里驹送信——快当
千里扛猪草——还不是为（喂）他（它）
千里马逮老鼠——大材小用
千里马拉犁耙——大材小用；用非所长
千里马挑重担——少见
千里送鹅毛——礼轻情意重
千里挑担子——肩负重任；重任在肩
千里投军，志在卫国——好汉一个
千里投亲——远方来客
千年大树百年松——根深蒂固
千年古树当火棍——大老粗
千年胡椒万年姜——越老越辣
千年铁树开花——今古奇观；枯木逢春；难得
千年鱼——浮在水面
千日拜佛，一朝添丁——善有善报
千日斧子百日锛（削平木料的工具）——苦学苦练；练出来的
千条江河归大海——大势所趋
千条竹篾编花篮——看着容易做着难
牵狗玩猴弄猢狲——不走正道
牵骆驼上楼——自找麻烦
牵牛过独木桥——难过
牵牛花当喇叭——吹不响；闹着玩
牵牛花爬上树——胡缠；胡搅蛮缠
牵牛花攀到钻塔上——架子不小；好大的架子
牵牛牵鼻子——抓住了关键

牵牛上纸桥——难上加难
牵牛下水——六脚（角）齐漫
牵瘸驴上窟窿桥——左右为难
牵羊进照相馆——出洋（羊）相
牵只羊全家动手——人浮于事
牵着不走，拉着倒退——犟（固执，不服劝导）牛
牵着肠子挂着肚——不放心；放心不下
牵着骆驼拉着鸡——就高不就低；高的高来低的低
牵着张三（狼的俗称）回家——引狼入室
前脚不离后脚——紧相连
前脚与后脚——寸步不离
前门楼上搭脚手——好大的架子
前门失火——走后门
前面是狼后面是虎——一个比一个凶；进退两难
前怕狼后怕虎——进退两难；畏首畏尾
前有埋伏，后有追兵——进退两难；无处逃生；没有回头的余地
钱塘江的潮水——看涨
钱塘江里洗被单——大摆布
钱塘江涨潮——大起大落；后浪推前浪；来势凶猛；涌上来了
钱眼里睡觉——细人
钱在手头，食在嘴边——留不住；难久留
钳工的手艺——动手就错（锉）
钳工师傅教徒弟——动手就错（锉）
潜水艇下水——深入浅出
黔虎吃驴——兜圈子
浅水里鱼儿——摸着来

qiang

呛了蒙汗药——动弹不得
枪枪打中靶心——百发百中
枪头上的雀儿——吓破了胆
强盗扮书生——改面不改心；冒充斯文
强盗唱歌——贼腔
强盗打灯笼——明火执仗
强盗打枪——一刻延误不得
强盗的逻辑——得寸进尺
强盗敲门——来者不善
强盗杀人——谋财言命；图财害命
强盗杀死赵公元帅（迷信的人指财神）——谋财害命
强盗伸手——偷偷摸摸
强盗手里夺刀——胆子不小
强盗偷石磙——笨贼
强盗遇见贼娃子——一路货
强盗抓小偷——贼喊捉贼
强盗走了房还在——不少（烧）
强盗走了扛出枪来了——假充勇敢
强叫老鹰学百灵鸟叫——叫不出
强拉秀才成亲——难为圣人
强老汉打强老婆——强打强
强震中心的坯房——土崩瓦解
墙壁上的人影——不像话（画）；不是话（画）
墙缝里的蚂蚁——不愁没出路
墙缝里的蛇咬人——出嘴不出身
墙角打拳——有劲使不上；有力无处使

墙角开口——邪（斜）门

墙里的柱子——暗里使劲

墙里开花墙外红——美名在外

墙上的恶鬼——吓唬不了人

墙上的裂缝——合不拢；合不到一块

墙头上的草——风吹两边倒

墙头上的鸽子——东张西望

墙头上的马蜂，墙缝里的蝎子——一个比一个毒

墙头上跑马——路子窄；冒险；没多大奔头

墙头上栽葱——无缘（园）

墙头种白菜——难交（浇）

抢来的媳妇——不恩爱；无情无义

qiao

跷跷板上搁鸡蛋——滚开；滚了

敲不响的木鼓——心太实

敲鼓吹口哨——自吹自擂

敲鼓的倒着走——打退堂鼓

敲鼓碰到放炮的——想（响）到一块了

敲锅盖卖烧饼——好大的牌子

敲开了的木鱼——合不拢嘴；咧开了嘴

敲锣逮麻雀——白费劲

敲锣紧跟打鼓的——想（响）到一个点子上

敲锣卖糖——各管一行；各干一行

敲锣撵兔子——起哄

敲锣找孩子——丢人打家伙

敲门惊柱子——旁敲侧击

敲山镇虎——瞎咋呼；虚张声势；惊不了

敲碎的铜锣——名声不好

敲下去的钉子——定了

敲柱子惊门环——指桑骂槐

敲着空碗唱曲子——穷作乐；穷快活

桥上搭碉楼——底子空

桥上的木板——任人践踏；由人踩

桥头上跑马——走投无路

樵夫卖柴——两头担心（薪）

瞧瞧过去，看看未来——瞻前顾后

瞧着账本聊天——说话算数

俏大姐的头发——输（梳）得光；波涛滚滚

俏大姐择眉毛——连根拔

俏媚眼给盲佬看——传错情；白搭

俏媳妇戴凤冠——好上加好

qie

切菜刀背上翻跟头——武艺高；本领高

切菜刀剃头——好险；冒险；危险

切开的藕——看清其心眼了

茄子炒南瓜——不分青红皂白

茄子地里长蒺藜——坏种坏苗

茄子棵上结黄瓜——杂种；变种
窃贼掉井——灌头（惯偷）
窃贼上房——偷梁换柱

qin

亲娘祖奶奶——一套儿
亲戚是把锯——你有来，我有去
秦桧的跪像——万人唾骂
秦桧调岳飞——陷害忠良
秦桧害岳飞——不得人心
秦桧落海——臭名远扬（洋）
秦桧杀岳飞——罪名莫须有
秦桧说话——奸嘴舌头
秦桧遇见严嵩——奸对奸
秦桧掌权——奸臣当道
秦桧奏本——进谗言
秦琼不拿锏——歇歇你的胳膊吧
秦琼的黄骠马——来头儿不小
秦琼卖马——背时；内膘；忍痛割爱
秦琼卖碗——时运不济
秦琼为朋友——两肋插刀
秦始皇修长城——千古奇迹；功过后人评
秦始皇治卢生——坑害人
勤劳的蜜蜂——闲不住

qing

青芭蕉——有棱有角
青菜煮萝卜——一清（青）二白
青草喂牛——有嫩的咬了
青出于蓝而胜于蓝——后来居上
青冈木做扁担——硬杠子
青冈木做杠子——硬邦邦
青龙白虎下界——凶神恶煞（杀）
青龙与白虎同行——吉凶全然未保
青皮橄榄——先苦后甜
青蛇吃山雀——疙疙瘩瘩
青石板上的曲蟮——没处钻了
青石板上雕花——硬功夫；开头难
青石板上抹油——滑得很
青石板上撒石灰——一清（青）二白
青石板上种庄稼——扎不下根；难生根
青石板做中堂——实话（石画）
青石进了石灰窑——要留清（青）白在人间
青石上炒豆子——熟一个蹦一个
青秫秸（去穗的高粱秆）打箔——一路货
青蛙唱歌——不合调
青蛙唱歌儿——呱呱叫

青蛙吃月亮——天壤之别
青蛙赶泥鳅——滑稽碰上滑稽
青蛙进网——坐卧不安；坐卧不宁
青蛙爬到鞭梢上——经不起摔打
青蛙向蟾蜍借毛——两家无
青蛙走路——又蹦又跳；连蹦带跳
青蛙钻进蛇洞里——自取灭亡
氢气球上天——扶摇直上；不翼而飞
倾巢的黄蜂——各散四方；一哄（轰）而散
倾倒的篱笆——塌了架
倾家荡产买棺材——死要面子活受罪
清晨的太阳——蛮红火
清油调苦菜——各有所爱；各人所爱
清早出门遇狐狸——倒霉透了；真倒霉
清蒸鸭子——身子烂了嘴还硬
情人眼里出西施——各投各眼；各对各眼
请来阎王压判官——以大欺小
请木匠补锅——用人不当
请神请到鬼——瞎了眼
请瓦匠上房顶——查漏洞
磬槌打在石板上——没多大响声

qiong

穷棒子请客——你来他不来
穷风流，饿快活——苦中作乐；苦中取乐
穷汉下饭馆——肚里空空，兜里光
穷债户过年——躲躲闪闪
穷嘴恶舌头——招人讨厌

qiu

秋八九月的大闸蟹——壮得没骨
秋蝉吐丝——作茧自缚
秋风过耳——一点不留
秋风里的黄叶——枯萎凋零
秋风扫落叶——一吹一大片
秋后的芭蕉——一串一串的
秋后的苍蝇——长不了；扇不动了
秋后的蝉儿——叫不了几声啦
秋后的蚂蟥——叫不了几天了
秋后的黄蜂——厉害不了几天；欲凶无力
秋天的高粱——红到顶了；捆起来
秋天的花椒——黑了心
秋天的茭白——黑的
蚯蚓吃土——开口就是
蚯蚓打哈欠——土里土气；土气大
蚯蚓走路——能屈（曲）能伸；以曲求伸

qu

曲蟮串门子——土里来，泥里去
曲蟮过河——弯弯曲曲
曲蟮上墙——有劲使不上；有力无处使
曲蟮跳舞——乱糟糟
曲蟮游太湖——无能为力
蛐蛐儿（蟋蟀）斗公鸡——不是对手
蛐蛐钻磨心——头头是道
蛐蟮打洞——图（土）松散
蛐蟮翻地——悄无声息

蛐蟮爬石条——专走硬路

蛐蟮游太湖——忒宽

去了咳嗽添了喘——躲了一灾又一灾；祸不单行；多灾多难

去年的皇历——背时

去年的棉衣今年穿——老一套

quan

全身瘫痪——动弹不得

泉水坑里扔石头——一眼看到底

拳师教徒弟——留一手

拳头舂海椒（辣椒）——辣手；辣对辣

拳头打海绵——打过去弹回来

拳头打跳蚤——自己吃亏；白费工夫

拳头捣蒜——辣手

拳头劈砖头——硬功夫

犬守夜，鸡司晨——各尽其责；各尽其能

que

缺钙的老母鸡下蛋——疲（皮）软

缺胳膊的穿坎肩——露一手

缺口镊子——一毛不拔

缺口碗盛米汤——放任自流

缺牙巴（豁牙子）咬虱子——碰上了；遇上了；遇了缘

缺牙齿啃西瓜——道道多

缺牙齿啃猪蹄——横扯筋

缺牙齿念文章——含糊其词

缺牙婆穿针——不咬线

qun

裙子套着裤子穿——不男不女

群猪争食——互不相让；谁也不让谁

R

ran

染坊里的大缸——由人摆布；任人摆布
染坊里的老板——尽给颜色看；贪色
染坊里的木勺——色色各别；形形色色
染坊里卖布——多管闲事
染坊送礼——拿不出手；伸不出手来
染房门前槌板石——见过些大棒槌
染缸里落白布——再也洗不清
染匠提小桶——无法摆布；看你怎么摆布
染匠作揖——拿不出手
染料店的老板——尽给颜色看

rang

让拐子送信——过时
让张飞绣花、黛玉领兵——滥用人才

rao

饶舌的乌鸦——尽是老调；老调子
绕道上山——远兜远转

re

惹虱子头上挠——自寻烦恼
热鏊（烙饼的器具。用铁做成，平面圆形，中心稍凸）上的蚂蚁——走投无路
热包子流糖汁——露馅儿
热地上的蚰蜒（节肢动物。像蜈蚣而略小，生活在阴湿的地方）——坐卧不安；走投无路
热饭喂狗——吃了就走
热锅插寒暑表——直线上升
热锅炒蚕豆——又蹦又跳；一刮二响
热锅炒辣椒——够呛（够受的）
热锅里爆豆子——噼里啪啦
热锅里倒凉水——呼声高；炸了
热锅里的螃蟹——爪子紧挠
热锅里的鸭子——窝脖
热锅上的黄豆——熟了就蹦；蹦得欢
热锅上的蚂蚁——急躁不安；急得团团转；站不住脚
热火叉放进冷水缸——一下子凉了半截儿
热炕头的夫妻——难舍难分
热脸蛋贴人家冷屁股——奴颜媚骨
热面孔碰到冷毛巾——无情
热闹处卖母猪——净干些败兴事
热闹处卖瘟猪——扫兴
热泥人儿——财（才）烧的
热水里打浆——面熟陌生
热水瓶不保温——肚子坏了
热水泼老鼠——一窝拿
热水烫脚气——舒适

热蹄子马——闲不住
热天的扇子——家家忙
热天叫人烤火——不得人心
热油锅煎豆腐——得翻那么几翻

ren

人把狗咬死了——怪事一桩；怪事
人才市场填表——自我推销
人吃臭豆腐——相中了这个味
人从矮门过——抬不起头来；不得不低头
人打江山狗坐殿——抬举畜生
人到八十拜花堂——老来喜
人多主意强——集思广益
人过三十不学艺——老了
人和鬼交谈——没有共同语言
人急跳窗户——不是门
人挤人的赶大集——多头市场
人家吃饭你借碗——不看时候
人家叫往东不敢往西——傀儡（木偶戏里的木头人。比喻受人操纵的人或组织）
人家骑马我骑驴，后面还有推车的——比上不足，比下有余
人情一把锯——你不来，我不去
人身上的垢，鸭背上的水——不稀奇；去了又来
人嘴两张皮——各说各有理；边说就边移
忍痛灼艾——迫不得已

reng

扔下馒头吃黄连——自找苦吃
扔下讨饭篮打乞丐——忘本
扔下铁锤拿灯草——拈轻怕重

ri

日本鬼子吃高粱米——没法子
日出西山水倒流——天下奇闻；无奇不有
日头晒屁股——懒人
日头晒瓮——肚里阴
日头上戴眼镜——眼高

rong

绒毛小鸭初下水——一切从头学起；新手
绒球打鼓——不想（响）
绒球打锣——没有回音；打不响
荣国府里赛诗——假（贾）话连篇

rou

肉案上的买卖——斤斤计较
肉包子打狗——白搭；有去无回
肉骨头吹喇叭——能混（荤）到什么时候
肉骨头打狗——软硬兼施；有去无回
肉骨头落锅——肯（啃）定了
肉骨头烧豆腐——软硬都有；软硬兼施
肉锅里煮元宵——混（荤）蛋
肉焖在锅里——香气在外

肉汤里洗澡——昏（荤）头昏（荤）脑

肉丸子掉进煤堆里——漆黑一团

ru

如来佛的法力——神通广大

如来佛的手心——谁也甭想逃出去

如来佛掌上翻跟头——跳不出去

如来佛治孙悟空——强中还有强中手

入伏的高粱——天天向上

入了洞房生孩子——双喜临门

入秋的石榴——点子多

入山的老虎——威风起来啦

入伍穿军装——头一回；头一遭

ruan

软刀子割头——不知死活

软骨头卡在喉咙里——张口结舌

软面粥拌粉面——愁（稠）上加愁（稠）

软索套猛虎——柔能克刚

软枣树上结柿子——小事（柿）

run

闰八月的月亮——圆了又圆

S

sa

仨鼻子眼儿——多一股子气；多出一口气儿

仨钱开店铺——周转不开

仨钱买，俩钱卖——不图赚钱只图快；亏本生意

仨钱买个馍——拣大的拿

仨钱买筐烂杏——只图个够

仨钱买匹马——自骑自夸

仨钱买头老叫驴（公驴）——浑身是毛病；贱货

仨钱摄个影——三分贱相

仨月不梳洗——不顾脸面；顾不得脸面

撒了谷子拾稻草——不分主次；主次不分

撒网就走——扔下不管了

sai

塞翁失马——因祸得福

腮帮子上拔火罐——不顾脸面；顾不得脸面

腮帮子上贴膏药——不留脸

赛场上的篮球——大家抢

赛场上的运动员——各显其能；各显神通

赛场上的足球——被人踢来踢去

赛马场上的冠军——一马当先

赛马跌筋斗——落后了

san

三把钥匙挂胸口——开心开心真开心

三百斤的野猪——全凭一张嘴；全仗嘴

三百钱买个土地爷——钱能通神

三辈子无后——绝了

三岔口相打——一场误会

三岔路口分手——各奔东西

三尺长的被单——顾头不顾脚

三九天种地瓜——怪哉（栽）

三十六计——走为上

三十晚上办年货——来不及了

三十晚上吃年饭——没外人

三十晚上丢了牛——明年再找

三下五去二——干脆利索；干净利索；一个不留

三月里的桃花——经不起风雨；经不起风吹雨打；红不了多久

三月里的杨柳——分外亲（青）

伞把背行李——处处是家

伞兵跳伞——一落千丈

伞顶漏雨——轮（淋）到自己头上了

伞铺的伙计——轮（淋）不着你

散了的线团——难理清

散了架的南瓜棚——支撑不开

sang

桑蚕不作茧——昼夜常（长）相思（丝）
桑木扁担——宁折不弯
桑拿房子里穿衣服——汗流浃背
嗓门里喷胡椒面——够呛（够受的）
嗓子冒烟咽唾沫——干伸脖
嗓子眼里长骨头——有口难言
嗓子眼里含眼泪——哭腔哭调
嗓子眼里卡鱼刺——不上不下；上不上，下不下
嗓子眼里吞擀面杖——直来直去；直进直出；直出直入
丧家的狗——东游西走；无家可归
丧屋里人唱戏——有人快乐有人愁；又喜又悲；悲喜交加

sao

骚狐狸见不得关二爷——邪不压正
扫把打钟——算是哪路神
扫把赶客——不留情面
扫厕所的当知县——臭底子；底子臭；根子不净
扫地打跟头——成心起哄
扫帚打跟头——成精作怪
扫帚戴草帽——混充人；装人样
扫帚顶门——光出岔（杈）子；净岔（杈）子；顶不住
扫帚疙瘩戴帽子——充当哪路神
扫帚疙瘩刻孙猴——没个人模样
扫帚画花——粗枝大叶
扫帚头上戴帽子——不算人；不是人
扫帚写家书——说大话
扫帚写生——大话（画）
扫帚作揖——拜把子

se

色盲看图纸——不分青红皂白；分不清青红皂白
色盲人画画——不分青红皂白
色盲学画——不分青红皂白；分不清青红皂白

sen

森林里的一片树叶——有你不多，无你不少
森林里撒网——瞎张罗
森林里野炊——有的是才（柴）
森林失火——尽光棍；全是光棍；难救

sha

杀凳边的猪——活不久；活不长
杀鸡的刀子——派不上大用场
杀鸡割破胆——自讨苦吃；自找苦吃
杀鸡灌灌汤——大扑腾
杀鸡取蛋，打鹿锯茸——得不偿失；因小失大
杀鸡取蛋——得不偿失；只图一回；只顾眼前利
杀鸡使牛刀——大材小用
杀人的做了官——没王法

杀人抢东西——谋财害命；图财害命
杀人越货的强盗——凶相毕露
沙梨打癞蛤蟆——一对疙瘩货
沙滩上浇水——一点不剩
砂锅炖肉——熬出来的
砂岩打青岩——实（石）打实（石）

shai

筛沙的筛子——缺点多；尽缺点
筛眼里的米——不上不下；上不上，下不下
筛子簸面——漏洞百出
筛子当门扇——难遮众人眼
晒干的蛤蟆——干瞪眼
晒干的黑枣——缩成一团
晒干的红枣——缩成一团
晒干的萝卜——蔫（niān 植物因失去水分而萎缩）了
晒裂的葫芦——开窍了
晒麦子碰上暴雨——手忙脚乱
晒盐的老总退休——不管咸（闲）事

shan

山坳上的松树——饱经风霜
山半腰遇大虫（老虎）——心惊肉跳
山半腰遭雨淋——上下两难；上下为难
山顶乘凉——占上风
山顶喊话山下答——上下呼应
山顶上安电扇——占上风
山顶上打井——白费工夫；白费劲；枉费工；徒劳无益
山顶上的蘑菇——根子硬
山顶上的哨兵——眼观六路，耳听八方
山洞里的蝙蝠——见不得阳光；见不得太阳
山洞里的泉水——通行无阻；畅通无阻
山谷的回声——不平则鸣
山谷里喊话——空喊；一呼百应
山猴爬树——拿手好戏
山猴子落在水里——不那么灵巧了
山里的五步蛇——毒极了；最毒
山里的竹笋——钻劲大；有股钻劲
山里红——中看不中吃；好看不好吃
山里回声——一呼百应
山里人有柴烧，岸边人有鱼虾——靠山吃山，靠水吃水
山上的松柏——四季常青；根深叶茂
山崖上的松柏——饱经风霜
山崖上的野葡萄——一提一大串
山崖上滚鸡蛋——没有一个好货；没有一个好的
山羊爱石山，绵羊恋草滩——各有所好；各人所好
山羊吃薄荷——食而不知其味；全不知味
山羊打架——勾心斗角
山羊额头的肉——没多大油水；油水不大
山羊挂在竹园里——胡缠
山羊胡子——稀稀拉拉
山羊见了老虎皮——望而生畏
山羊拉车——不听那一套

扇着扇子聊天——说风凉话

扇着扇子说话——风言风语

扇子驱大雾——办不到；没法办

鳝鱼的脑袋——又奸（尖）又猾（滑）

shang

伤风鼻塞——似通非通；半通不通

伤风流鼻涕——甩了

伤口上长毒疮——坏到一块了

伤口上洒盐巴——疼痛难忍

伤腿——得不偿失

商店橱窗里的摆设——样子货

商店里的样品——摆设

赏月偏遇连阴天——扫兴

上岸的蚌壳——不开口

上岸的鱼虾——干蹦干跳

上不着天，下不着地——两头不着实

上朝不带奏折——忘本了

上等轮胎——有气难出

上帝的父亲——天知道是谁

上吊的遇上济公——想死死不了

上房拆梯子——断了后路；不留后路；断人后路

上了山顶想飞天——贪得无厌；贪心不足

上了套的猴子——让人耍；身不由己

上了弦的箭——一触即发

上了灶的蚂蚁——生怕掉进火眼里去

上楼梯吃甘蔗——步步甜

上满发条的钟表——分秒不息

上午栽树，下午取材——性太急

上山背毛竹——顾前不顾后

上山背石头——真笨

上山采竹笋——拔尖

shao

烧饼铺的灶王爷——独坐

烧房子捡钉子——得不偿失

烧干的锅炉——气炸了；气崩了

烧红的煤炭吞下肚——心里有火

烧红的生铁——越打越硬；热一阵子

烧红了的煤球——吹也吹不得，拍也拍不得；吹不得；捧不得

烧黄青菜煮焦饭——过火

烧火剥葱——各管工

烧火棍子——一头热；一头冷来一头热

烧鸡不叫烧鸡——窝脖

烧焦了的米饭——凑合着吃

烧开了的水——沸腾起来了

烧烂的鸭子——只硬一张嘴

烧煤油炉子——火不打一处来

烧猪腿不放酱油——白提（蹄）

艄公不摇橹——耽误一船人
勺子碰锅沿——常事；常有的事
少白头骑个粉白驴——毛对色也对
少吃咸鱼少口干——多一事不如少一事
少林寺的弟子——强手如林
少林寺的高僧——身手不凡
少林寺的老方丈——德高望重
少林寺的拳师——软硬功夫都有；硬功夫
少年长白发——青春还在；未老先衰
少女的眼睛——善于挑剔
少小离家老大回——不识相；面目全非
少盐无醋——没味

she

舌尖上搽胭脂——嘴里漂亮
舌头打滚——含糊其词；含含糊糊
舌头进菜缸——不沾边
舌头没骨头——愿怎么说就怎么说
舌头磨剃头刀——好险；冒险；危险
蛇被抓住了七寸——浑身酥软
蛇吃大象——胃口不小；看他怎么吞下去；贪心不足
蛇吃鳗鱼——比长短
蛇爬到镰刀上——不敢缠
蛇吞老鼠鹰叼蛇——一物降一物
蛇吞象——自不量力；不自量；不识大体；好大的胃口
蛇吞蝎子——以毒攻毒
蛇遭蝎子蜇——一个更比一个毒
蛇钻窟窿——顾前不顾后
舍得买马，无钱置鞍——大处不算小处算
舍得一身剐，敢把皇帝拉下马——无私无畏
舍了金钟捡铜壶——得不偿失
舍命吃河豚——不值得
舍身崖边弹琵琶——临危不乱
舍身崖上摘牡丹——贪花不顾生死
舍下灶王爷去拜山神——舍近求远
射出的箭，泼出的水——难收回；收不回来
射击场上的靶子——漏洞百出
射箭没靶子——无的放矢
麝香的味儿——包不住

shen

申公豹的脑袋——人前一面，人后一面
申公豹的眼睛——朝后看
伸着嘴巴找笼头——自己上了套
身后的影子——寸步不离；随人走
身居屋檐下——不得不低头
身披虎皮心发抖——外壮内虚；外强里虚
身上拔汗毛——无伤大体；无关大体
绅士拉胡子——谦虚（牵须）君子
深山的石头——有的是；多的是
深山老坟堆——久慕（墓）
深山老林遇大虫（老虎）——不是虎死，就是人伤
深山里打猎，大海里捕鱼——靠山吃山，靠水吃水
深山里的饿虎——穷凶极恶
深山里的花岗岩——老顽固
深山里敲钟——名（鸣）声在外
深山密林迷了路——叫天天不应，唤地地不灵
深水摸鱼——想捞一把；捞一把；难下手；下不了手
神枪手打靶——百发百中；十拿九稳
神仙女下凡间——天配良缘
沈万三打死人——钱的不是
审判员入狱——执法犯法

sheng

升不离斗，秤不离砣，筛子不离筐和箩——各有各的搭档
升空的风筝——漂浮不定
升子盖盆子——随方就圆；随得方就得圆
生病的娃娃——没欢势劲儿
生剥刺猬——难下手；下不了手；无法下手
生成的鼻子眼——改不了相
生成的豆芽——长不成树
生成的骆驼——变不成象
生成的眉毛长成的痣——更改不掉；定了型；定型了
生成的牛角——拉不直；直不了
生虫的拐杖——靠不住；不可靠
生虫的核桃——不是好人（仁）
生气踢石头——吃亏的是自己；自己吃亏
生人见双胞胎——不知谁是哥谁是弟
生盐倒在滚油锅里——反响强烈
生意佬出身——全做交易
生意人碰到劫路贼——不知死活；死活不知
生在讨饭路上——命里苦
牲口进磨道——兜圈子
绳锯木断——非一时之功
绳索上加水——越来越紧
绳索套在马颈上——身不由己；不由自主
绳套挂在脖子上——越扯越紧
绳子拴石头——穷得叮当响
省了麸子狗吃面——省的没有费的多
圣人带枷——冤枉好人
圣人盗书——文明人不做文明事

圣人肚，杂货铺——难不住
圣人门前卖经书——献丑；自己献丑
圣徒进教堂——多画十字少说话
盛开的杜鹃——越来越红火
盛开的木棉花——红透了；一片红火；红火一片
剩下九十九个——百里挑一

shi

失笔的画——废话（画）
失舵的轮船——把握不住方向
失舵的小舟——随波逐流
失魂的鱼——乱闯乱碰
失火唱山歌——幸灾乐祸
失火处说好看——不知好歹；好歹不分；不识时务
失火钻床下——只顾一时
失灵的汽车——横冲直撞
失去的光阴灭了的火——一去永不来；一去不复返
失去金箍棒的孙悟空——没得耍了
失去了家的狗——无处投奔
失势的凤凰——不如鸡
失意人逢得意事——一番欢喜一番愁
失踪的飞机——下落不明；不知下落
失足误入迷魂阵——不糊涂也糊涂
师傅长胡子——老把势
师傅当丈人——亲上加亲
师傅收儿当徒弟——一辈传一辈
虱子打彩脚——挑（跳）不起来
虱子顶被窝——居心不小
虱子多了——不知痒
虱子躲在皮袄里——有住处，没吃处
狮子搏兔——以强凌弱
十五个麻雀吵架——七嘴八舌
拾柴打兔子——一举两得；两不耽误；两得其便
拾到鸡毛当令箭——少见多怪
拾到篮里都是菜——不知好歹；好歹不分
逝去的光阴灭了的火——一去不复返

shou

收割了的庄稼地——一溜精光
收鸡毛的挑刺——找毛病
收了白菜种韭菜——清（青）白传家
手上的皱纹——清清楚楚；一清二楚
手托灯笼上山顶——唯我高明
手像蒲扇，脚像钉耙——大手大脚
手心挂板子——打手
手指头抠眼睛——昏头昏脑；昏了头
手指头抹胶水——沾（粘）上了
手抓肥皂泡——摸透了
寿星打算盘——老谋深算
寿星跌跟头——老得发昏
瘦驴拉重载——够喘的了；受不了

shu

书本掉进水里——失（湿）业（页）
书法家寄墨水——幽（邮）默（墨）
书房里燃炮仗（爆竹）——乱放炮
书记的皮包——真成（盛）问题
书记个人说了算——一言堂

书生赶牛——慢慢来
书童洗墨——越洗越黑
书桌上的笔筒——粗中有细
梳过的头发——有条有理
梳头姑娘吃火腿——游（油）手好闲（咸）
梳头姑娘偷鲞（xiǎng 剖开晾干的咸鱼）吃——游（油）手好闲（咸）
梳头姑娘照镜子——看你美的
梳头照镜子——只看到自己
梳妆台上的镜子——明摆着
舒服他娘哭半夜——舒服死啦
暑天下大雪——少见；少有
黍米做黄酒——后劲大
鼠蛇两端——虎头蛇尾
树叶上的水珠——不久长；难长久
树叶遮屁股——不顶用；不顶事
树阴底下使罗盘——阴不阴来阳不阳

shua

刷子擦曲管——转不了弯
刷子画梧桐——粗枝大叶
耍把戏的帕子——无中生有
耍把戏的玩刺猬——扎手
耍把戏扮猴子——让人牵着走
耍猴的碰上敲锣的——对上点了
耍木偶戏——幕后操纵
耍戏法的敲锣——要变了

shuai

摔跟头捡票子——做美梦
摔锅卖铁——吃亏的是自己；自己吃亏
摔跤捡金条——喜出望外
甩了皮鞭拿棒槌——软硬兼施
甩了西瓜捡芝麻——避重就轻
甩手掌柜——什么事也不管；么事不管

shuan

拴驴找个棉花垛——窝囊货
拴在树桩上的叫驴（公驴）——尽绕圈子；绕圈子
拴在桩上的牛犊子——身不由己；不由自主

shuang

双胞胎比巴掌——一个样
双锤落鼓——一个音
双黄蛋——有二心；两个心
双脚踩在棉花堆上——不踏实
双脚踏双船——犹豫不定
双目失明当警察——瞎指挥
双目失明的司令——瞎指挥
双手抱着鸡脖子——老往官（冠）上瞅
双手插进靛缸里——左也难（蓝），右也难（蓝）
霜打的草——蔫（niān 植物因失去水分而萎缩）了
霜打的豆荚——难见天日；不见天日
霜打的黄瓜——蔫了
霜打的辣椒——蔫了
霜打的柿子——甜上加甜；甜透了
霜打的庄稼——耷拉着脑袋

sui

随口哼山歌——心里有谱
碎了碟子又打碗——气上加气
碎嘴婆子——唠唠叨叨
隧道里扛竹竿——直来直去；直出直入；直进直出

shui

水井里放糖精——甜头大家尝
水里捉鳝鱼——滑不溜丢
水龙头不关——自流
水萝卜——皮红心不红
水面打一棒——无伤痕；无痕迹
水面砍一刀——无伤痕；无痕迹
水面上的油花——漂浮
水面上画花纹——白费工夫；白费劲；枉费工
水牛吃活蟹——有劲使不上；有力无处使
水牛吃了萤火虫——肚里明白
水牛打架——钩心斗角；全靠角
水牛的一生——忍辱负重
水牛掉在井里头——有劲使不上
水上葫芦——沉不了底
水上画画儿——劳而无功；有劳无功
水上漂葫芦——轻浮
水上油珠——轻浮；漂在面上
水蛇投渔网——胡缠；胡搅蛮缠
水蛇学黄鳝——耍滑
水獭（tǎ）看渔场——越看越光
水獭上山——装熊
水獭守渔场——越守越光；越守越稀
水獭找泥鳅——一个刁，一个滑
水塘里的泥鳅——光溜溜
水塘里捞芝麻——难得；得之不易
水中捞月——一场空；没处寻；难寻
水中月，镜中人——看得见，摸不着
水煮驴皮胶——难熬
水煮石头——难熬
睡不着，怨床脚——错怪
睡觉不枕枕头——空头空脑
睡觉扯被子——遮遮盖盖

shun

顺风扯满篷——一帆风顺
顺治剃光头——不要王法（发）
顺着梯子下矿井——步步深入

shuo

说曹操曹操就到——冤家路窄
说出的话牛都踩不烂——硬邦邦
说风便扯篷——性太急
说风便是雨——说干就干
说话不离本行——干啥说啥
说话冲倒南墙——好硬的口气
说书人的嘴唱戏人的腿——说一不二；有伸有缩（说）
说书人落泪——替古人担忧
说真方卖假药——到底还是假；冒牌货
说着正东往西走——言行不一

说嘴的郎中（中医医生）——无好药；治不了病；没真药
说嘴的郎中卖膏药——胡吹一气；真能吹

si

丝绸口袋装狗屎——白糟蹋
丝绸上绣腊梅——锦上添花
丝瓜筋打老婆——装腔作势
丝瓜烧豆腐——清（青）清（青）白白
死鱼的眼睛——定了
死鱼的嘴巴——不开张
死贼上房——内忧外患
死诸葛吓走活仲达——生不如死；出乎意料；出人意料
死猪——不怕开水烫
死猪不怕开水烫——豁出去了
死罪逢恩诏——喜出望外
四不像备鞍鞯（ān jiān 马鞍子和垫在马鞍子下面的东西）——奇（骑）怪
四方棒槌——死笨
四方萝卜——愣头青
四方木脑袋——难开窍；不开窍
四方木头——踢一踢，动一动
四个鼻孔烂了仨——一鼻孔出气
四股叉子扎脚跟——不知哪股出的事
四海龙王动刀兵——里里外外都是水

song

松板夹骆驼——两头吃苦
松了腰带抬石头——没劲儿
松鼠的尾巴——翘得高
松鼠想吃树上鸟——办不到；没法办
松树林里挂灯笼——万绿丛中一点红
宋朝的秦桧，明朝的严嵩——奸对奸
宋徽宗的鹰，赵子昂的马——好话（画）儿

su

苏州老鼠走到杭州偷吃——走也走瘦了
苏州人换糖——不算数（酥）
酥油里插刀子——迎刃而解

suan

蒜辫子顶门——头儿多
蒜地里栽辣椒——一茬比一茬辣
蒜薹（tái）拌藕——对上眼了
蒜薹炒豆渣——光棍儿落难（烂）
蒜薹发杈——二杆子
算卦先生的葫芦——肚里有鬼
算卦先生的签袋子——一肚子鬼；满肚子鬼
算命瞎子的胡琴子——鬼大得很
算盘掖在裤腰上——肚里净打小九九
算盘珠子——拨一拨动一动；不拨不动；拨来拨去；任人拨拉
算盘珠子脱了框——没用处；无用；没得用
算盘子进位——以一当十

sun

孙膑吃狗屎——装疯卖傻
孙膑的牛瞪眼——没有本事了

孙膑干瞪眼——没本事了
孙膑走路——快不了
孙膑坐汽车——不胫而走
孙大圣的武艺——神通广大；变化多端
孙大圣赴蟠桃宴——偷吃偷喝
孙大圣关进炼丹炉——没门
孙大圣管蟠桃园——监守自盗
孙二娘开店——坑害人；谋财害命；图财害命；进不得；宰客
孙二娘开酒店——喝了就迷糊
孙猴的脸——说变就变
孙猴子的金箍棒——大小自如；随心如意；可大可小；能大能小
孙猴子的脸——说变就变；转眼就变；变化无常
孙猴子的屁股——坐不住；坐不稳
孙猴子的尾巴——变不了；没法变
孙猴子干活——毛手毛脚
孙猴子进风箱——受气大王
孙猴子看守仙桃园——非闹事不可
孙悟空扛钉耙——拿错了兵器
孙悟空拿（捉）猪八戒——能人之上有能人
孙悟空闹天宫——犯上作乱；慌了神；大闹一场；啥也不怕
孙悟空七十二变——花样多
孙悟空劝八戒——少吃少喝
孙悟空做皇上——反正是那个猴样子

SUO

唆狗咬石狮——笨中又笨
唆人跳海——硬往死里逼
梭引红线穿绿线——泾渭（经纬）分明
梭子不挂线——空来往
蓑衣上绣花——底子差；基础差；底子不行
唢呐里吹出笛子调——想（响）不到一块；想（响）的不一样
锁子看门——家中无人

T

ta

他瞌睡你送枕头——正合适

他念他的经，我拜我的佛——互不相干；互不干扰

他想睡你送枕头——正合适

塌鼻头闻鼻烟——没味道

塌鼻子戴眼镜——没着落；靠不住；不可靠；没处搁

塌鼻子嫁个斜眼——丑对丑；一对丑

踏着脖子敲脑壳——欺人太甚；太欺负人

踏着城墙上骆驼——够高了

踏着门槛说话——里外挑明

tai

台上唱戏，台下打鼾——看不上眼

台上的油灯——明摆

抬棺材的掉裤子——羞死人

抬棺材上阵——拼死一战

抬轿吹喇叭——光图热闹；凑热闹；凑凑热闹

抬头望鹰，低头抓鸡——眼高手低

抬头只见帽檐，低头只见鞋尖——目光短浅

太公钓渭水——走老远

太公钓鱼断了线儿——大鱼小鱼都不来

太平洋里放长线——想钓大鱼

太平洋里下钩子——放长线钓大鱼

太平洋里一滴水——微不足道；微乎其微

太岁当头坐——非灾即祸

太阳地里点灯——不增光

太阳地里望星星——白日做梦；梦想

太阳和月亮讲话——空谈

太阳上点火——聊（燎）天

太阳下面的雪人——不久长；难长久

太阳照到墙洞里——光钻空子；见缝就钻；钻空子

tan

贪财人爱便宜——更改不掉；改不了

贪吃不留种——顾前不顾后；过一天算一天

贪官醉酒——丑态百出

贪婪鬼赴宴——贪吃贪喝；饱吃饱喝；足吃足喝

贪食拉肚子——吃了嘴的亏；全坏在嘴上

坛子里抓辣豆瓣——辣手

坛子里捉鳖——手到擒来；稳捉稳拿

坦克打冲锋——有股闯劲

炭黑做汤圆——漆黑一团
炭火盆扛肩上——恼（脑）火
炭筛子筛芝麻——全落空
炭窝里的石灰——黑白分明
探条插枪膛——直来直去；直进直出；直出直入
探照灯照飞机——糟糕（照高）

tang

汤罐里炖鸭——突出一张嘴
汤罐煮鸡头——突出一张嘴
汤圆掉在稀饭锅里——糊涂蛋
汤圆落在灶坑里——洗不清；洗不净
唐朝的茶杯——老古词（瓷）
唐朝的擀面杖——老光棍
烫了屁股的猴子——急红了眼
烫手的粥盆——扔了心痛，不扔手痛
烫死的鸭子——身子烂了嘴还硬

tao

淘大粪的做知县——臭底子；底子臭
掏耳朵用马勺——小题大做
掏干油罐子煎豆腐——不惜代价；下尽本钱
逃荒的落户——举目无亲
逃难跑到死胡同——绝路一条
桃花潭水深千尺——无与伦比
桃树林里种甘蔗——甜甜蜜蜜
桃子掉地上——熟透了
桃子破肚——杀身成仁
陶工手里的黏土——得心应手
陶器店里买钵头——一套一套的
讨吃的敬神——穷恭敬
讨吃的婆娘养了个瞎娃娃——穷根扎下了
讨吃的起五更——盼的啥
讨吃的喂猴——玩心不退
讨吃子（乞丐）过生日——一年不如一年
套车埋老鼠——小题大做
套裤里伸腿——两岔
套马杆探月亮——痴心妄想；妄想
套马杆子戴礼帽——细高挑儿
套马杆子顶草帽——奸（尖）的出头
套上大车让老虎驾辕——没人敢（赶）
套袖改袜子——没底儿
套着大车卖煎饼——贪（摊）得多

teng

藤长根短——头重脚轻
藤萝爬上葡萄架——纠缠不清
藤攀枯树——乱纠缠

ti

剔光了肉的排骨——没多大油水；油水不大
剔了肉的猪蹄儿——贱骨头
提扁担进屋——直来直去；直进直出；直出直入
提花机断了弦——没法提；提不得；提不起来；别提了
提鸡赶鸭子——一举两得

提傀儡（木偶戏里的木头人）上戏场——缺少口气儿
提马灯下矿井——步步深入
提桶里搓衣服——同时下手
提着扁担串门子——直来直去；直进直出；直出直入
提着灯笼行窃——明目张胆
提着点心去求人——甜言蜜语
提着口袋倒核桃——一个不留
提着筷笼上坟——放不下
提着箩筐拾粪——找死（屎）；寻死（屎）
提着唢呐打瞌睡——做事不当事
提着头发上天——办不到；没法办
提着影戏（皮影戏）人上场——好歹别戳破了这层纸
剃头扁担——长不了
剃头带掏耳朵——里外干净
剃头带洗澡——干脆利索；干净利索

tian

天窗下谈天——说亮话
天鹅落在鸡窝里——盛不下
天干禾苗黄——奄奄一息
天高皇帝远——有冤无处申；管不着
天狗吃太阳——没法下口
天狗吃月亮——难下爪；无从下口；难下口；总要还原；圆吞
天黑想起赶集——错过时机
天黑找不到路——日暮途穷
天花板上挂棋盘——一个子儿也没有
天井里捉鱼虾——没来路
天冷偏烤湿柴火——对着吹
天亮才烧炕——晚了；迟了
天亮的喜鹊——一睁眼就喳喳个没完
天生的歪脖子——更改不掉；改不了

tiao

挑水骑单车——武艺高；本领高
跳上岸的鱼——只张嘴巴没有声
跳上舞台凑热闹——逢场作戏
跳网的鱼儿又吞钩——躲了一灾又一灾；祸不单行
跳蚤戴串铃——假充大牲口；装什么大牲口
跳蚤顶被窝——枉费心机；力不能及；力不从心；心有余而力不足
跳蚤钻进袜筒里——角色（脚虱）

tie

贴身的丫鬟——寸步不离
铁板钉钢钉——硬到家

铁板上钉钉——有板眼；有板有眼；硬对硬
铁锤砸脑壳——碰得头破血流
铁锤砸乌龟——硬碰硬；不怕你硬
铁锤砸在被窝里——没回音；无回音；没反应
铁打的棒槌——硬邦邦
铁打的肠子铜铸的心——变不了；没法变
铁打的房梁磨绣针——功到自然成
铁拐李走路——一摇三摆
铁管子当油桶——没底儿
铁路警察——各管一段；管不着这一段
铁耙子挠头——一把硬手；是把硬手
铁耙子搔痒痒——一把硬手；小题大做；充硬手
铁皮葫芦——外强中干
铁树开花——千载难逢；无结果；不结果；好事难盼；难得；难遇

ting

厅堂里的老古董——摆设
听鼓书抹眼泪——有情人；替古人担忧
听见风就是雨——瞎起哄；瞎猜
听评书掉眼泪——替古人担忧 ；瞎操闲心
听哑巴唱戏——莫名其妙
亭子里谈心——讲风凉话；全是风凉话

tong

通天的深井——摸不着底
同床异梦——有二心
同吹两把号——想（响）到一块了
铜板做眼镜——满眼是钱
铜鼎锅碰着铁炊帚——硬碰硬
铜毫子买母猪肉——大家合算；大家欢喜
铜盘碰上铁扫帚——互不相让；谁也不让谁
铜钱当眼镜——认钱不认人；一切向钱看
铜钱眼里打秋千——小人
铜墙铁壁——坚不可摧
铜头戴了铁帽子——双保险
童男童女（旧时殉葬用的纸男纸女）跌河里——架子不倒
童养媳当媒人——自顾不暇；自身难保
痛快妈哭痛快——痛快死了

tou

偷吃的猫——记吃不记打；心不改
偷吃海椒（辣椒）挨耳光——里外发烧
偷儿见了钱包——眼红手痒
偷儿进果园——没理（梨）找理（梨）
头顶碾盘耍狮子——费力不讨好；吃力不讨好，费劲不落好
头顶上安电扇——大出风头
头顶上长眼睛——目空一切；旁若无人；放眼世界
头顶生目，脚下长手——眼高手低
头顶袜子——不是脚
头顶西瓜皮——假充愣头儿青

头发丝炒韭菜——乱七八糟
头发丝穿豆腐——没法提；提不得；提不起来；别提了
头发丝上刻仕女图——入细入微
头发丝遮眼睛——办不到；没法办
头发窝里的虱子——乱跑乱跳
头皮上擦火柴——划不着
头上插草标（旧时在欲售之物上插草棍作为出售的标志）——自卖自身
头上插鸡翎——好威风
头上插扇子——大出风头
头上插着风向标——随风转
头上长疮，脚底流脓——坏透了；没法治；没治了
头上的虱子——寄生虫；乱跑乱跳

tu

秃疮脑袋——唯剃
秃大娘掉了假发——没啥说了
秃顶人的头发——稀少
秃鸡过冬——难熬
秃脑袋上扎小辫——法（发）儿不多；几根毛有限
秃头上顶橄榄——不牢靠
秃头上抹糖稀——满粘
秃头上照电灯——光对光
秃头枕着门槛睡——名（明）头在外
秃尾巴狗——又歪又横
秃尾巴驴——有头无尾；抓不住
图书馆的顾客——读者
图书馆的耗子——蚀（食）本
图书馆的家当——尽是输（书）
图书馆失火——自然（字燃）
徒弟充师傅——啥事不懂；不懂事
徒手打老虎——有勇无谋
屠场里的肥猪——等死；末日来临
屠夫杀鸡——难不住
屠夫杀羊——内行
屠兔子刨窝——不是人干的活
兔子跑到磨坊里——假充大尾巴驴
兔子头上插花柴——装梅花鹿
兔子尾巴——长不了；没多长
兔子想抱月亮——空想
兔子宴请老虎——寅吃卯粮
兔子走运——三月的好时光

tuan

团鱼翻筋斗——四脚朝天
团鱼挂在板壁上——四脚无靠
团鱼下滚汤——爬到死
团鱼咬棒棒——你放他不放

tui

推开天窗——说亮话
推磨挨磨棍——费力不讨好；吃力不讨好；费劲不落好
推人下井还要滚石头——害人不浅
推屎爬打哈哧——一张臭嘴
推土机进茅草地——斩草除根
推小车的上了柏油路——没治（辙）了
推小车扭屁股——身不由己；不由自主
推小车上大坡——步步高升；步步登

高；只进不退；越高难度越大
推着车子上墙——白费工夫；白费劲；枉费工
腿肚子搽粉——过分讲究
腿肚子上贴灶王爷——人走家搬
腿瘸头歪屁股肿——不是好人
腿上的牛皮癣——顽固不化
腿上挂铃铛——走到哪，响到哪
退潮的海滩——水落石出
蜕皮的毒蛇——性不改
蜕皮的知了晒太阳——翅膀硬了

tun

吞金自杀——人财两空
吞进了烙铁——一副热心肠
吞了烟袋油的蛇——离死不远
吞下苍蝇——叫人恶心

tuo

托着扁担过马路——横行霸道
托着手鼓提着竹笛——又吹又拍；吹吹拍拍
拖车拉泰山——大头在后面；大的在后头
拖拉机追兔子——有劲使不上
拖着孩子跳井——犹豫不定
脱把锄头——没用处；无用；没得用
脱钩的黄鳝——刁滑
脱祸求财——时来运转
脱缰的野马——无拘无束；拢不住；横冲直撞；乱闯乱碰
脱了裤子打老虎——又不要脸，又不要命
脱了毛的刷子——有板眼；有板有眼
脱了绳的猴子——无拘无束
脱了线的风筝——身不由己；远走高飞
脱毛的凤凰——不值钱的货
脱手的气球——无牵挂；无牵无挂
驼背绊跟头——倒霉透了；真倒霉
驼背背人——顶心
驼子背人——顶心
驼子跛子睡一床——七拱八翘
驼子穿背心——前长后短；遮不了丑
驼子仰面睡——两头不着实
鸵鸟钻沙——藏头露尾

W

wa

娃儿哭了给娘抱——一推了事
娃儿玩积木——不成重来
娃娃见了娘——笑逐颜开；喜笑颜开
娃娃拾花炮——沾沾自喜
挖鼻屎当盐吃——吝啬鬼
挖耳勺里炒黄豆——一个个来
挖好肉补烂疮——犯不着
挖井碰见喷泉——好得很；好极了
挖井碰上自流泉——正合心意
挖了眼当判官——瞎到底了
挖肉补脸蛋——忍痛图好看
瓦背上的胡椒——两边滚；十有九跑
瓦房顶上盖草席——多此一举
瓦房上盖蒿草——怪物（屋）
瓦缸盆倒胡桃（核桃）——一干二净
瓦罐里的蛐蛐——一个劲地往外蹦
瓦匠碰上鞋匠——帮不上忙
瓦匠砌墙——两面三刀
瓦石榴——看得吃不得
袜筒改护腕——将就材料

wai

歪把子葫芦——从哪里开瓢
歪脖子看手表——观点不正
歪脖子看天——扭着劲
歪脖子树——值（直）不得；成不了才（材）；根子不正；难治（直）；定了型
歪脖子说话——嘴不对心
歪戴帽子斜穿袄——不成体统
歪上轴承斜上轴——没安好心
歪头的公鸡——邪（斜）教（叫）
歪头看戏怪台斜——无理取闹
外行打铁——乱吹（捶）
外行人看魔术——莫名其妙

wan

弯扁担打蛇——两头不着实
弯刀对着瓢切菜——两将就；两凑合；正合适
弯镰打菜刀——改邪（斜）归正
弯铁条割麦子——拉倒
弯腰捡稻草——轻而易举
弯腰树——直不起来
剜草的拾了个南瓜——捡着大个的
晚点的火车——赶得上
晚上干活儿——披星戴月
晚上赶集——散了
碗边上的饭——吃不饱人
碗边上落苍蝇——混饭吃
碗店里捉老鼠——碰不得
万花筒——千变万化

万顷黄沙一棵草——不显眼
万泉河里洗澡——左右逢源
万岁爷掉在井里——不敢劳（捞）你的大驾
万岁爷卖包子——御驾亲征（蒸）
万岁爷剃头——不要王法（发）
万丈悬崖上的鲜桃——没人睬（采）；没人尝过
万丈崖上的野葡萄——够不着

wang

亡羊补牢——为时未晚
王八拜年——规规（龟龟）矩矩
王八背着两面鼓——人前一面，人后一面
王八变黄鳝——解甲归田
王八脖子——能伸能缩
王八吃饵钩——找死；送死；寻死；自己找死

王八吃花椒——麻了爪子
王八吃煤球——黑心肝；心肠黑
王八吃西瓜——滚的滚，爬的爬；连滚带爬
王八吃元宵——小混蛋
王八腿上拴老鹰——想飞飞不了，想爬爬不动
王八吞钩——直瞪眼
王八玩把势（杂技）——翻了
王八下陡坡——滚的滚，爬的爬；连滚带爬
王八下汤锅——丢盔卸甲
王八笑龟爬——彼此一样；彼此彼此
王宝钏爱上叫花子——有远见
王宝钏等薛平贵——忠贞不渝
王宝钏住窑洞——无妨（房）
王道士画符——自己心里明白；自己明白
王母娘的蟠桃——再好也吃不到
王羲之的手书——一字千金
王羲之的字——大家的榜样；一字千金
王羲之的字帖——别具一格
王羲之看鹅——渐渐消磨（墨）；专心致志
王羲之写字——入木三分；熟手；手熟；熟能生巧；横竖都好
王员外不喝酒——转回家园
王致和的豆腐——臭名远扬
网袋捞泥鳅——跑的跑，溜的溜
网里的鱼，笼中的鸟——没跑；跑不了

网里放泥鳅——一个也剩不下
网套里的麂子——吓破了胆
网外捉鱼——捞外快
往喝过水的井里吐唾沫——忘恩负义
望乡台上搽胭脂——死要面子；死要脸
望乡台上唱莲花落——不知死的鬼
望远镜倒拿着——光看自己的鼻子尖
望远镜观天——一孔之见
望远镜照粪坑——死（屎）在眼前
望远镜照太平洋——一望无际
望着高炉发愣——恨铁不成钢

wei

为打耗子伤了玉瓶——因小失大
为灭虱子烧棉袄——小题大做
为妻骂妾——迫不得已
为人投四海——朋友多
为虱子烧了旧棉花——小题大做
韦驮扔兵器——抛主（杵）
圩子（wéi zi 低洼地区围绕房屋田地等修建的防水堤岸）上的老鼠——隐患
围巾上绣花——锦（巾）上添花
围棋盘里下象棋——不对路数
桅杆顶上吹唢呐——四方闻名（鸣）
桅杆上响喇叭——高调
桅杆做了顶门杠——大材小用
桅尖上拉二胡——唱高调
维吾尔姑娘的辫子——一抓就是一把
维吾尔族的姑娘——辫子多
尾巴上绑芦花——假充大公鸡
卫生口罩——嘴上一套
未猜灯谜先揭底——不打自招
未婚妻做了望门寡——冤枉；太冤枉
喂兔养羊——本小利大

wen

温度计掉冰箱——直线下降
温泉里洗澡——泡病号；冷暖自己知
瘟神下界——百姓遭难；四方遭灾；不知哪方遭灾
文火熬蹄髈——慢慢来
文火蒸糕——闷（焖）起来了
文盲贴对子——不分上下；上下不分
蚊虫遭扇打——吃了嘴的亏；全坏在嘴上
蚊叮虫咬——不屑一顾
蚊子的脑袋——大不了
蚊子叮木偶——认错了人
蚊子没嘴——屁股伤人
蚊子找蜘蛛——自投罗网
蚊子撞上蜘蛛网——越挣扎越缠得紧
问客杀鸡——假仁假义；虚情假意；心意不诚

weng

瓮里抓王八——保险又保险
瓮中鳖，网中鱼——没跑
瓮中的乌龟——处处碰壁
瓮中之鳖——走投无路；跑不了
瓮中捉鳖——手到擒来；十拿九稳；稳拿
蕹菜（wèng cài 空心菜）当吹火筒——似通非通；半通不通

wo

莴笋炒蒜苗——亲（青）上加亲（青）
窝脚的毛驴跟马跑——一辈子落后
窝里的家雀——没跑；跑不了
窝里的马蜂——不是好惹的；惹不起
窝里的蛇——不知长短
窝囊废坐天下——无人敢保
窝头上蒸笼——盖了帽了
窝窝头进贡——穷尽忠
窝窝头没眼儿——找着挨抠
窝窝头上坟——哄鬼；骗鬼；哄死人
蜗牛背房子——白受苦；搬家
蜗牛盖房子——自己顾自己
蜗牛耕田——费力不小，收获不大
蜗牛爬到电杆顶——唯我独尊
蜗牛爬架——慢腾腾；想高升；快不了
蜗牛爬上葡萄架——光想高位
蜗牛赛跑——慢慢来
蜗牛走路——慢腾腾
我解缆绳你推船——顺水人情
我心似你心——心心相印
握着蒺藜死不丢——不怕扎手

wu

乌狗吃食，白狗当灾——代人受过
乌龟挨踩——痛在肚里
乌龟扒门槛——但看此一番（翻）
乌龟穿套裤——不成体统
乌龟遭棒打——缩头缩脑；不露头
乌龟遭牛踩——痛在肚里
乌龟撞石板——硬碰硬
乌龟钻灶——扒灰
乌鸡对白鸡——一个见不得一个
乌江岸上困霸王——四面楚歌
乌梢蛇缠脚杆子——又狡（绞）又猾（滑）
武松打猫——小意思
武松打兔子——英雄无用武之地
武松大闹十字坡——英雄不打不相识
捂上眼睛的驴——东撞西碰
捂着鼻子闭着嘴——憋气；憋得难受
捂着鼻子讲卫生——不闻不问
捂着脑袋赶老鼠——抱头鼠窜
捂着屁股过河——小心过度（渡）
捂着钱包捉贼——多加一份小心；小心过分；过分小心
捂着眼睛捉麻雀——瞎摸
舞台上拜天地——痛快一时
舞台上的道具——由人摆布；任人摆布
舞台上的灯光——引人注目
雾里划船——不知往哪儿好
雾里看指纹——看不出道道
雾里瞧花——看不真切；隔一层
雾中的鲜花——模糊不清；看不清
雾中照相——眉目不清
雾中追车——路线不明

X

xi

西北风刮蒺藜——连讽（风）带刺
西瓜地里放野猪——一塌糊涂
西瓜地里散步——左右逢源（圆）
西瓜掉在油桶里——滑头；滑头滑脑
西面敲鼓东面响——声东击西
西天路上的孙行者——劳苦功高
西天取经——任重道远
吸铁石吸芝麻——有利就沾
吸烟烧枕头——自讨麻烦；自找麻烦
希特勒的宣传部长——撒谎专家
稀饭锅里扔铁砣——混蛋到底
稀饭锅里煮鸡子儿（鸡蛋）——浑蛋
洗菜的洗菜，剥葱的剥葱——各管一工
洗锅的抹布——开（揩）油
洗脚不抹脚——乱甩
洗脸盆里摸鱼——手背上活
洗脸盆里生豆芽——知根知底
洗脸盆里游泳——水平太低；不知深浅
喜马拉雅山上聊天——高谈阔论
喜马拉雅山上卖牛黄——又高又贵
喜鹊的尾巴——爱翘
喜鹊登枝喳喳叫——无喜心里乐三分
喜鹊飞进洞房里——喜上加喜
戏场里头打瞌睡——图热闹
戏里的朋友——假义气
戏子教徒弟——幕后指点；幕后指挥
细高挑儿进矮门——不得不低头
细狗咬壮腿——无从下口
细火焖鱼——慢慢来

xia

虾兵蟹将串门子——水里来，水里去
虾肚子里的子儿——明明白白
虾米进油锅——闹个大红脸
虾子得意——爱蹦
虾子钓鲤鱼——以小取大
虾子掉在盐堆上——忙（芒）中有闲（咸）
虾子过河——谦虚（牵须）
虾子撞在桥桩上——忙（芒）坏了
瞎苍蝇碰到蜘蛛网上——粘上容易脱掉难
瞎眼贴膏药——没法治；治不了
瞎子不知阴天——异想天开
瞎子三天不洗脸——眼不见为净
瞎子上轿——摸不着门道
下棋走子儿——格格不入
下山担柴——心（薪）挂两头
夏夜走棋——星罗棋布
夏至插秧——晚了；迟了

xian

仙姑思凡——心野了
仙鹤打架——绕脖子
仙鹤黑尾巴——美中不足
仙女的裙子——拖拖拉拉
仙女散花——天花乱坠
仙女下凡——腾云驾雾；飘飘然
仙人上厕所——不方便
先吃黄连后吃蜜——先苦后甜
先吃皮，后吃馅儿——老一套

xiang

乡里的婆婆拜千佛——磕头磕够了
乡下人穿西装——土洋结合
乡下人戴眼镜——精耕细作
相逢不下鞍——各奔前程
相机对准马屁股——拍马屁
相片扔到大海里——丢人不知深浅
相声表演——笑话连篇
香炉里长草——慌（荒）了神
香炉里的纸钱——鬼用
降不住猪肉降豆腐——欺软怕硬
响鼓不用重锤——一敲就响；明白人一点就通
想吃鱼又避腥——难得两全
想了一宿死丈夫——寡妇思五更
向日葵的孩子——没数
向日葵开花——到顶了
巷窄遇仇人——狭路相逢
巷子里打拳——直来直去；直进直出；直出直入
项羽设宴请刘邦——不存好心；居心不良
项羽砸锅——破釜沉舟
项庄舞剑——意在沛公

xiao

削鱼得珠——喜出望外
消防队的汽车——通行无阻；畅通无阻
消防龙头打不开——干着急；误大事了
萧何月下追韩信——为国操劳；连夜赶；爱才；谋士识良才
萧何追韩信——连夜赶；爱才；人才难得
萧太后摆宴席——好吃难消化
硝酸加盐酸——放到哪，烂到哪
小米煮红薯——糊糊涂涂；糊里糊涂
小拇指比大腿——差一截子；差一大截
小木匠干活——东一句（锯），西一句（锯）
小卒子过河——一步一步往前拱；难以回头；有去无回
孝帽掉进靛缸里——格外出色；分外出色

xie

蝎虎子（壁虎）打喷嚏——满嘴臊
蝎虎子断尾巴——脱身之计
蝎子不咬——这（蜇）就是了
蝎子雕花——刻毒

蝎子掉进裤裆里——折腾（蜇疼）
蝎子尾巴长疮——没什么能（脓）
蝎子蜇人咬一口——又狠又毒
卸磨杀驴——忘恩负义；利用一时
谢了花的南瓜——一天比一天有长进；一天比一天大

xin

心肝掉到肚里头——放下心了
心肝里头结了两个茄子——三心二意
心口窝里塞棉花——有点儿憋气
新开张的杂货店——要啥有啥
新科状元招驸马——喜上加喜

xing

星星跟着月亮走——沾光
猩猩戴礼帽——装文明人
刑法条文糊衣裳——满身的罪名
行车有车道，行船有航道——互不相干；各不相干
行船不划桨——随大流
行船上岸——挨上边了
行盗遇火灾——趁火打劫
行军不整好鞋袜——准见炮（泡）
行军遇伏兵——出师不利
行礼掉（回转）屁股——不知好歹；好歹不分
行路的换草鞋——弃旧恋新
行医的捎带卖棺材——死活都要钱
行云流水——不好捉摸；难以捉摸

xiong

凶神扮恶鬼——又凶又恶
兄弟打架——有伤手足
兄弟二人猜拳——哥俩好
兄弟请客——大吃大喝
兄妹上大学——志同道合
兄嫂吵架——大不了的矛盾
胸窝里栽牡丹——心花怒放
雄鹅的眼睛——目中无人
雄鸡下蛋——公子
雄鹰的翅膀——练出来的

xiu

休息休息再说——歇后语
修锅匠拉风箱——有去有来；有来有往
修脚带拔牙——上下兼顾
朽木塔楼房——不稳当；不稳
朽木头打嫁妆——粗制滥造
朽木做梁柱——无用之才（材）
秀才背书——出口成章
秀才打板子——口是心非
绣花姑娘缝绣衣——千真（针）万真（针）
绣花针碰上吸铁石——沾上了
绣花针挑土——难得；得之不易
绣花针扎泥鳅——又奸（尖）又猾（滑）
绣花枕头稻草心——肚里没好货
绣花枕头塞糠壳——顾面不顾里
绣花枕头一包糠——外光里不光；表面光；表里不一

袖里藏宝剑——杀人不露风（锋）

袖里藏刀——锋芒不露；不露锋；暗伤人；暗里伤人；杀人不露锋

袖里来，袖里去——何凭何据；无根无据

袖筒里揣棒槌——直来直去；直进直出；直出直入

袖筒里揣刀子——暗藏杀机

袖子里冒火——着手

锈坏的轱辘——玩不转

锈死的铁钉——抠不出来

xu

徐庶进曹营——心不在焉；一言不发；不出一个好点子

徐庶在曹营——身不由己；不由自主

许不下羊羔许骆驼——巧言哄人

许褚赤膊上阵——有勇无谋

许褚战马超——赤膊上阵

许了身子还挨嘴巴——冤枉；太冤枉

许仙碰见白娘子——天配良缘

许仙耍宝剑——瞎（吓）摆（白）

xue

雪狮子向火——酥了半截

雪天里的狼——白吼叫

雪中送炭——急人所急；温暖到家了；暖人心；正及时

血口喷人——凶恶极了

xun

寻财神闯到穷鬼窝——找错了门

寻着和尚卖梳子——不看对象

巡警摆手——管不着那段

巡警的棍棒——指东指西

驯服的骏马——打出来的

Y

ya

丫环抱床红绫被——概（盖）不由己
丫环抱孩子——别人的
牙长手短——好吃懒做
牙齿和舌头打架——伤不了和气
牙缝里说话——嘀嘀咕咕
牙缝里找痔疮——外行
牙膏的脾气——不挤不出
牙痛贴膏药——胡摆治
牙咬秤砣——硬对硬
崖缝里捉鳖——十拿九稳
崖头缝里逮螃蟹——十拿九稳
崖头上睡觉——不怕死；死都不怕
衙门的灯笼——正大光明
衙门的钱，下水的船——来得易，去得快
衙门口卖纱帽——迟早是老爷的货
衙门里打电话——官腔官调
哑巴打官司——有理说不清；讲不清道理；难赢；有理难辩着；咬死人

yan

烟囱不冒烟——赌（堵）气；窝火
烟囱不通气——窝火
烟囱顶上长棵树——高不可攀
烟囱里的麻雀——黑道上来的
烟囱里的烟——直来直去；直进直出；直出直入；热火朝天
炎夏天打冷战——不寒而栗
炎夏天洗冷水澡——快活极了；真快活
研究生出流动站——博士后
盐场的伙计——爱管闲（咸）事
宴席上摆狗肉——少见；少有
宴席上吵架——不欢而散
燕窝不好吃——没油
燕窝掉地——家破人亡；家败人亡
燕子搭窝——嘴上功夫；全凭嘴劲；嘴巴子劲；安家落户
燕子衔泥——空费力；口紧；一口一口地来
燕子造窝——全凭一张嘴；全仗嘴；嘴巴辛苦；空来往

yang

秧鸡子下田——顾头不顾尾；顾头不顾腚（dìng 臀部）
羊闯虎口——白送一口肉；送来的口食；有进无出
羊闯狼窝——白牺牲
羊嘴没草——干嚼
阳春三月的桃花——一片红火；火红一片；越来越红火

养蛇咬自己——自取其祸；惹祸上身

养在圈里的猪——少不了挨一刀

养子不成才——失望

yao

妖怪戴个佛爷帽——神头鬼脸

妖怪揍和尚——精打光

妖魔搭丑怪——没挑的一对坏

腰里别着个死耗子——冒充打猎人

摇着扇子聊天——谈笑风生

咬不烂的茄子——不论（嫩）

咬口生姜喝口醋——尝尽辛酸

咬烂舌头往肚里咽——有苦无法诉

钥匙插进锁孔里——开窍了

钥匙挂胸口——开心

钥匙挂在眉梢上——开眼界

ye

爷儿俩赌博——输赢一家子

野地里长棵树——不在行

野地里烤火——就地取材（柴）；一面热

野地里撵兔子——谁逮住就属谁

野地里遇疯狗——难近身；近不得身

野蜂飞进渔网里——光钻空子；见缝就钻；钻空子

野鸽子起飞——下落不明；不知下落

野鸡戴皮帽——冒充鹰

野马上笼头——服服帖帖

野马脱了缰——无法收回头；横冲直撞

野麦子——不分垄儿

野猫戴柳罐——不露脸

野猫给老虎舔下巴——溜须不要命

yi

一百只兔子拉车——乱了套

一辈子当会计——长期打算

一笔难写两个姓——是亲三分像

一边弦子一边大鼓——你说你的，我干我的

一锤子买卖——不留余地

一肚子算盘子儿——心中有数；肚里有数

一堆乱树枝——七枝八杈

一堆脑瓜骨——没脸没皮

一个铜板买韭菜——一小撮

一个窝里的王八——龟子龟孙

一根木头劈八开——不大方

一根绳拴两只蚂蚱——跑不了我，也蹦不了你；谁也跑不了

一根藤上结的瓜——苦在一起，甜在一堆

一群老鸦朝南飞——一模一样；一个样；没什么两样

一群麻雀吃食——叽叽喳喳

一群哑巴在一起——指手画脚

一碗浆水一碗醋——没有多少便宜占；斤对斤，两对两

一只手作揖——不成敬意

医生摇头——没救了

依样画葫芦——全盘照搬；差不离

yin

寅吃卯粮——前吃后空；预支
寅时点兵，卯时上阵——说干就干
银锤打在金锣上——一声更比一声响
银锤对金锣——一个赛一个
银锤敲金鼓——响当当；当当响
银盆打水金盆装——原谅（圆亮）
引风吹火——不费力；不费劲
引狼入室——不顾后患；自招祸灾；自取灭亡
引水入墙——自招祸灾
饮鸩（zhèn 鸩酒。剧毒）止渴——自取灭亡

ying

英雄遇好汉——有了对手
婴儿的摇篮——摇摇摆摆
婴儿饿肚皮——有奶便是娘
鹦鹉唱大曲——巧上加巧；卖弄自己
鹰飞蓝天，狐走夜路——各走各的路；各行各的道
鹰哭麻雀——假慈悲；假慈善
鹰犬捕兽——上下夹攻
鹰嘴里夺兔，猫嘴里夺鱼——难下手；下不了手；无法下手
鹰嘴鸭子爪——能吃不能拿
迎风吃炒面——张不开口
赢得猫儿输了牛——因小失大
硬按公鸡下蛋——指望不上
硬骨头——难啃；啃不动
硬汉子卖豆腐——人强货不硬
硬节柴——难劈
硬壳虫赶牛——自不量力；不自量
硬牛皮——看你咋吹
硬要麻雀生鹅蛋——蛮不讲理

yong

勇士上刺刀——拼杀一场
用秕糠垒水坝——无济于事；不济事
用茶杯饮骆驼——无济于事；不济事
用锥刺牛——无关痛痒；不痛不痒
用绣花针掘井——费力不讨好；吃力不讨好；费劲不落好

you

邮包掉水田——半信半疑（泥）
邮包上吊扫帚——威信扫地
邮包上挂灯草——轻信
邮递员摆手——没信
邮递员的扫把——扫兴（信）
邮递员进门——带信儿来了
油煎橄榄核——又奸（尖）又猾（滑）
油浇蜡烛——一条心
油库着了火——难近身；近不得身
油里掺水——合不拢；合不到一块；两分离
油篓里的西瓜——圆滑；又圆又滑
油篓里掷骰子（shai zi 色子）——没跑；跑不了
油瓶当鼓槌——空对空

油漆匠的家当——有两把刷子
蚰蜒（yóu yán 像蜈蚣而略小）吃百足（马蚿）——强中还有强中手
蚰蜒吃萤火虫——肚里亮堂
游方的道士——四海为家
游览全世界——见多识广
有马不骑，有车不坐——练腿劲
有名的贤相吕端（北宋大臣，后任宰相）——大事不糊涂
有钱人的孩子聚堆读书——贵族学校
有钱人家的看门狗——势利眼
欢咸——各对口味儿
有人喜欢鸡，有人喜欢鸭——各有所爱
有窝头还要馒头——好了还要更好
有西瓜不讲芝麻——光拣大的说
又做磨套又置鞍——驴事没去马事来

yu

渔场里念旧情——往（网）事
渔翁钓鱼——坐等
鱼朝笆篓（装鱼的工具，口小腹大）凑——找死；送死；寻死；自己找死
鱼池里下网——多余（鱼）
鱼刺卡喉咙——吞不下，吐不出
鱼大吃虾，虾大吃鱼——弱肉强食
鱼篓里的螃蟹——进来容易出去难
鱼苗放大海——各散四方
愚公的住处——开门见山
愚公移山——非一日之功
榆木疙瘩——不开窍；难开窍；难劈；死心眼儿
榆木疙瘩刻玉玺——不是这块料；不是正经材料
榆木疙瘩脑袋——死硬
榆木疙瘩做房梁——不是正经材料；不是这块料
羽毛扇打孩子——无关痛痒；不痛不痒
羽毛扇扑火——惹火烧身；引火烧身
雨点落在火星上——巧得很；巧极了
雨点落在沙滩上——点子多；点子不少
雨后的竹笋——节节高；节节上升

yun

云彩里摆手——高招
云端摘日，海底捞月——痴心妄想；妄想
云缝里的日头——毒极了；最毒
云海里观山景——不识真面目
云里的浪头——高潮
云雾里的爱情——迟早要散
运动员下跑场——你追我赶

Z

za

杂货铺子——无所不有

杂技团里的空竹——抖起来了

杂交的骡子——非驴非马

杂耍班子走江湖——逢场作戏

砸锅卖铁——一锤子买卖；越弄越穷；豁出去了

砸开的核桃——有人（仁）儿

砸烂了的西瓜——红白相杂

砸了锅子搬了灶——散伙（火）

砸杏核砸出个小鳖——不是人（仁）

zai

栽起秧子就想打谷——哪有那么快

栽完树就想乘凉——性太急

宰鹌鹑也要请屠夫操刀——小题大做

宰个鸽子也要请屠夫提刀——小题大做

宰牛用锥扎——不顶用；不顶事

在火炉里过日子——浑身暖烘烘

在老虎嘴上找食吃——不知天高地厚

在磨子上睡觉——想转了

在盘子上扎猛子——不知深浅

在羊身上剪毛——现成

zan

糌粑（zān ba）拌白糖——又甜又香

糌粑糊了嘴——闷了口

糌粑口袋——肚里有货倒不出；有货倒不出

zang

脏水倒阴沟——同流合污

脏水灌到茅坑（厕所里的粪坑）里——越闹越臭

脏水洗手尿涮锅，洗脸盆里捏窝窝（窝窝头）——假干净

脏拖布擦地板——不干不净

藏民穿皮袄——露一手

zao

糟鼻子不吃酒——枉担罪（醉）名；虚有其表

早春的桃花——红不久

早起碰见抬轿的——出门见喜

早上打发闺女，中午接来媳妇——双喜临门

早上的林中鸟——各唱各的调

枣骨子（枣核）解板——不是正经材料

枣核搭牌楼——针锋相对；奸（尖）对奸（尖）

枣核儿——两头尖

枣子骨头——两头奸（尖）

澡盆里洗脸——好大的面子
澡堂里的伙计——见得多了
澡堂里的毛巾——上下不分
澡堂里的拖鞋——没对儿；不成对；没法提；提不得
皂角树上翻跟头——过得硬；斗硬

zei

贼被狗咬——干吃哑巴亏；吃了哑巴亏；难出口；不好声张
贼打官司——场场输
贼过买枪——迟了
贼过才张弓——晚了；迟了
贼喊捉贼——倒打一耙；转移目标
贼去了才关门——错过时机；晚了；迟了
贼上房送梯子——头号帮凶
贼偷叫花子——白费工夫；白费劲；枉费工
贼娃子遭狗咬——说不得
贼遇强盗——黑吃黑
贼走后关门——怕再来

zeng

增一分太长，减一分太短——恰好；正好；恰到好处

zha

扎鞋不拴绳结——半途而废
铡刀锄地——管得宽
铡刀下的陈驸马——应得下场
铡下伸驴头——刀下找食
炸响了的炮仗（爆竹）——四分五裂
炸药的捻子——一点就着；点火就着
炸油饼的卖冰棍——冷热结合
蚱蜢碰上鸡——在劫难逃
蚱蜢撞车轮——粉身碎骨

zhai

摘葫芦当瓜吃——不知轻重
摘樱桃爬到柳树上——白忙活；白忙一场
宅院修在城墙上——闹中取静
债主找到了负债的——清了吧

zhan

毡匠擀毡——厚此薄彼
毡袜裹脚靴——寸步不离；离不得；离不开
毡子上拔毛——不显眼
粘皮带骨头——不利索
粘糖的豆子——难解难分；难分难解
粘牙的烧饼——面生
斩草不除根——后患无穷
展览会上的陈列品——样子货
展览会上的猪标本——空架子
战场上拼刺刀——不是你死，就是我亡；短兵相接
战马离了群——孤僻（匹）
战士出征——打上前去
站在岸边看翻船——见死不救
站着身子正——不怕影儿斜

蘸（zhàn）了汽油的稻草——一点就着；点火就着

蘸水钢笔——没有胆

蘸雪吃冬瓜——淡而无味

zhang

张飞做县官——能武不能文

张弓射箭——照直进（绷）

张果老闭着眼睛吃虱子——眼不见为净

长一只耳朵的人——偏听偏信

zhao

招牌上挂马桶——臭名远扬

招亲招来猪八戒——自找难看

着火挨板子——两头热

赵公明发怒——财大气粗

赵公明翻脸——不认账

赵公元帅（迷信的人指财神）发怒——财大气粗

赵云救阿斗——拼老命

赵子龙出兵——回回胜

赵子龙出征——一身是胆；百战百胜

赵子龙上阵——单枪匹马；百战百胜

照（对着；朝着）屁股蹬一脚——你东我西

照葫芦画瓢——按着老样子做

照相馆改底片——羞（修）人

照相馆里挂相片——好样子；样子好

照相机对准马尾巴——拍马屁

照着镜子作揖——自己拜自己

zhe

折了翅膀的小鹰——飞不起来了

者字旁边安只眼——有目共睹

这山看着那山高——见异思迁

zhen

针鼻眼里瞧韩湘子——小看仙人

针拨灯盏——挑明

针钩钓鲤鱼——吃穿

针尖上削铁——难得；细索求；小抠；有也不多

枕着烙饼挨饿——懒死了

枕着竹筒睡大觉——空头空脑；空想

zheng

睁眼打呼噜——昏头昏脑；昏了头

睁着眼睛尿床——明知故犯

睁着眼跳黄河——走投无路

蒸包子不放馅儿——是个蛮（馒）头

蒸鱼不沾水——全凭一口气

整筐丢西瓜，满地拾芝麻——大处不算小处算

正定府里的大佛——就数他富

正月初二拜丈母娘——正适时

正月初一过生日——双喜临门

正月初一见明月——机会难得；难得的机会

正月初一卖门神——过时货；没人过问

正月初一捧元宵——只只好；个个好

正月间走亲戚——礼尚往来；有来有

去；有来有往

正月里看大戏——凑热闹；凑凑热闹

郑人买履——生搬硬套

郑庄公修地道——不到黄泉不见母

zhi

芝麻比西瓜——差得远；差远了

芝麻地里长苞米（玉米）——高低不齐

芝麻地里的老鼠——吃香

芝麻掉到针眼里——碰巧；巧到了家

芝麻豆子堆一场——不分主次；主次不分

芝麻秆做门闩——不能推敲

芝麻里的绿豆——数它大

芝麻里加虱子——瞎掺和；乱掺和

芝麻说成绿豆大——不足信；没人信；信不得；随意夸张

芝麻糖打滚——越滚越粗

芝麻榨油——硬挤你

知了落在粘竿上——自投罗网

知县跌粪坑——赃（脏）官

织女配牛郎——欢天喜地；天作之合

蜘蛛的腿——又干又瘦

蜘蛛结网，耗子打洞——各有各的主意

蜘蛛结网——独霸一方；七勾八扯；吞吞吐吐

蜘蛛网骆驼——自不量力；不自量

蜘蛛做房子——牵线

直尺量曲线——没准儿

直巷赶狗——回头一口；反咬一口

直性人发言——有一句说一句；有啥说啥

只说不练的把式——光耍嘴

纸灯添油——一点就着；点火就着

纸糊的喇叭——吹不得；别吹了

纸糊的栏杆——靠不住；不可靠

纸糊的老虎——吓不住人；不堪一击；不咬人；不用怕

纸糊的驴——大嗓门

纸糊的锣鼓——经不起打击

纸糊的帽子——一戳就穿

纸糊的琵琶——谈（弹）不得；无法谈（弹）

纸里包火——瞒不过去

纸马店失盗——丢人了

指鹿为马——不识货；混淆是非；强加于人；胡说

指驴说骡子——牵强附会

掷瓜捡豆——因小失大

智者千虑——必有一失

zhong

中伏天的霖雨——有钱难买

中箭的鸟儿——难活命；性命难保

中了状元招驸马——好事成双；喜上加喜；双喜临门

中原逐鹿——捷足先登

终身当会计——长期打算

钟表没数字——无时无刻

钟鼓楼的家雀——习惯高声

众人的嘴——捂不住

重病不吃药——没个好

重锤打锣——响当当；当当响
重锤掉在钢板上——落地有声

zhou

周幽王戏诸侯——言而无信
周瑜病倒在芦花荡——气煞人
周瑜打黄盖——两厢情愿；装模作样；自家人打自家人；一个愿打，一个愿挨
周瑜的妙计——赔了夫人又折兵
周瑜请蒋干——别有用心
粥锅里煮蚯蚓——糊涂虫
妯娌（zhóu lǐ）赶集——一路；同奔前程

zhu

珠穆朗玛峰上听鸡叫——高调
诸葛亮做丞相——鞠躬尽瘁，死而后已
诸侯称王——各自为政
猪八戒扮新娘——其貌不扬；好歹不像
猪八戒背稻草——要人没人，要货没货；要人无人，要才（财）无才（财）
猪八戒吃人参果——囫囵吞；不知滋味；不知贵贱；食而不知其味
猪八戒做梦娶媳妇——尽想好事；想得倒美
猪把驴踢死了——不可能的事；没人见过；没有的事
猪油倒进水缸里——昏（荤）啦
猪油糕做的耳朵——软货
猪油蒙了心——糊涂一生；一世糊涂
竹虫咬断竹根——同归于尽
竹篓里的鱼——逃不脱
竹篓里数大鱼——清清楚楚；一清二楚
竹篓里捉螃蟹——十拿九稳；手到擒来
蛀虫钻空大树心——暗里使坏

zhua

抓把红土当朱砂——不识货；糊糊涂涂；糊里糊涂
抓地坑沟找豆包吃——没出息
抓住鼓槌不松手——老敲打
抓住荷叶摸到藕——追根求源；追根到底
抓住渔船当鞋穿——大手大脚
抓住张飞当李逵打——看错了人；认错了人

zhuai

拽着胡子走路——谦虚（牵须）
拽着老虎尾巴抖威风——有胆有魄
拽着茅草打滴溜——承受不起；险乎得很

zhuan

专家会诊医难病——同志（治）
专往肥肉上贴膘——势利眼
砖头砌墙——后来居上
砖头上钉钉子——过得硬；斗硬
砖窑里失火——谣言（窑烟）
砖窑旁边盖楼房——就地取材

zhuang

庄户人家的孩子——土生土长
庄户人挑粪担——两头都是死（屎）
庄稼汉爬梯田——步步高升；步步登高
装病抓药——自讨苦吃；自找苦吃
装进筐里的螃蟹——横行到头啦
装笼子的鸟——一个飞不了
装猫吓耗子——假的
装死的狐狸——逃不脱猎人的眼睛
撞网的大头鱼——晕头转向

zhui

追老虎上山——不得不如此
锥子上抹油——又奸（尖）又猾（滑）
锥子剃头——连根拔
锥子遇上枣骨子（枣核）——针锋相对；奸（尖）对奸（尖）
锥子装在口袋里——露了锋芒

zhuo

捉不着狐狸——反惹一身臊
捉干鱼放水喷——不知死活
捉蛤蟆买烟吸——水里来，火里去
捉鸡赶鸭——一举两得
捉了虱子跑了牛——得不偿失
捉蛇打青蛙——不务正业；不干正经事
捉虱子上头——自讨麻烦；自找麻烦；自寻烦恼
捉鱼拦上游——先下手为强
桌子缝里舔芝麻——穷相毕露
桌子光剩四条腿——丢面子；失面子
啄木鸟上供桌——卖弄自己；卖弄花屁股；耍什么花屁股；大显花屁股
啄木鸟死在树窟窿里——吃了嘴的亏；全坏在嘴上
啄木鸟下油锅——嘴硬骨头酥
啄木鸟治树——入木三分；嘴巴硬

zi

自己口袋里的东西——清清楚楚；一清二楚
自家演戏自家看——自我欣赏
自来水坏了龙头——放任自流；任其自流
自留地里撒尿——肥水不落外人田
自鸣钟的摆——左右摇摆；摇摆不定

自行车爆胎——气炸了；气崩了
自行车下坡——不睬（踩）
自行车走田坝——得过且过

zong

棕树的一生——任人千刀万剐
纵虎归山——必有后患
粽子里包蒺藜——尖对棱

zou

走到渡口打转身——想不过；存心不过了
走道喝稀粥——性子太急
走道嗑瓜子——两不耽误；两得其便
走江湖的耍猴——拿手好戏
走路看脚印——一步一回头；小心过分；过分小心
走路算账——财迷转向
走路轧断腿——半途而废
走路拄双拐——求稳
走马观花——不深入；深不下去
走亲戚掂牛蹄——两半（瓣）子理（礼）
奏着唢呐赶毛驴——又吹又拍；吹吹拍拍

zu

卒子过河——只进不退；死不回头；横冲直撞
祖传的皮袄——里外孬（nāo 坏；不好）；里外都不好
祖孙回家——扶老携幼；返老还童
祖宗牌上放修脚刀——羞（修）先人
祖宗三代的家务事——一言难尽

zuan

钻进风箱的耗子——受不完的气
钻塔顶吹螺号——名（鸣）声远扬；远近闻名（鸣）
钻塔顶上观景——站得高，看得远；登高望远
钻头碰锉子——对头；死对头
钻头上绑针婆（缝衣针）——尖上拔尖
钻头上加钢针——好厉害
钻在水道眼里叹息——低声下气
攥着金条进棺材——舍命不舍财；爱财如命
攥着拳头过日子——憋气；憋得难受

zui

嘴长歪了——不说直话
嘴吃肉，手沾油——受连累
醉翁之意不在酒——另有所图

zuo

左耳朵进右耳朵出——耳旁风
左拐子划拳——又（右）来
左脚穿着右脚鞋——错打错处来
左撇子吃席——有（右）家（夹）
左撇子使筷子——别别扭扭
左撇子做活路——别别扭扭

左敲鼓，右打锣——旁敲侧击
左手买了右手卖——不为赚钱光为快
左右都能穿的靴子——没反正
作坊里的石磨——推一推，动一动
作家的书包——里面大有文章
作揖抓脚背——一举两得
作者丢了笔——没啥可写啦
坐北朝南——不像（向）东西
坐车不买票——白搭
坐着吃甘蔗——一节一节来
坐着飞机放声唱——高歌猛进
做贼的挖城墙——不知厚薄
做贼的栽赃——嫁祸于人
做贼碰上劫路人——死对头；坏到一块了；赶巧了；冤家路窄；黑吃黑